2019-2020

苏州市情研究

SUZHOU SHIQING YANJIU

主编　杨军

图书在版编目(CIP)数据

苏州市情研究. 2019—2020 / 杨军主编. —苏州：苏州大学出版社，2021.8
ISBN 978-7-5672-3674-5

Ⅰ. ①苏… Ⅱ. ①杨… Ⅲ. ①苏州-概况-2019-2020 Ⅳ. ①K925.33

中国版本图书馆 CIP 数据核字(2021)第 156275 号

书　　名：苏州市情研究 2019—2020

主　　编：杨　军
责任编辑：王　娅
策划编辑：王　娅
装帧设计：吴　钰

出版发行：苏州大学出版社(Soochow University Press)
社　　址：苏州市十梓街 1 号　**邮编**：215006
印　　装：苏州工业园区美柯乐制版印务有限责任公司
网　　址：www. sudapress. com
邮　　箱：sdcbs@ suda. edu. cn
邮购热线：0512-67480030
销售热线：0512-67481020

开　　本：700 mm×1 000 mm　1/16　**印张**：18.25　**字数**：309 千
版　　次：2021 年 8 月第 1 版
印　　次：2021 年 8 月第 1 次印刷
书　　号：ISBN 978-7-5672-3674-5
定　　价：72.00 元

本书编委会名单

主　编　杨　军
副主编　方　伟
编　委　刘小红　孙志明　季　丽
赵志浩

目 录

第一编：观念嬗变与创新开放

第二编：产业转型与高质量发展

第三编：区域协调与扎实推进长三角一体化

第四编：人文环境与城市软实力提升

第五编：绿色发展与生态文明建设

第六编：党建引领与基层治理创新

第七编：他山之石与借鉴启迪

第一编

观念嬗变与创新开放

苏州中长期率先打造开放型创新经济体的战略思考

中共苏州市委党校
北京市长城企业战略研究所　联合课题组

苏州历来是一个创造历史的伟大城市，在新一轮改革开放与新时代高质量发展中将加快再出发、再创新优势。站在继往开来、何去何从的历史节点、发展起点及时代拐点上，需要重新反思苏州上一轮发展顽疾，追问苏州新一轮发展逻辑，进而找到苏州新时代高质量发展的方位感、突破口与组合拳。课题组围绕苏州改革开放再出发的战略思考，提出了“七问苏州改革开放再出发”。

一、如何看待改革开放以来苏州发展的来龙去脉?

站在改革开放第二个40年的历史节点及新冠疫情对全球经济社会深刻影响的历史拐点上，如果将1978年中国开启改革开放伟大征程、1992年中共十四大明确提出建立和完善社会主义市场经济体制、2001年中国加入世界贸易组织、2009年国家加快自主创新战略布局、2017年进入高质量发展新时代作为历史节点，苏州自改革开放以来先后形成五个发展阶段。一是“苏南模式”发育期（1978—1991年），苏州率先进行农村改革与城市开放，一方面着力在农业商品化基础上培育发展乡镇企业，另一方面积极承接国内国际产业梯度转移，历经“农转工、内转外、块转园”充分发育，形成以乡镇政府为主导、以集体经济为主体、以商品经济为手段、以农村剩余劳动力非农化为特征的“苏南模式”，以及以机械、纺织、食品加工、冶金、建材与电子、医药为代表的工业体系，由一个“历史文化名城和风景旅游城市”一跃成为地区经济中心。二是园区经济抢滩期（1992—2000年），苏州率先加速工业化、市场化、城镇化、国际化，不仅加快建立完备的工业体系——以出口加工为

主的初级制造业、轻工业走向重工业与高技术，还建立初步的市场化微观基础——多种所有制属性企业协同发展，也初步拉开城市化发展框架——在县域经济小城镇带动下加速城市化，更建立了以开发园区为主导的外向经济发展模式——多个国家级及省级经济开发区、高新区，最终在“公转私、轻变重、园变群、镇变城”推动下，形成以电子信息、装备制造、纺织、冶金、轻工和石化为主导的产业格局，在“历史文化名城和风景旅游城市”基础上正式被定位为“长三角区域的中心城市之一”。三是世界工厂成型期（2001—2008 年），苏州率先抓住中国“入世”带来的制造业全球化、服务业全球化契机，进一步实施外向型经济战略，加快创新驱动发展，将“大产业、大企业、大平台、大项目”产业组织模式与“划地成园、招商引资、规模制造、出口拉动”园区发展模式相结合，形成“要素驱动、投资驱动、外生增长、外延发展”的外向型工业经济发展模式及外资主导、国有平台、民营补充的混合经济，发展成为国内乃至全球的制造重镇、贸易大市，并新增“国家高新技术产业基地”城市定位。四是外向工业成熟期（2009—2017 年），苏州进一步在工业化、信息化、城镇化、市场化、国际化“五化协同”推动下，加快建设“国际化大城市”，将外向型工业经济发展模式和优势无限放大，2011 年工业总产值首次全国排名第二位，2015 年第三产业占比首次超过第二产业，外向型工业经济走向成熟但同时呈现出发展红利边际递减趋势。五是开放创新转型期（2018—2030 年），在新时代高质量发展战略指引下，苏州提出要“思想再解放、开放再出发、目标再攀高”，加快产业发展模式、城市发展模式与创新发展模式转变的相结合，全面从外向型工业经济向“创新驱动、内生增长、内涵发展、开放合作”的开放型创新经济战略转型，并加快建设“现代国际大都市”。

整体而言，苏州自改革开放以来经济社会获得全面发展，以不足 0.1% 的国土面积、0.7% 的人口，创造了全国 2% 以上的 GDP、2% 以上的税收和接近 8% 的进出口总额，不仅成为全国 GDP 前十中唯一的地级市，还成为中国改革开放的窗口和缩影。这其中具有如下成功经验：一是立足精致典雅、崇文尚德的吴文化底蕴，塑造具有鲜明时代特征和苏州特色的“三大法宝”，形成开放包容、争先创优、奋力拼搏的城市氛围，以文化底蕴、精神内核激发工商活力。二是结合不同发展机遇与阶段特征推进发展模式迭代创新，实现从农业商品化到工业经济、从内向经济到外向经济、从乡镇园区经济到集群经济、从计划经济到市场经济、从县域经济到城市经济的转变，当前迫切需要加速向开放经济、创新经济、活力经济、都市经济方向协同演进。三是处理好改革、开放、创新、发展之间的关系，坚持改革是先导、开放是途径、创新是引擎、发展是导向，以开放倒逼改革、以改革加快创新、以创新驱动发展，加速向促进产业结构、城市形态、社会建设协同演进。

二、苏州究竟在什么节点上落下了，落在了哪里？

尽管苏州在整体发展阶段、发展层级高于全国绝大部分城市，但与深圳等城市相比尚有一定差距，并且在 20 世纪 90 年代末就埋下了伏笔，甚至后来差距越拉越大。在“苏南模式”发展期，在可圈可点的成绩背后埋下了强势政府、市弱县强的伏笔，这种伏笔主要存在两个隐患：一是苏州集体经济借助乡镇企业之名迅速发展，但与地方（乡镇）政府形成千丝万缕的关联，埋下强势政府、弱势民营的基因，尤其当强势政府将注意力转移到外商、外资、外经、外贸后，民营经济的发展相对薄弱，民营科技中小企业活力不足，深圳则发展成为国际化移民型创业城市。二是苏州在改革开放初期形成市弱县强的发展体制与财税体制，前期可借助县际竞争加快发展，但在中后期难以在更大范围内配置资源、形成更大合力，深圳则发展成为“全市一盘棋”的全域特区。在园区经济抢滩期，已形成后续“外生增长、外延发展”的无核模式，该模式主要有三大痼疾：一是伴随园区开发、招商引资、税费减免“三板斧”，苏州抓住了国际产业梯度转移的历史机遇，但事实上背离了“内生增长”的“苏南模式”，使得苏州民营经济至今在发达地区队伍中占比较低，深圳则是全国人、全球人来“淘金”创业的城市。二是城市“硬核”不足，背傍上海、与新加坡共建、学习中国台湾地区只是手段，并非城市发展全部，彼时深圳下定决心结束“三来一补”，加快向高技术产业进军，苏州则满足于战略跟随，高新技术产业集群并不“高新”。三是由于集体经济产权制度改革不彻底，难以打破强势政府、弱势民营的结构，尽管强势政府可通过招商引资与外商经济掩盖民营经济的不足，但一旦全球供应链受贸易保护主义影响，弊端必将凸显。在世界工厂成型期，苏州之所以后来难以和深圳相提并论，关键在于这一阶段出现了两大战略问题：一是将“拿来主义”的招商引资奉为圭臬，而深圳、杭州借助互联网等新经济优化高技术服务业、高技术制造业配比，苏州则以高技术制造为主，高技术服务特征不明显，尤其

对新经济不敏锐、不敏感。二是伴随2000年以后新一轮城市化与城市经济发展，苏州在县域经济主导、小城镇发展的长期格局下，外需大内需小、都市经济不足，与深圳、杭州等城市相比，难以实现产业结构与城市形态的协同演进。在外向工业成熟期，苏州依然没有痛定思痛和“脱胎换骨”，从而出现两个被动局面：一是在2011年工业总产值紧随上海、2012年中国工业总产值超越美国前后，苏州没有在从工业经济走向创新经济、从外向经济走向开放经济、从城市经济走向都市经济上做前瞻布局，难以用五到十年实现战略突围。二是苏州长期以来都是外商企业的制造车间，在“一带一路”背景下本土民营企业在整体实力、资本积累、跨国经营等方面的发展不够充分，甚至在民间资本“走出去、走进去、走上来、拿回来”上落后于宁波。

整体而言，苏州自改革开放以来取得了举世瞩目的成就，但在观念、战略、路径、组织、政策等方面仍然存在一定顽疾，从而在深层次上制约苏州在新时代的高质量发展。主要表现在：一是战胜了行业，落后了时代——增长最快时是落后的开始，苏州虽然抓住了制造业全球化条件下的产业梯度转移机遇，但错过了2000年前后的互联网经济、2008年以后的新科技革命酝酿期。二是过去的经验，如今的包袱——务实目光限制了国际视野，改革开放前30年凭借外向型工业经济得到了充分发展，但近十年来拘泥于路径依赖，没有展开创新迭代。三是战术上勤劳，战略上懒惰——看起来很能干但打工多，做事精细但格局不足，长期是“一个个钢镚挣小钱、辛苦钱和血汗钱”，城市“硬核不强”。四是一直在跟随，从未能超越——温水煮青蛙限制了想象力，长期遵循追随者、跟随者的逻辑，缺乏“第一个吃螃蟹”的战略文化。五是傍大款有余，自驱力不足——机会主义限制了内生根植的动力，由于傍上海、傍新加坡、傍中国台湾地区等较多，并没有真正将内生增长的“苏南模式”发扬光大，民营经济占比不高，民营科技中小企业活力不足，缺乏地标性产业和头部企业。

三、苏州改革开放40余年顽疾的症结何在？

苏州自改革开放以来，尤其是“入世”以后，借助贸易部门将农业部门剩余劳动力转移到生产制造部门、将中国制造输送到全球的发展机制，不仅形成了传统工业化发展模式，具有“产量大、价格低、质量好、速度快”的比较优势，最终还形成了要素驱动、投资驱动、外生发展、外延增长的“C”

字型外向型工业经济发展范式。尽管这一发展模式是不可超越的，且带动了苏州经济社会发展，但也存在产业经济大而不强、快而不优，核心技术与全球价值分配受制于人，人才、资源、环境、生态结构性矛盾突出，对全球市场依赖大等问题。无论是近年来贸易保护主义带来的“外患”，抑或新冠疫情全球化带来的“天灾”，还是长期结构矛盾逐步浮现（已出现经济增速低于全国平均增速）的“内忧”，苏州只有转变产业结构、产业组织方式、产业发展模式，才能改变贸易结构、贸易发展模式，才能从发展模式与运行机制上走出来，进而解决相应结构性矛盾或问题。

如果说外向型工业经济代表的是一种“制造大市 + 贸易大市”产业发展模式，那么开放型创新经济代表的则是一种经济运行体制与社会发展范式。在改革开放的第二个 40 年，苏州中长期发展主线是从“C”字型外向型工业经济发展范式与运行模式，向“O”字型开放型创新经济发展范式与运行模式进行系统转换。“开放型创新经济”就是从“引进来”内向国际化到“引进来、走出去、走下去、走上来、走（拿）回来”双向开放，从“以产定销”的生产决定消费到“以销定产”的消费决定生产，从商品输出到产能输出、资本输出、技术输出、模式输出、文化输出，从承接产业梯度转移到高端链接与高端辐射，从大进大出到优进优出，从大小宗商品流转到创新资源全球配置，从跟随适应创新到原创引领创新，形成开放式协同创新格局，最终从传统工业化的“五低四高”（低成本、低技术、低价格、低利润、低端市场；高能耗、高物耗、高污染、高排放）向新经济道路的“五低四高”（低成本、低物耗、低能耗、低污染、低排放；高端、高效、高附加值、高价值链环节）方向转变。

四、苏州新一轮发展到底面临怎样的形势？

伴随新一轮产业技术革命与新经济社会转型、新一轮经济全球化与扩大开发、新一轮跨区域一体化与城市群发展、新一轮经济地理位移与城市分工、新一轮全球治理重构与结构改革，苏州在加快新时代高质量发展过程中主要面临如下际遇：一是新经济产业跨界融合取代承接国际产业梯度转移成为城市发展新逻辑，用新经济将传统产业“做一遍”，产生新动能成为最大的发展机遇，有利于苏州通过在传统产业培育爆发点、发展硬科技创业、培育新经济企业、实施大企业平台化、切入新场景新赛道、营造创新创业生态等方式

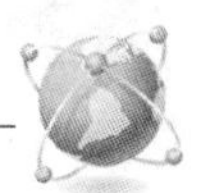

加速新旧动能转换。二是长三角一体化以及长三角城市群将引领支撑我国新时代高质量发展，以地区一体化加快抢占新一轮经济全球化成为最大发展条件。有利于苏州通过贯通“前台”——强化全球资源配置、“中台”——突出创业创新及产业化、“后台”——巩固智能制造新优势等从而站稳长三角C位，与长三角主要城市形成产业分工优势互补、创新生态共生共荣、基础设施互联互通的发展格局。三是环太湖地区将成为全球最具创新活力及产业影响的湖湾经济共同体，走出跟随大上海发展的惯性是苏州成为伟大城市的先决条件。有利于苏州打破跟随上海的城市战略，引领我国环太湖湾经济共同体建设，成为国家中心城市、国际开放创新中心，带动环太湖城市建成继北美五大湖流域之后的全球第二大湖湾经济共同体与城市群。四是苏州将从工业化后期的工贸城市加快向后工业时代的现代国际大都市发展，加速从半工业、半信息社会向智能社会转型是最大的发展愿景。有利于苏州率先建设智能社会，形成消费模式场景化、生活方式社交化、生产方式智能化、治理方式数字化“四位一体”的城市发展模式，探索未来社会发展新形态。

在未来发展过程中，苏州关键要回答好四个问题，做出四个战略转变。一是从经济附属产业跟随到城市引领全域创新方向转变。从经济战略追随产业发展，到充分释放科技创新及新经济对区域发展的引领支撑作用，推动创新从园区走向城市、产业从城市走向城市群、开放从城市群走向都市圈、经济带实现全域创新，打造全球新兴“创新尖锋”。二是从借沪傍新链台外生增长到“江河湖海”内生、根植发展。面向“江河湖海”内生增长、根植发展，以长江经济带为腹地、以运河经济圈为联动、以太湖流域为依托、以海上丝绸之路为延伸，打造创新共同体。三是从推拉并举的县域竞争向区际竞合的都市经济转变。加快将工商活力、科技高度、产业深度、人文厚度和苏州精神相结合，从县域个体竞争走向区域群体竞合，实现市域一体化、都市一体化发展。四是从产城融合的功能开发到科产城人融合的生态开发。从“产城融合”2.0到“科产城人融合”3.0，促进经济发展模式、城市发展模式与社会发展模式转变相结合，加快培育一流的产业、一流的城市、一流的科技、一流的人才城市“硬核”。

五、新冠疫情究竟给经济社会带来什么影响？

新冠疫情催化和加速变革，在此次抗疫防疫中，诸多假设场景变成了现实场景，反映出从半工业社会、半信息社会走向智能社会的基本趋势：一是从事实说话到数据说话，大数据、科技企业、平台公司在洞见预见以及资源调度上起到了积极的作用，加速实现了从碎片信息到数据驱动；二是从高触高感到无触无感，打破人的高接触、有感应、有传播的物理世界限制，实现少接触、无接触、无感（如无感监测），加速从智慧感知到智能感用；三是从现场实施到远程操控，进一步打破了时空限制，加速从前端前台到云端云台；四是从虚拟现实到智能实现，在虚拟空间上实现功能替代、技术实现与智能使能应用等，加速从物理线下到虚拟线上；五是从多人工厂到无人工场，进一步加速推广应用云制造、智能制造、产业互联网，加速从工业工厂到智能工场；六是从公共行政到群民共治，有组织加速自组织，“上中下”的关系加速被“左中右”的关系所取代，加速从科层治理到数字治理。

伴随着大数据和云计算、人工智能、物联网、移动互联网、5G 等新技术的广泛应用，尤其是新冠疫情的出现，倒逼 2C 消费方式、2F 生产方式、2B 生活方式、2G 治理方式发生结构性转变，以“场景消费 + 社交生活 + 智能生产 + 数字治理”为代表的高维世界——智能社会来袭。这体现在：一是消费模式场景化。围绕新场景涌现，将技术属性、产品服务、数字内容、数据算法有机结合在一起，创造出新的消费体验、消费图景与市场空间。二是生活方式社交化。最好的商业模式与工作方式都是嵌入人们的生活方式之中的，这种生活方式是体现人人互联、万物互联、随时随地而不是高接触、高情感的社交化生活方式。三是生产方式智能化。生产部门将打破企业边界与形态，逐步形成“数据驱动 + 云平台赋能 + 智能制造 + 智能终端 + 敏捷生产”的生产方式，并与敏捷供应、社交生活有机结合在一起。四是治理方式数字化。伴随治理数字化带动治理现代化，平台企业、社会企业等多主体参与社会治理，政府加大数字设施、数字平台、数字大脑等架构以更好地适应未来。在智能社会条件下，经济发展与社会发展将打破以经济物质基础支撑社会发展的初级阶段，进入经济建设与社会建设协同一体发展的新阶段，将对苏州当前、近中期、长远期发展产生深远影响。

六、站在新的历史起点上苏州究竟何去何从？

以习近平新时代中国特色社会主义为指导思想，围绕“现代国际大都市、美丽幸福新天堂”发展愿景，以构建开放型创新经济发展结构与运行体制机

制为主线，坚持“全球开放创新门户、国际高新产业基地、世界历史文化名城、江南生态旅游园林”城市发展定位，实施“产业数字化、建设都市化、创新生态化、发展国际化、社会智能化”五化协同战略，着力构建现代化创新经济体系、建设太湖湖湾城市群首善之城、构建生态赋能型创新发展格局、打造国际化开放创新中心都市、率先迎接新型智能社会到来，以创新驱动全面转向新经济，全面建成新时代高质量发展开放型创新经济体，率先成为中国特色社会主义先行区、社会主义现代化建设样板区、国家开放创新改革试验区、环太湖创新经济生态圈引领区。

——产业数字化，加快构建现代化创新经济体系。立足新一轮科技变革和产业革命，打造以数智科技、信息科技、生命科技为先导，以先进材料、数字装备、能源环保为主体，以文化时尚、商贸物流、现代金融为特色，以科技服务业为支撑的“3+3+3+1”现代产业体系。

——建设都市化，建设太湖湖湾城市群首善之城。立足县域经济，跨越城市经济，加快都市经济发展，围绕“拥湖、临江、沿河、依海”发展理念，突出太湖湾中心地位，加强长江经济带腹地拓展，重塑运河底蕴，加快“海上丝绸之路”建设，实现“太湖时代”回归，引领“湖湾经济”城市群建设与长三角地区一体化发展。

——创新生态化，构建生态赋能型创新发展格局。以古今传承、中外合璧、南北融合的发展理念加强新吴文化引领，打造产业成群、园区成场、企业成器、创新成核、智力成材、数字成驱、场景成用、金融成网、服务成台、开放成气的新经济生态圈，实现从江南生态园林名邑到创新生态赋能名都的转变。

——发展国际化，打造国际化开放创新中心都市。以苏州市域一体化、太湖湾一体化、长三角一体化抢占创新全球化先机，建设圈层联动、创新驱动、开放包容、协同发展的地区发展共同体与最具全球影响力的开放型创新经济体，实现从国际创新枢纽、全球创新高地到资源配置中心的转变。

——社会智能化，率先迎接新型智能社会的到来。以创新型服务政府建设为重点、以提升数字治理能力为基础、以体制机制创新引领为保障，率先迎接新型智能社会的到来，全面促进物质文明、社会文明、生态文明、政治文明、精神文明“五位一体”有机发展。

七、疫后如何以高质量发展带动经济高速度增长？

当前苏州提出的“思想再解放、开放再出发、目标再攀高”，核心是加快探索以高质量发展带动高速度增长，围绕技术创新、新兴产业、市场需求、生产方式、企业主体、产业协作、供应链条、贸易结构、数字基建、治理方式等实施“十创苏州”行动计划，率先在国内探索出集约型高质量、可持续高增长的“双高”之路。

一是数智技术跨界。立足苏州制造业基础优势和产业发展方向，以产业数智化带动数智产业化，促进人工智能、云计算和大数据、区块链和信息安全、新一代通信、高端软件等前沿技术跨界以及与先进制造业结合，打造世界级产业集群；突出苏州信息产业特色与智慧城市基础，以城市数字化带动社会智能化发展，促进新一代信息技术与城市建设、城市管理、社会治理相结合，培育挖掘新经济、新动能。

二是新兴赛道培育。利用苏州实体经济“硬盘”优势和“文化苏州”IP，大力发展消费互联网下的流量商务、工业互联网下的智能制造、移动互联网下的社群服务、产业互联网下的新型连锁、产业互联网下的企业商务、产业物联网下的智能终端、产业物联网下的物联生态以及人工智能驱动的垂直应用、数字内容融合的场景体验、平台运营加持的“腾云驾雾”，抢占互联网下半场“十大赛道”。

三是场景业态变革。围绕从疫情倒逼到主动出击、从需求拉动到场景驱动、从支持供给到支持需求，通过开放场景、打破规制、示范工程、清单推广等方式，鼓励支持科技企业与平台企业在消费娱乐、教育培训、商贸流通、时尚创意、文化旅游、市政工程、城市管理、数字设施、民生保障等领域开展场景创新，支持行业企业大力发展互联网医疗、机器人智能服务、人工智能识别、自动化物流网络、企业云办公、互联网教育、数字文创等线上、远程、无接触服务。

四是数智工场升级。将智能制造“由硬入软”与产业互联网“由软入硬”相结合，面向苏州制造业推进实施生产线与生产关键环节的自动化、数字化和智能化改造，发展智能工场、数字车间、无人生产、云制造、个性化定制、服务型制造等智能制造模式，探索“数据驱动＋云平台赋能＋智能制造＋智能终端＋敏捷制造＋敏捷供应”的生产方式。

五是平台企业赋能。重视平台企业在此次防疫抗疫中发挥出来的重要作用，强化研发设计、生产制造、材料供应、商贸流通、金融投资、服务外包等产业价值链分离，大力培育链接上下游、供需端、买卖方并能够提供第三方或第四方服务的平台型企业，赋予平台型企业在开放创新、产业组织、社会治理、城市管理中更大的功能。

六是产业垂直创新。围绕苏州打造世界级产业集群，进一步突出大企业、领军企业、头部企业在终端市场、技术集成、资本运作、产业整合等产业组织与生态中枢的作用，通过资源开放、战略投资、兼并重组、供应链协同、技术转移、众包研发等新机制，促进中小企业融入大企业产业链、供应链、创新链和资本链，实现大、中、小企业互联融通发展与产业组织方式创新，真正推动产业共治理念落地。

七是敏捷供应强基。针对贸易保护以及疫情防控出现的全球供应链、全国供应链、区域供应链压力及风险，在持续开展柔性制造、敏捷制造、共享制造、服务型制造等智能制造模式的基础上，重点加强基础材料、核心基础零部件（元器件）、先进基础工艺和产业技术基础、信息安全、数字设施等产业基础能力，强化新一代物流的基础设施作用，建立自主可控、布局优化、敏捷响应的供应体系。

八是数字贸易带动。借助深化服务贸易创新试点城市及苏州自贸区片区政策优势，在金融、服务外包、文化、旅游、娱乐、知识产权、跨境物流、国际维修等行业领域开展改革创新，大力发展跨境电商、数字服务、数字内容、云服务等新型数字贸易，加快建设一批数字贸易出口基地与促进平台，完善数字贸易要素流动机制，加强数字贸易金融服务创新，全面促进货物贸易、服务贸易、数字贸易协同发展。

九是城市大脑建设。结合苏州“市域一体化”发展，不断完善 AI、5G、IDC、下一代互联网、窄带物联网、边缘计算等数字化“新基建”布局，从交通综合治理起步推动“城市大脑”在医疗、政务、安防、城管、社区、应急管理等领域的广泛应用，依托苏州制造强市、园区经济打造一批“产业大脑”“园区大脑”，推动“城市大脑—产业大脑—园区大脑”三级架构与网格化基层治理模式相衔接。

十是数字治理创新。结合“苏州最舒心”营商服务品牌塑造，加强数字政府建设，全面推动政务服务“上云”，坚持用户思维，建设移动高效的数字政务平台，打造“线上政府”；积极发挥高科技企业、互联网公司、枢纽机构的平台作用，鼓励开放其数字基础设施，基于数据开放、信息共享不断推动产业共治和社会治理有机结合，以平台企业社会化与社会企业平台化带动数字治理理念、工具、手段创新。

总而言之，苏州历来是一个创造历史的伟大城市，在新一轮改革开放与新时代高质量发展中需要再出发、再创新优势。当前，苏州经济社会发展中最缺的不仅是新产业、新技术、新业态、新模式、新地标，还有新观念、新思想、新文化、新位势。相信在新一届党委、政府强有力的领导下，在“思想再解放、开放再出发、目标再攀高”导向下，苏州将会实现从做事到做局、从跟随到原创、从内秀到厚发、从拿来到硬核的转变。

（课题组成员：方伟、刘小红、徐苏涛、谢盼盼；执笔：徐苏涛、谢盼盼）

抓住"战疫"背景下"新基建"机遇推进苏州智慧城市建设

陈来生　韩惊雷

新冠疫情带来了社会经济的全方位负面影响，虽然中国疫情暂时得到初步遏制，但疫情在全球快速蔓延，严重冲击各国产业链和商贸，短期影响已经超过2003年的"非典"和2008年的国际金融危机。如何应对？作为经济发展名列全国地级市第一的人口流入城市，苏州应抓住"战疫"背景下的"新基建"机遇，大力推进智慧城市建设，促进苏州社会经济的和谐、高效、可持续发展。

一、正确解读"新基建"功用，充分发挥智慧城市建设作用

（一）正确解读经济发展、"新基建"与智慧城市的相互关系

疫情当前，又恰逢经济下行，面对现在社会经济形势的严峻性，需要兼顾供给和需求。疫情期间，"宅经济"让在线消费火起来，如线上购物、线上旅游、线上订餐、线上娱乐、线上教育、线上办公乃至线上求诊……5G应用场景变得更加清晰而多样，与经济社会各领域融合发展的步伐不断加快。与此对应的"新基建"能够提升市场资源配置效率，扩大需求、稳定增长、促进就业。所以近期中央密集部署"新基建"，两个月内接连五次召开高规格会议，统筹推进新冠肺炎疫情防控和经济社会发展工作，要求"把在疫情防控中催生的新型消费、升级消费培育壮大起来"，优化投向结构，加快"新基建"，并注重调动民间投资的积极性。中华人民共和国科学技术部等五部门日前也发文提出重点支持云计算和大数据、高性能计算、宽带通信和新型网络等重大领域。全国各地也出台了比往年更为庞大的投资计划，其中有传统基建，有"新基建"投资，也有公共卫生投资。

值得重点关注的是有别于传统"铁公基"的"新基建"。"新基建"的

“新”，体现在新的主体和新的领域，投资主体扩大了，尤其是有一定收益的项目对民间资本一视同仁，投资重点是5G、智慧城市等新型基建，以免基建过剩造成浪费，是应对经济下行较大压力的重要抓手。智慧城市建设作为“新基建”的主要载体和组成部分，就是既符合中央推进“新基建”的要求和社会经济发展趋势，也适应苏州社会经济发展实际需求的重要举措。

（二）疫情防控更凸显智慧城市建设的重要性和紧迫性

作为经济发展名列全国地级市第一的人口流入城市，苏州以整体优化、协同融合为导向，统筹存量和增量、传统和新型基础设施发展，进行以“智慧城市”建设为引领的新型基础设施建设，不仅是重大民生福祉，而且有助于社会经济长期发展。目前，北京、深圳等城市已在政府网站陆续开放了高质量可机读数据集并提供信息内容和服务功能，上海更是抓住这次疫情防控机遇率先出台了《关于进一步加快智慧城市建设的若干意见》。苏州也要抓住此次“战疫”的“新基建”机遇，推进智慧城市建设，促进社会经济的可持续发展。

智慧城市是广泛运用物联网、云计算、人工智能、数据挖掘、知识管理等技术，提高城市规划、建设、管理、服务的智能化水平，使城市运行更高效、便捷、低碳的新型城市发展模式。智慧城市建设离不开网络系统支持和数据综合调配，是“新基建”的主要载体和重要组成部分，是疫情防控的重要支撑，是城市能级和核心竞争力的重要体现，也是苏州建设具有全球影响力的国际化大都市的重要载体。通过智慧城市建设，管理者能快速、真实、全面地掌握相关数据，从而做出精准、科学的决策，消弭重大风险隐患，不仅能给政府提供高效精准的管理工具，而且能通过城市各项资源的整合与共享，实现便捷顺畅的交通系统、安全有序的生活环境、放心安全的医疗服务、舒适安全的生态环境、有序有效的教育体系等，更好地造福于人民。

这次疫情用简单粗暴的方式检验了我们在智慧城市领域的管理水平。在见证成效的同时，也暴露了网上政务系统效率、交通运行策略、社区管理方式、流动人口管理、疫情实时监测等方面的短板，基础设施支撑能力不够，线上能力建设不足，更多关注于静态的空间和设施，相关业务与数据尚未实现真正意义上的互联互通，城市的“智慧”程度明显不够，无法很好服务于社会经济发展，更无法高效应对突发重大事件。所以，智慧城市建设不但极其重要而且非常紧迫。

二、以智慧城市建设推动苏州社会经济发展

（一）顶层规划推进智慧城市建设与苏州国际化大都市发展战略深度融合

要顺应新一轮信息技术和科技革命发展浪潮，聚焦智慧政府、智慧社会、数字经济等，加强规划制定、组织领导、绩效评估，加强人才队伍建设，全面推进新型智慧城市建设与城市发展战略深度融合，统筹规划、建设、管理和生产、生活、生态等各方面，加大相关技术、资金和政策支持，大力扶持5G、云计算等“新基建”，更高效率地提高城市管理和社会治理水平，更高质量地助力经济转型创新发展，更高水平地满足人民对美好生活的向往，不断增强苏城的吸引力和竞争力。

（二）深化数据汇聚共享、集成共用，提高城市管理科学化、智能化、即时化水平

1. 建立健全城市大数据中心，有序推进城市公共数据采集和开放

打破业务与数据壁垒，实现公共数据集中汇聚和共享流通，让公众及时了解信息，避免各种谣言和恐慌；让企业和研究机构据此有效地进行科研和产品开发；让政府部门间真正互联互通，协同破解城市治理难点，高效、协同应对重大突发事件。可借鉴北京、上海、深圳等城市经验，探索建设数字孪生城市，打造数字新产业创新策源高地，紧扣政务服务“一网通办”、城市运行“一网统管”，推动硬件设施和数据信息共建共用，加快形成跨部门、跨层级、跨区域的协同运行体系，形成统一的城市运行管理视图，全面推进数字经济建设。

2. 提升快速响应和高效联动处置能力水平，加快数据即时分析，加强综合研判，打造信息共享、快速反应、联勤联动、协调处置的指挥中心

深化建设“智慧公安”，建设运行消防、防灾减灾、安全生产等城市安全重点领域的应急智能应用系统，加强对水、气、林、土、气象、噪声、辐射等城市生态环境保护数据的实时获取、分析、研判、数字化管控和高效处置能力。大力建设“社区云”和数字化社区管理，完善基层事件发现机制，提升基层社区治理水平。切实保障网络空间安全，建立和完善舆情发现、发布、引导工作机制，成立突发事件舆论引导办公室，建立舆情应对专家磋商机制，抓住首因效应，抢占舆论主导权，避免“次生舆论灾害”。

3. 推动“互联网＋政务服务”流程提升，重构优化各类政务系统

从以政府部门管理为中心向以用户服务为中心转变，优化政府部门内部操作、办事流程和服务规范，聚焦医疗、教育、养老、文化、旅游、体育等重点领域，推动智能服务普惠应用，持续提升群众获得感。针对垃圾分类回收短板，积极发展“互联网＋回收平台”，完善生活垃圾全程分类信息体系，实现全程数字化、精细化、可视化管控。

（三）补足短板，提升公共卫生健康建设水平

1. 提高公共卫生服务的智慧管理水平

依据大数据对隔离人员监控、社区排查、正常生活保障、卫生舆论引导等进行精准管理；充分利用公共服务平台和多媒体系统进行相关科普教育和引导。

2. 大力发展在线门诊

2020 年 2 月 28 日，国家医保局和国家卫生健康委员会发布了《关于推进新冠肺炎疫情防控期间开展“互联网＋”医保服务的指导意见》，提出对符合要求的互联网医疗机构为参保人提供的常见病、慢性病线上复诊服务，可依规纳入医保基金支付范围。相关医疗机构可借此东风加快建设相关平台，推进通过微信小程序、官方公众号等方式进行问诊服务；并着力培育在线问诊、在线寻求医疗服务的习惯和氛围，缓解线下医疗服务紧缺的局面。

3. 提高公共卫生场所服务水平，倡导功能布局、新风系统、给排水等的智慧设计

设计如“最少触碰式”的电梯、水龙头、马桶开关等；推进“智慧、绿色、健康”的智慧厕所建设，通过对人流量、能耗等实时监测，实现智能开启通风、除湿、换气、消杀等，提升城市环境卫生服务水平和疫情防控能力。

（四）加强“新基建”及内容建设，提供智慧便捷的市民公共服务

1. 加强“新基建”相关基础建设，支撑在线业务；加快与在线教育、居家办公、线上娱乐升级扩容相关的软硬件建设

通过如苏州地方特色资源数据库、公共文化中心数字文化体验馆、全民艺术普及慕课等，满足相关平台短时间大量用户上网学习、办公、娱乐等的瞬间流量需求。

2. 整合区域商业资源，推进线上线下商业融合，大力发展社区商业在线服务

引导商家通过平台方式与数字化零售商展开更多、更紧密的合作，开展老字号外卖、中心厨房外送、线上菜场、特色菜肴老吃客微信预约，鼓励平江新城商超、便利店、药房等自发组成“平易购”之类无接触配送联盟等。

3. 整合文化、旅游公共资源，大力推进文旅线上服务

推动“苏州云旅游”发展，打造“一部手机游苏州”等项目，提升图文视频、语音讲解、即时导游质量和速度，拓展城市体验感、感知度，助推苏州城市形象宣传。

4. 大力发展智慧交通，推进交通管理数字化、智慧化建设

完善智慧交通路网，通过“数字城管”大联动，打造城市行车、停车和换乘大数据平台，科学引导公众出行，减少交通拥堵。要摒除既不科学又不美观的硬性隔离带，尤其是要尽快拆除备受市民和游客诟病的人民路隔离栏，对不合理的绿化隔离带进行优化改造。2019 年年底，北京已开始大规模拆除栏杆，苏州也应革除依赖隔离栏进行交通管理的惰性思维，借助智能手段进行现代化背景下的智慧交通管理。

（五）注重智能社区和智能家居建设，拉动消费

经过这次疫情，房企和购房者都获得很多思考，会更多地关注智慧社区和智能家居这两个智慧城市建设场景，健康住宅、智能物业、社区医疗等将更受青睐。疫情期间，居家隔离成为重要防控措施，物业不但是守住疫情的“最后一公里”，而且逐渐回归线下社区服务。社区管理得当，对保障居民身心健康、日常生活都有重要的作用。住房需求从“量变”到“质变”，能展现标准制定执行能力、资源整合调配能力和客户需求响应能力的高品质住宅和物业公司更受青睐。疫情对于购房的需求变化不仅主要表现在户型上，更表现为对健康、绿色等品质上的要求。万物智联时代，5G 技术、云计算、大数据等将持续引领整个社会进行颠覆性的改革。智慧化住区具体应用场景不仅包括住区内的门锁、安防、停车、家居、管理的智能化与控制，甚至涵盖了住区外的出行、医疗、教育、运动、娱乐等，从而将人、社区、服务连在一起。苏州智慧城市建设也要对应这一需求，精准发力，满足人们对智慧化和美好生活的追求。

（六）适度功能倾斜，扩大投资主体，拓宽融资来源

1. 财政上要做好项目权衡，从平衡财政适度向功能财政倾斜

据最新发布的《全球智慧城市支出指南》，中国的智慧城市市场规模仅次于美国，热点投资项目依次为可持续基础设施、数据驱动治理以及数字化管理，三者总额超出整体投资的一半，有着强劲的市场和广阔的前景。除了智能电网、固定智能视频安防、联网后台系统，今后智慧城市应用场景的增长，将使数字孪生、车联网、开放数据等也成为智慧城市建设的新机遇。所以，值得以长期发展视角看待短期财政压力，从平衡财政转向功能财政，借助国家大力推进“新基建”的东风，依托5G、人工智能、工业互联网等，加快智慧城市建设，以改革创新稳增长、促发展，破除教育医疗、城市交通、现代治理方面的短板，推进苏州的社会经济发展。

2. 支持社会各方积极参与，共建共治共享，做大做强做优

完善投融资机制，通过政府引导、企业主导，大力吸引社会资本和金融资源投入。加快发展新模式、新业态，聚焦个性化定制、网络化协同、智能化生产、服务化延伸，聚焦社会信用、医疗健康、普惠金融等领域，推行解决方案供应商和创新产品目录，比如开发使用机器人进传染病房进行简单服务。

（作者陈来生系石湖智库研究员、苏州专家咨询团成员、苏州科技大学教授；韩惊雷系苏州专家咨询团成员、苏州东方水城旅游公司总经理）

以“高新担当”奋力推动“昆山之路”再创辉煌

孙剑波

2020年，昆山高新区坚决贯彻昆山市委、市政府决策部署，按照“五争五最五突破”三年行动实施方案要求，坚持“率先垂范、挑战极限”的奋斗状态，立足“冲锋在前、敢为人先”的行动姿态，守住争先进位、争先创优的拼搏劲头不放松，以跳跃性、跨越式步伐迈向高质量发展的新台阶，在昆山打造社会主义现代化建设标杆城市的征程上，彰显高新担当，勇当排头尖兵。

一、围绕新产业、新业态，提升“高新质量”，奋力打造现代化高端产业集聚区

一是以项目突破引领产业勇攀高峰。坚持放大自身产业优势，以关键核心项目的攻坚突破实现产业集群的蝶变升华。我们将统筹各类要素资源，全力推进中科可控产业化基地竣工投产，加速中科晶上工业5G终端芯片等核心技术落地转化，打造国家安全可控信息技术产业集群“头部工厂”；我们将充分利用有利条件，依托国家超级计算昆山中心“国字号”平台，全方位发挥算力资源对智能演算、芯片仿真、通信模拟等领域应用研发的支撑作用，加快建成长三角区域一流的共享超级计算和科学大数据研发应用平台；我们将探索科技体制创新，成建制建设深时数字地球研究中心，加快深时数字地球国际大科学计划国批立项，打造以地球大数据为核心的千亿级数字经济产业集群。我们也将瞄准生物医药“一号产业”，坚持精准定位、错位发展，全面推进迈胜质子医疗产业化项目建设，培育壮大生物材料医疗器械产业集群。二是以精准招商培育强劲发展动能。近年来，我们在富士康、丘钛、通力等存量经济的培育上取得了一定成绩，但在增量部分还面临不小挑战，必须围

绕龙头型企业、标杆性项目全力出击，实现可持续发展。牢固树立“重大强”的鲜明导向，精准布局“新基建”七大领域核心项目，围绕产业链关键环节和配套延伸，加快招引通力电梯增资、富士康5G毫米波连接器等一批强链、补链项目。立足昆山好活公司，乘势而上扶持共享经济、总部经济等新兴业态发展，推进福伊特集团、顺普汽车、勤昆科技申创省级以上跨国公司地区总部和功能性机构。三是以精准服务推动产业转型升级。一方面，建立企业培育清单，深度对标“苏州开放再出发30条”，加快出台昆山高新区“六创六高六跨越”三年行动计划配套政策，集中优势资源向更有自主知识产权、前景远大、贡献突出的企业倾斜，同时，牢固树立用户思维、客户理念，加强挂钩联系、动态服务，切实帮助重点企业解决实际问题。另一方面，建立企业退出清单，深入开展“列规增收”，用好用活工业资源集约利用综合评价机制，推动一批老旧工业小区改造升级、一批出租厂房规范整改，借助国资在合作开发、资产经营等方面的优势，通过收购、动迁等手段，加快腾退处在市场淘汰边缘、产值效益较低、高能耗高污染的企业，为高质量发展腾出空间，留足后劲。

二、围绕新人才、新技术，激发“高新动能”，奋力打造现代化人才科创核心区

一是坚持走好要素创新之路。完善创业苗圃与孵化，加速全链条培育体系，支持瞪羚独角兽企业孵化加速基地、紫竹（昆山）科技企业加速器等一批重点创新平台项目建设，不断增强优质人才科创项目承载力与转化力。充分发挥国资集聚效应，释放国资发展潜能，筹建运作昆山高新区基金投资管理公司、高效操盘基金群，计划每年新增专项产业基金3个以上，加大对原创创新型企业和战略性新兴产业的投资力度，优化多层次、多元化投融资环境，形成资本围绕产业深度融合的资本生态系统。强化企业创新主体地位，加大对创新型企业的培育力度，加快推动“高新企业规模化、规模以上企业高新化”，打造一批掌握核心技术、拥有自主知识产权、具有国际竞争力的创新型领军企业。二是坚持走好人才创新之路。放大“一个人才（团队）、一个项目、一家企业、一条产业链”的创新链式效应，全力推动孙金声、郑志明等院士的科创成果落地转化，抢占先进技术高地与未来发展先机。推进昆山产教融合联培开放基地建设，构建人才培养供给侧和产业需求侧深度融合发

展新模式。突出产业匹配，面向全球集聚顶尖人才，三年内引育“头雁人才”及团队4个、国家创新创业领军型人才15名。三是坚持走好开放创新之路。充分依托一个大科学计划（深时数字地球）、一个大科学装置（昆仑超算）、一所大学（昆山杜克大学），高效运作中美（昆山）科创中心，打造昆山杜克大学国际合作教育样板区，助推引领性原创成果落地，着力提升全区的整体科研水平和科技影响力。牢牢把握新的发展机遇，更好地融入“一带一路”倡议、长江经济带建设、长三角一体化发展和江苏自贸区建设，携手乌克兰、俄罗斯、白俄罗斯等“一带一路”沿线国家，高水平运作一批优质创新载体，打通科技成果转化“最后一公里”；加强与上海紫竹科学园区的对接，持续打造孵化器到加速器的全链条培育体系，形成错位发展、配套互补的格局。放大对台优势，加快建设登云（两岸）科教创新基地。广泛搭建与世界500强企业、国企、大院大所的沟通合作桥梁，加快建设理光（昆山）创新中心。

三、围绕新面貌、新形象，绘就“高新画卷”，奋力打造现代化宜居、宜业样板区

一是匠心着力铸造科创之城。我们将充分借鉴深圳经验，落实2035版昆山城市总体规划，树立精品意识，下好绣花功夫，以商业、科技、产业融合联动为亮点，打造大渔湖区域新业态集群，加快形成“三湖两园一镇”格局，树立产城融合最佳典范。积极探索“组合式开发模式”，优化土地综合开发机制，加大地块收购力度，加快动迁安置步伐，打好土地主动仗。保持用地供应稳定有序，加强成本收益综合测算，积极引导市场预期，促进房地产市场平稳健康发展。精细化城市管理，依托苏州轨道交通S1线，加强高品质的生态环境和高标准的配套设施建设，实现城市更新与功能提升、产业升级、民生改善、安全生产有机结合。二是精心规划建设美丽乡村。紧扣农业现代化建设，结合农业产业布局，深入推进农田集中连片整治，优化土地资源要素配置。立足高新区资源优势，加快建设白渔潭田园综合体、玉叶智慧农业产业园等一批现代化农业项目，打造具有高新区特色的乡村振兴工作亮点与标杆。深化农村集体资产分类处置改革，依托国资运作，全面提高集体资产运营效益，推动“农业强”的基石更加稳固、“农村美”的形态更加凸显、“农民富”的特征更加鲜明。二是用心呵护城市生态环境。牢固树立“绿水青山就是金山银山”的理念，坚持走绿色发展道路，坚决打好污染防治攻坚战，

全面整治“散乱污”企业，进一步盘活低效用地，创建国家生态工业示范园区，以优质的生态环境为招商引资加分，为营商环境增色，为城市品质添彩。从严落实河长制，加快推进城北区域水环境整治，全面提升四类以上水体比例。推进垃圾分类全覆盖，加快建成生活垃圾分类投放、收集、运输和处理系统。

四、围绕新环境、新氛围，展现“高新温度”，奋力打造现代化和谐幸福示范区

一是均衡发展民生事业。我们将自觉把民生工作放在更加突出的位置，认真落实稳就业政策，持续提高民生支出，加大重点群体就业帮扶力度。坚持基础教育优质均衡发展，加强医疗卫生资源投入，扎实推进住房保障体系建设，构建并完善高品质、多元化养老服务体系。二是精准发力社会治理。深化警务综治“双网融合”，实现村（社区）高标准、网格化联动工作站全覆盖。完善社区党组织领导下的社区、物业、居民联动服务机制，强化社企联动，探索企业参与社区管理的方法路径，延伸激活基层治理神经末梢。深入推进“无黑城市”创建，决战、决胜全国文明城市创建。压紧、压实信访工作责任，实现信访批数人次“双下降”。三是标本兼治安全生产。严格落实安全生产责任制，扎实开展“27 + 1”安全生产专项整治和蓝盾护航百日行动，纵深推进出租厂房规范提升工程，加大隐患排查整改和监管执法力度，雷厉风行抓好突出问题整改，坚决防范和遏制重特大事故，全力压降一般事故总量，确保安全生产形势平稳可控。着力提升安全生产现代化治理水平，加快建成启用昆山高新区城市安全管控指挥中心，实现“人防”“技防”的有机结合，运用云计算、区块链等现代科技手段，以一套指挥系统切实增强综合研判、监测预警、指挥决策、应急救援与社会动员能力。大力开展“331”专项整治，实现火情、警情双下降，群众安全感、满意度双提升。

（作者系昆山高新技术产业开发区党工委委员、管委会副主任）

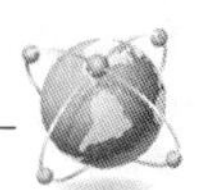

更高标准推进苏州经济技术开发区改革创新的五点建议

朱　琳

经济技术开发区是推动高质量发展的主阵地，是苏州改革开放的先行军，是经济发展的加速器。2018 年年底，江苏省委常委、苏州市委书记周乃翔在苏州市委十二届七次全会讲话中强调，要“更高标准推进开发区改革创新”。几乎同时，商务部公布了全部 219 家国家级经济技术开发区 2017 年综合发展水平考核评价结果。其中，苏州国家级经济技术开发区整体表现亮眼，特别是苏州工业园区以综合排名第一的成绩荣获全国三连冠，昆山经济技术开发区综合排名全国第五。当前，苏州各经济技术开发区应如何深入贯彻周乃翔书记讲话精神，更高标准推进改革创新？我们可以从近两年商务部对经济技术开发区的考评结果中得到一些启示。

商务部国家级经济技术开发区综合发展水平考核评价工作是对全国 219 个国家级经济技术开发区全面、系统的考核评价。该考核评价主要围绕产业基础、科技创新、区域带动、生态环保、行政效能等 5 个方面对国家级经济技术开发区的高质量发展及其综合发展水平开展全面“体检”。

商务部考核评价结果显示，2017 年苏州 9 家经济技术开发区在全国排名中总体处于上游水平。进入全国前 10 强的有 2 家，分别是苏州工业园区排名第一位，昆山经济技术开发区排名第五位；进入全国前 50 强的有 4 家；其余 3 家经济技术开发区总体处于中位，总体排名情况好于 2016 年。2016 年，进入全国前 10 强的有 2 家，进入全国前 50 强的有 3 家，处于中位的有 4 家。从纵向看，相较于 2016 年，综合排名有所提升的有 4 家，其中提升较快的是吴中经济技术开发区，前进 55 位；排名有所下降的有 4 家；排名持平的有 1 家。在单项排名上，浒墅关经济技术开发区的对外贸易指标提升较快，上升至第八位。

数据背后反映的是各经济技术开发区的改革成效和短板制约。苏州工业园区连续 3 年在综合排名上稳居榜首，主要得益于近年来工业园区积极抢抓全球产业梯度转移、价值链重构等机遇，充分利用现有产业基础优势，聚焦新一代电子信息、纳米技术、生物医药、人工智能等战略性先导产业，加快构建相互融合、相互支撑的产业集群。昆山经济技术开发区抢抓科技龙头企业，做大做强高端制造，加强对接上海自贸区，因而能够在综合排名上连续多年名列前茅。浒墅关经济技术开发区因加快布局高端产业，积极腾退低效企业，在对外贸易单项排名上突飞猛进。相比之下，张家港经济技术开发区、常熟经济技术开发区、浒墅关经济技术开发区和相城经济技术开发区因受宏观经济形势、资源载体瓶颈制约、环保任务艰巨等多重因素影响，面临着较大的转型升级压力。

周乃翔在苏州市委十二届七次全会讲话中指出："要以转型创新引领苏州高质量发展，深入实施创新驱动发展战略；以改革开放带动苏州高质量发展，构建具有更强竞争力的体制机制。"作为改革开放的试验田，经济技术开发区的改革创新对苏州高质量发展起着重要引领作用。当前，推进我市经济技术开发区更高标准改革创新应重点做好以下几个方面的工作。

（一）对标找差补短板，竞相发展不松劲

一方面，各经济技术开发区要主动对标商务部考评指标体系，向综合排名和单项排名第一的看齐，瞄准短板加倍发力，紧盯弱项全力攻克，推动排名成绩更大提升。另一方面，各经济技术开发区要争先奋进，主动把自己放在更高的坐标系，同更强的对手去竞争、去比拼、去较量。对于排名前 10 的经济技术开发区，要保持领先优势，稳固排名，在创新发展上寻求新的突破。要加快打造先导产业创新集聚区，围绕自主可控加快构建现代产业体系，加速在全球范围内汇聚配置创新资源。对于排名前 50 的经济技术开发区，要快马加鞭，争取早日跻身国家级第一方阵。要加快推进产业迈向中高端，做大、做强主导产业，加强引进培育各类创新、创业人才。排名居于全国中位的经济技术开发区，要奋起直追，主动谋划转型升级。

（二）互学互鉴共同提升，侧重特色创新发展

各经济技术开发区应主动学习借鉴先进地区发展经验，着力谋划打造特色亮点，实现协同发展、错位发展和创新发展。昆山经济技术开发区，可在产业基础、科技创新和对外贸易等方面学习借鉴苏州工业园区发展经验，推

动光电产业快速增长，半导体产业做大、做强，加快构建新能源汽车产业链，加快夏驾河科创走廊建设。苏州工业园区应充分利用国家开放创新综合试验和江苏省社会主义现代化建设试点等平台，同时学习借鉴相城经济技术开发区的征迁经验，加速低端、低效产能退出，进一步盘活土地资源，努力走在高质量发展最前列。相城经济技术开发区可借鉴苏州工业园区企业发展服务中心模式，引进大数据信息化平台，整合利用政府和社会产业创新资源，提升自身服务企业的能力。

（三）加速集聚创新资源，为创新注入源源动力

各经济技术开发区要加速融入全球科技创新产业分工布局，着力增强创新资源配置能力与优势产业技术实力。在建设高端载体方面，一方面，要对现有载体进行功能、空间上的优化升级。2020 年年初，昆山经济技术开发区通过更新改造、腾笼换凤，打造集半导体产业、设计研发产业、大院大所平台于一体的科创综合体。另一方面，要新建高端载体以服务于创新资源集聚。2019 年 8 月成立的苏州市产业技术研究院就是一个致力于创新资源集聚、企业需求和技术对接供应，以及科技成果加快转化的平台。在培育高端人才方面，要面向全球大力培养与集聚高端人才，落实企业引才奖励，加快实施区域重点产业人才计划。在提升金融服务方面，要完善财政资金与金融资本、社会资本的合作联动机制，进一步发挥产业引导基金的撬动作用，并构建科技创新项目与资本对接的平台。在精准招商方面，要创新招商体制机制，组建专业化科技招商队伍，创新科技招商手段，加大产业化招商力度。

（四）深化体制机制改革，构建一流营商环境

在优化营商环境方面，各经济技术开发区应充分借鉴上海、北京等地经验，全力打造营商环境的新亮点、新标识。一是不断提升政务服务水平。进一步压减行政审批事项，简化审批流程，缩短审批时间，让市场准入更加高效便捷；委托第三方机构开展营商环境指标评估，促进营商环境便利化改革；积极探索包容审慎监管措施，制定市场主体轻微违法违规行为免罚清单，用“有温度的执法”激发市场活力。二是优化非政务服务供给。在优化电力接入方面，推进电力接入与政府审批部门信息共享和并联审批，完善政务服务中心电力服务窗口的服务，压缩接电时间，降低接电成本。三是加大运用信息技术手段。以“互联网＋政务服务”为抓手，深化大数据平台建设，建立智慧政务远程视频咨询平台，实现政府管理和服务的“精、准、快”。

（五）主动融入长三角一体化，推进区域联动发展

推动长三角一体化发展是当前苏州市经济技术开发区发展面临的重大机遇。要进一步解放思想，打破行政区域划分的壁垒，认识到长三角各城市是合作、平行关系；要实现合理分工、优势互补；要梳理政策，拉平政策鸿沟，在规划布局、土地管理、市场监管、财税分享、公共信用等方面进一步加强统筹谋划和战略协作。要让市场力量发挥作用，逐步消除影响区域市场一体化的体制机制障碍，促进整个区域范围内的人流、物流、资金流、技术流与信息流等要素自由流动；要加快制度一体化创新，探索如何为长三角一体化提供制度保障；要加强生态环境一体化管控，统一规划，统一标准，统一监督执法，建立健全跨区域污染联防、联治机制。

（作者单位：中共苏州市委党校）

加快以科创企业引领苏州制造业基地向科技创新高地转型的建议

秦天程

2019 年 3 月 2 日，各方广泛关注的科创板开闸，“2 +6 规则”落地并实施。随着近期科创板重要制度规则的连续密集公布，科创企业发行上市也将正式启动。

科创板主要定位于符合国家战略、突破关键核心技术、科技创新能力突出、市场认可度高的科技企业，为科创类企业设定了包容性和适应性的上市条件。根据《上海证券交易所科创板股票上市规则》《上海证券交易所科创板股票发行上市审核规则》，企业申请科创板上市，有 5 套差异化的上市标准可供选择。这种多选项的上市标准包括营业收入、现金流、净利润等财务指标和研发投入、预计市值指标等，财务表现不再是上市的必需条件，企业创新成长的潜力得到更多关注。对符合科创板定位的尚未在境外上市的红筹企业和存在表决权差异的企业也规定了相应的上市标准。这些创新设计增加了在关键领域已突破核心技术或取得阶段性成果、拥有良好发展前景但尚未盈利甚至存在亏损的创新型企业的上市融资机会。另一个金融创新是科创板实行注册制，由上海证券交易所负责审核申请企业是否达到发行上市和信息披露的要求，以向发行人提出审核问询、发行人回答问题的方式进行形式审核而非实质审核，把对上市公司投资价值做出判断的决定权交给市场。除了信息披露的质量外，科创板还实行更严格的退市制度。

科创板的推出不仅是资本市场服务科技创新的重大改革，也是对区域创新能力更高标准的检验，为各地打造在创新力方面的先发优势、实现高质量发展提供了契机。目前，已有十几个省、市出台了对科创企业的支持政策，对科创板上市企业的资助或奖励从 100 万元至 2 000 万元不等。对预备上市企业的遴选和调研也在密集进行，各地都在力推最有实力的企业，争取首批登陆科创板，抢占先机。从苏州来看，国芯科技这家公司受到重点关注，该公司在自主嵌入式 CPU 技术和芯片国产化方面取得了突出的技术创新成果。此外，昆山也选出首批 10 家优质企业进入其科创板后备企业库。

但在科创板重点支持的新一代信息技术、高端装备、新材料、新能源、节能环保、生物医药等高新技术产业和战略性新兴产业方面，苏州仍然缺少综合实力居于全国前列的独角兽企业。近日，由新浪财经主办的“资本市场新时代——科创板研讨会”评选出科创板潜力企业百强榜，从地区分布上来看，北京、上海、深圳三地企业数量位列前三，合计占了六成，排在第四位的杭州也有 7 家企业入选百强，而苏州仅国芯科技、聚合数据、朗润医疗 3 家企业入选，反映了在科创企业的综合实力上苏州与这些城市的差距。再从 G60 科创走廊正在建立的拟上科创板企业储备库来看，目前已入库 200 余家企业，苏州在 G60 科创走廊的 9 个城市中入库企业数量并不占优势，科创板后备资源有限。

对此，苏州应牢牢把握科创板和注册制试点的契机，支持科创企业快速成长，引领苏州由制造业基地向科技创新高地的转型升级。具体建议如下：

（一）以更大的魄力包容创新

苏州对科技创新型企业也有各种支持政策，但前提是被认定为这类企业。有很多研发型企业还是难以跨越这个门槛。因此，应顺应科创板包容创新的趋势，在支持苏州科创企业方面拿出更大的魄力。一是用发展性的多重衡量标准代替固定单一的和其他地区趋同的对创新企业的认定标准，给更多创新主体提供“可以一试”的资金和条件；二是将宽容创新失败落到实处。研发和创新本身就是高投入、高风险的活动，失败的可能性往往高于成功，在各国各地区各个时期都是如此，真正的宽容失败要体现为通过有效政策措施最大限度地保护创新主体的利益，降低其损失。

（二）以重点产业的整体提升，打通科创板上市路径

《上海证券交易所科创板企业上市推荐指引》进一步明确了保荐机构应优先重点推荐的三大类七个领域的企业，其中包括高新技术产业和战略性新兴产业的科技创新企业，以及互联网、大数据、云计算、人工智能和制造业深度融合的科技创新企业。

在当前科创企业的综合实力不具优势的情况下，以重点产业为突破，打通科创板上市路径很有必要，而人工智能产业可以作为这样的重点产业。江苏省人工智能产业技术创新战略联盟已落户苏州工业园区。工业园区以建成

国内外知名的人工智能创新策源地为目标，在发展以大数据和云计算为支撑的人工智能相关产业、促进产业高端集聚方面取得较快进展。据工业园区科技和信息化局统计，工业园区已集聚人工智能产业相关企业600多家，20余家企业产值超亿元，4家企业在十亿元以上，1家企业达到百亿元，已形成估值上千亿元的产业集群。

作为科创板支持的主要产业方向，工业园区人工智能产业集群如能保持现在的发展势头，其中应有一批企业能达到《上海证券交易所科创板股票上市规则》规定的10亿元至40亿元的5档上市最低市值标准。更重要的是，工业园区人工智能产业和大数据、云计算等新兴产业联系紧密，并融合了智能制造产业方面的优势，从而能带动更多科创企业的成长与上市。

（三）优化创新生态系统

北京、深圳、杭州等地之所以有一大批新兴产业、核心领域的领军企业或独角兽企业，是因为有完善的创新生态系统，科技型中小企业所需的人才、创投资本、科技服务、知识产权保护等各种资源都能有效供给，因而可以实现快速成长。苏州在一流科研机构、研发中心、高端人才、有实力的创投基金等创新要素的引进方面取得了一定成效，但还没有形成核心的发展方向和整合效应，这些重要的资源、要素尚未构建起协同共进的创新生态。为此，要进一步优化创新生态系统。

一方面，进一步提高创新服务效率。苏州在外向型经济的实践中不断提高政务服务效率，成功打造了亲商、安商、富商的营商环境，吸引了国内外投资者争相投资。但向科技创新高地转型是苏州经济发展模式的根本性转变，需要政府部门提高创新服务效率，以更精准的服务培育创业环境，支持各类创新主体成长，为构建良性发展的创新生态创造条件。

另一方面，打造创新文化软环境。成熟的创新生态系统不但要具备研发主体、创新资源、硬件设施等条件，还离不开创新文化软环境。在这方面，杭州给了我们很好的启示，杭州能迅速跻身全国创新中心城市，有赖于一批电商、互联网、人工智能、大数据等领域领军企业的推动，而能够形成这种格局是与浙商务实敢闯、奋发创新的文化基因分不开的。有鉴于此，应通过传承和发展苏州风范的营商文化、创业创新文化，使各类研发人员、战略投资者和企业的互利共赢建立在对创新使命和价值观的共识上，这也是扩大苏州本土科创企业和苏州创新影响力的重要途径。

（作者单位：苏州市职业大学）

构建新发展格局的苏州作为

傅伟明

构建以国内大循环为主体、国内国际双循环相互促进的新发展格局是党中央做出的重要战略选择。日前，苏州市第十二届委员会第十次全体会议指出，“关键在于把构建以国内大循环为主体、国内国际双循环相互促进的新发展格局作为谋划下一步经济工作的大坐标”。在实现第一个百年目标、乘势而上开启全面建设社会主义现代化国家的新征程中，苏州有条件、有能力为构建我国新发展格局探路先行。

（一）发挥制造产业优势，发力国内大循环生产端

生产是推动经济发展的起点，改革开放以来苏州发展迅速，GDP 一直位居全国前列，2020 年上半年我市 GDP 总量为 9 050.24 亿元，名列全国城市排行第六位，因为苏州具有强大的制造产业优势。从工业体系来看，苏州产业门类齐全，不但 41 个大类中有 39 个，而且拥有制造产业的全部 31 个大类，制造业体系完备。从经济主体来看，至 2020 年 6 月底，全市市场主体达到 212.04 万户，占江苏省的 20%，全市工业企业总数 12 万家，规模以上企业 10 377 家。2020 年中国企业 500 强榜单中，苏州共有 10 家企业上榜。从工业产值来看，2019 年苏州工业产值突破 33 000 亿元，紧逼上海和深圳，是中国第三大工业城市，2020 年上半年工业产值突破 15 500 亿元，降幅只有 0.3%，官方数据显示，苏州已超过上海、深圳，成为我国第一大工业城市。因此，苏州具有强大的制造产业优势，可以为构建国内大循环生产端发力，实现苏州作为。首先，保市场主体。市场主体是经济的力量载体，保市场主体就是保社会生产力，要进一步落实中央减税降费系列政策，降低企业生产经营成本。其次，保产业链、供应链稳定。以行业龙头企业为着力点，加快打通产业链与供应链的断点、堵点、痛点，同时围绕新基建、新技术、新材料、新装备、新产品、新业态等“六新”领域，尽早谋划储备一批补链强链项目。

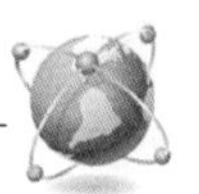

再次，激发企业家精神，激活创造力。企业家是企业发展的发动机，企业家的进取心是企业家精神的核心内涵，通过优秀企业家的引领，出台相关政策，激发每一位企业家的创业创新精神，加大技术研发和人力资本投入，有效调动员工的创造力，不断做大做强企业。

（二）发挥中心城市优势，发力国内大循环消费端

消费是经济发展的重要引擎，苏州作为中心城市，具有较强的区域经济优势和人口承载能力，具有强大的消费能力和水平。从居民收入来看，2019年苏州全体居民人均可支配收入为60 109元，比2018年增长8.4%，其中城镇常住居民人均可支配收入68 629元，增长8.1%；农村常住居民人均可支配收入35 152元，增长8.4%。全年实现社会消费品零售总额6 088.8亿元，比2018年增长6%，占全省总额的17.3%。居民人均消费支出35 414元，比2018年增长6.3%，其中城镇居民人均消费支出39 648元，增长6%；农村居民人均消费支出23 012元，增长6.6%。2020年，苏州名列上半年中国城市消费能力10强城市第七位，这10座城市上半年的社会消费品零售总额合计41 648亿元，占同期全国消费总量的24%。从城市区位效应来看，苏州作为长三角一体化发展规划中的上海近沪区、苏锡常都市圈的中心城市，作为位居百强县前10位的昆山、张家港、常熟、太仓的各种流通链的交会点，具有强大的消费能力和消费吸引力，城市枢纽作用发挥充分。因此，苏州可以以长三角一体化为契合点，发挥中心城市优势，为构建国内大循环消费端发力，实现苏州作为。首先，围绕人民对美好生活的需要，拓展消费范围。通过加快市域一体化、城乡一体化进程，发挥中心城市优势，扩大消费范围，拉动县、乡、镇的消费。其次，提振消费强度。通过进一步推进“姑苏八点半”等各类夜经济活动，保持市场活跃度，促进消费活力。最后，释放消费潜力。通过政府发放消费券，以及免费开放或降低各类文化、体育、旅游资源门票等一系列措施，启动消费引导举措，释放抑制的消费，进一步提升消费水平。

（三）发挥开放经济优势，发力国际循环

改革开放以来，苏州创造的业绩靠的是开放、创新与合作，外贸企业、外资企业参与国际循环，嵌入全球生产和消费市场，形成了具有苏州特色的开放型经济体系。开放型经济是苏州的城市名片。一方面，苏州是外贸出口大市、强市。2018年出口2 068.31亿美元，比2017年增长10.5%，出口依存度为73.4%，占江苏省出口总额的51.2%。2019年实现进出口总额

3 190.9 亿美元,其中出口 1 920.4 亿美元，因此苏州外贸优势显著。另一方面，苏州是外资投资首选地之一。从实际使用外资看，2019 年新设外商投资项目994 个，新增注册外资 113.4 亿美元，比 2018 年增长 5.3%。实际使用外资46.2 亿美元，比 2018 年增长 2.0%。因此，苏州应发挥开放经济优势，为构建国际循环发力，实现苏州作为。首先，保外贸企业市场主体。加大对外贸企业的政策支持力度，全力保企业、保重点、稳订单、拓市场，稳住我市外贸基本盘，稳定我市产业链、供应链国际地位，发力国际循环构建。其次，引领外贸企业开拓国际新市场。特别是借力“一带一路”国家倡议，开发“一带一路”沿线国家市场，重新构建国际产业链、供应链，参与国际循环构建。如苏州金龙海格客车作为一家国有客车企业，综合实力、产销规模都处于行业领先地位，海格客车借力“一带一路”国家倡议走出去，在“一带一路”沿线特别是非洲国家拥有广泛的市场基础，参与国际循环构建。最后，进一步优化营商环境。加大外企引进力度，发挥外企在国际产业链、供应链中的作用，发力国际循环构建。

（四）发挥改革再深入优势，促进国内国际双循环

改革也是推动苏州快速发展的强大动力。一方面，以开放倒逼改革，不断优化营商环境和经济发展环境。2020 年 3 月发布的《苏州市优化营商环境创新行动 2020》，对标国际先进标准，树立用户思维，注重客户体验，优化营商环境呈现出了新发展态势，激活了市场活力。2020 年 1 月至 5 月，苏州全市新登记各类市场主体 21.3 万户，注册资本 2 725 亿元，较 2019 年同期分别增长 41.7% 和 28.4%，新登记个体工商户 17.76 万户，增长 61.6%。另一方面，以服务倒逼改革，为民营企业营造更好的发展环境。习近平总书记指出：“我国民营经济只能壮大、不能弱化，不仅不能‘离场’，而且要走向更加广阔的舞台。”为此，苏州已迅速建立了民营企业家月度沙龙、民营企业家微信群、民营企业信息直报“三项制度”，全力当好民营企业高质量发展的“守护侠”，发挥民营企业主体力量，参与市场大循环、产业大循环、经济大循环。

（作者单位：中共苏州市委党校）

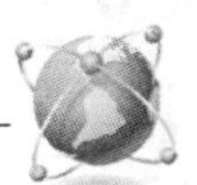

苏州应用足、用好自创区和自贸区“双自联动”优势

王兆喜

2020年，江苏省政府印发了《苏南国家自主创新示范区一体化发展实施方案（2020—2022年）》，明确提出牢固树立“一体化”意识和“一盘棋”思想，坚持区域统筹协调，坚持“双自联动”，加快推进苏南自创区一体化发展，加快打造高水平的“创新矩阵”和区域创新一体化先行区。2020年年初，江苏省委常委、苏州市委书记蓝绍敏在开放再出发大会上提出，要以开放提升苏州的科技创新策源功能、高端产业引领功能、全球资源配置功能、各类要素虹吸功能、开放枢纽门户功能。如何有效落实江苏省委、省政府和苏州市委、市政府这一发展新要求，加快推进全市产业统筹、动能统筹和园区共建，用足、用活、用好国家自主创新示范区（以下简称“自创区”）和自由贸易试验区（以下简称“自贸区”）的“双自联动”优势，应成为苏州开放再出发的又一次赛道再造和制度创新，成为苏州全方位加速市域一体化的策略选择和重要任务。

一、“双自”联动的内在逻辑和乘数效应

中国改革开放的步伐从未停止。承载“开放”的核心载体也在不断地迭代升级，先后经历了“经济特区—沿海港口城市—经济技术开发区、保税区—国家级新区—自贸区”的历史沿革，始终是改革试验田和开放排头兵，是推动我国经济社会快速发展和对外开放的重要平台和中坚力量。从经济特区的政策优惠到自贸区的消除壁垒，从经济特区的正面清单到自贸区的负面清单，从经济特区以出口为主到自贸区以转口贸易为主，渐进推动中国改革开放向纵深发展，形成了以对外开放为主体的外向型经济增长方式，其本质是以开放倒逼改革，侧重的是制度创新。目前，自贸区是在对外开放这条主

线上运用和发展的最高形式，国家已经分批次批准了18个自贸区，推动形成了我国新一轮的全面开放格局。

与此同时，中国创新发展的步伐也从未停止。承载“创新”的核心载体，从1988年我国开始设立国家高新区以来，大致经历了聚集生产要素的一次创业（1988—2000年）、注入科技要素的二次创业（2001—2011年）、全面创新的三次创业（2012年—至今）三个历史阶段，逐步形成了以自主创新为动力的内生型经济增长方式，发挥了促进科技与经济的紧密结合、引领我国高新技术产业的发展并辐射到其他产业、带动地方经济发展的重要历史作用，其本质是要以改革促进创新，侧重的是科技创新。当下第三阶段是以科技创新为核心的全面创新，主要实践形式是建设国家自主创新示范区，即依托重点和先进国家高新区，通过深化改革破除一切不利于科学发展的体制机制障碍，促进以科技创新为核心的全面创新。自创区是“自主创新”这条主线上运用和发展的最高阶段。截至2019年，我国的国家自创区总数已达21个，其中就有包括苏州高新区、苏州工业园区、昆山高新区、常熟高新区在内的苏南国家自创区。

自创区侧重科技创新，有利于创新主体加速聚集；自贸区侧重制度创新，有利于市场资源优化配置。当自贸区遇上自创区，“双自联动”便应运而生。“双自联动”，不是简单的物理联动，而是要形成投资贸易便利与科技创新功能的深度叠加和有机融合，产生协同改革叠加效应，其本质在于全面深化改革和进一步扩大开放，最终目的是要实现“以创新驱动发展”。“双自联动”在空间上是双区联动，在内容上是制度创新和科技创新的联动，在具体形式上表现为科技、政策、资本、人才等要素的联动。“双自联动”为创新政策叠加、体制机制共用、服务体系共建提供了机遇——改革创新的经验可以在自创区复制、推广，自贸区的资源优势也可以支持自创区建设，从而产生“1+1>2”的化学反应，充分释放两大国家战略的乘数效应，真正形成改革开放与创新发展的强大合力和红利。

2014年10月，包括苏州高新区、苏州工业园区、昆山高新区、常熟高新区在内的苏南国家自创区获批；2019年8月，包括苏州片区在内的江苏自贸区获批，苏州片区面积达60.15平方千米，占江苏自贸区一半之多。对苏州而言，苏州自贸区的获批挂牌即意味着作为苏南国家自创区核心区的苏州正式迎来了自创区与自贸区联动发展的战略机遇期。

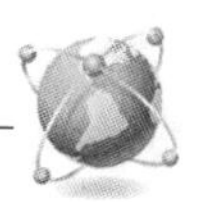

苏州的“双自联动”首先是区域空间的联动。在苏州工业园区，自创区的一部分区域与自贸区重叠，可以“直接联动”，由自贸区政策直接带动自创区发展；苏州高新区、苏州工业园区、昆山高新区、常熟高新区与苏州自贸区不重叠区域，可以实施“互补联动”，即自贸区政策和创新成果复制推广到其他自创园区。其次，苏州的“双自联动”还是制度创新与科技创新的联动，即国际投资贸易规则与创新转型升级的对接联动。苏州完全有条件围绕“开放”和“创新”这两个发力点，把“双自”叠加区域打造成为具有全球影响力的创新资源配置中心，构筑服务全市对外开放和产业创新的大平台。苏州的“双自联动”将推动我市走向更高层次的改革开放和创新发展。

二、上海、天津等地“双自联动”的经验借鉴

实践中，上海最早提出“双自联动”概念。2015 年，上海颁布了“双自联动”方案；2016 年，广东也颁布了珠三角版的“双自联动”方案。随后，深圳、珠海也都提出“双自联动”。在行政服务改革、提升金融服务科技创新水平、吸引全球各地人才集聚、建立与国际接轨的知识产权保障机制等方面，上述各地都结合自身优势有所行动，但也有各自的区域特色和侧重点：上海定位高端，突出对国际人才的吸引，广东突出粤港澳科技合作，深圳前海更加突出深港合作等。

（一）上海“双自联动”

张江高新区以张江国家自主创新示范区核心园的身份并入上海自贸区，不仅为“双自联动”提供了上海最优质的创新资源和产业集群优势，更为自贸区的各项体制机制创新成果提供了直接复制和推广的试验场。“双自联动”区以制度和政策创新的叠加和联动效应为上海市建设具有全球影响力的科技创新中心提供了有效的实施路径和强大的战略支撑。从上海实践来看，自贸区具有强大的产业聚集效应，虽然只占上海市区面积的不到 1/50，却创造了全市 1/4 的 GDP。自贸区“四个率先”（率先落实自贸区永久居留推荐直通车制度、率先落实自贸区外籍高层次人才持永久居留身份证注册科技型企业享受国民待遇、率先开展涉及外籍人才“多证联办”试点、率先试点张江核心园人才办事窗口“无否决权”改革）的制度创新，特别是政府管理体制方面的创新成果，同时叠加自创区为提升经济增长的内生动力而形成的增量型政策创新成果，如综合性国家科学中心、上海科创中心建设核心区等重大国家

战略，为区内企业创新发展营造了良好的制度和政策环境，真正实现了创新驱动发展。

（二）天津“双自联动”

天津是继上海之后全国为数不多的同时具有自贸区与自创区两大国家战略的先行先试地区。在建设“一区二十一园”“双创特区”等已有成果的基础上，天津利用自贸区里国企多、和北京的央企合作多以及特定开放区和融资租赁、航空制造等产业特色聚集做得好的优势，着力把自贸区的投资贸易便利化、服务便利化、商事改革、金融创新的政策用足与用好，为聚集海内外创新机构、高端人才、技术等创新要素创造更好的条件和环境，促进跨境研发转化与并购活动的便利化、聚集海外人才的便利化，打造科技小巨人升级版，在“双自联动”实践上取得了实质性重大突破。

（三）武汉“双自联动”

武汉力推“双自联动”发展，不断为武汉加快形成战略性新兴产业和高技术产业发展优势赋能。以自创区的政策需求为导向，发挥自贸区“先行先试”的优势，倒逼自贸区加快制度创新。建立以负面清单管理为核心的投资管理制度、以贸易便利化为重点的贸易监管制度、以金融服务业开放和金融服务实体经济为目标的金融创新制度、以政府职能转变为核心的事中事后监管制度，形成与国际投资贸易通行规则相衔接的制度创新体系，促进战略性新兴产业和高新技术产业向自贸试验区集聚。

（四）广州“双自联动”

广州积极探索“双自联动”的机制构建，强调积极拓展自创区与自贸区的对接合作渠道，进一步促进双方各类资源要素的自由流动与合作。通过在谋划“双自联动”战略和协作机制、建立符合国际惯例的高能企业培育机制、构建自贸试验区国际化人才平台机制等方面加强重点领域机制创新，探索高效联动的平台模式来实现“双自联动”，推进制度创新、开放创新、金融创新和科技创新的多维度融合，将广州打造成为制度创新最深、要素流动最便捷、科技创新最前沿、高端产业最集聚的先行区和示范区。

除上述城市外，厦门建立了“双自联动”联席会议制度，七项“双自联动”改革创新举措在福建全省复制推广；重庆全面建立“双联动”机制；珠海推动自创区“强内功”和自贸区“借外力”，促进制度创新、金融对接、

载体合作、平台共享、人才引进等多维度联动发展。

三、苏州用足、用活、用好“双自联动”优势的建议

进入新时代，高新区和经济开发区均已进入以科技创新和体制创新为动力、以培养高新技术产业体系和创新经济体为主要任务的三次创业阶段。作为我国自主创新、对外开放最高形式的自创区和自贸区在苏州叠加实施，“双自联动”已成为苏州更高水平、更高质量创新驱动与开放发展的独特优势和重大机遇，应将其充分用足、用活、用好，充分发挥自贸区体制特色、自创区政策特色以及苏州政府服务特色，重点推动“双自”在空间、政策、体制机制、资本、人才、研发等方面的联动，努力将苏州打造成为制度创新最深、要素流动最便捷、科技创新最前沿、高端产业最集聚的开放创新高地。

（一）深入谋划苏州“双自联动”战略

自2019年年底开始，苏州已在张家港市、常熟市、太仓市、昆山市、吴江区、吴中区、相城区、苏州工业园区、苏州高新区的国家级开发区（含经济开发区、高新区、旅游度假区、保税区）以及汾湖高新区建设了15个自贸区联动创新区，通过“自贸区+”，构建了全域经济开发区、高新区、自贸区联动发展的大格局，在全国率先探索自贸区与开发区联动发展的创新模式。上述苏州自贸区联动创新区建设方案面向全市所有国家级开发区，已经包含了“双自联动”。下一步，可借鉴北京中关村、上海张江的先进经验和做法，将“双自联动”提升为新时代苏州开放发展战略的重要举措，作为市域一体化园区共建的重点任务之一，进一步丰富和完善已出台的《中国（江苏）自由贸易试验区苏州片区联动创新区建设方案》，即进一步明确“双自联动”在苏州自贸区联动创新区中的龙头带动作用，进一步细分、区分、凸显“双自联动”的发展目标和主要任务，通过“双自联动”的优势发挥，高质量带动自贸区苏州片区联动创新区建设。

（二）突出建立高效的“双自联动”协作机制

（1）发挥苏州工业园区“双自联动”的示范带动作用。大力支持苏州工业园区“双自”联动片区率先开展相关改革试点，充分发挥其辐射带动作用；着力推动苏州高新区跻身全国国家高新区第一方阵，大力提升昆山高新区、常熟高新区国家创新型特色园区的建设水平，实现自创区与自贸区的功能叠加与政策共享，促进科技创新、制度创新、开放创新、金融创新的多维深度

融合；促进汾湖、太仓、吴江等省级高新区借梯登高，深化中新、中德、中日、两岸开放创新合作，加快推动符合条件的省级高新区创建国家级高新区，形成对外开放一体化和协同发展新格局。（2）建立实体化运作的一体化工作体系和科学高效的工作组织机制。市级层面由市自贸片区工作领导小组领导，成立苏州“双自联动”理事会，执行领导小组的决策部署，采用联席会议、定期召开专题会、合作协议等方式，研究提出苏州“双自联动”的发展战略、发展规划、重大政策以及年度目标任务，研究审议年度重大项目、重大平台建设、经费预算等事项，统筹协调苏州“双自联动”的各项重点任务，组织开展督促检查，力争形成紧密协作、利益共享、问题共解的合作框架，切实有效地促进制度创新与科技创新的深度融合。（3）强化协同效应，探索政策、项目、平台高效联动模式。以“双自联动”为龙头，着力统筹集成苏州全市域创新创业、人才、企业、产业等各项创新政策，强化一体化协同实施，最大限度释放政策红利；组织实施一批重大产业发展项目，因地制宜打造一批具有自主知识产权和高附加值的战略性新兴产业和先进制造业集群；着力构建科技创新与金融服务的联动平台、高端科技产业与服务贸易的对接平台、研发产品展示和技术成果转化交易平台等，高效集聚开放创新要素，一体化实施重大科技攻关项目。（4）实施人才发展一体化行动计划，创新构建“双自联动”国际化人才平台机制。以“高精尖缺”为导向，着重引进海外高端紧缺人才，通过优化制度供给，如试行外国专家证、就业证、居留证等三证合一、“互联网”办证模式，试点留学生毕业后直接在自贸区就业等；通过负面清单先行先试，建立更加灵活的引才机制，推进行业管理标准和规则与国际惯例衔接以及从业人员的资格互认；探索建立海外人才离岸创新创业基地，创建多元结构、多种形式、多类模式的国际众创空间。（5）建立工作研判机制。针对“双自联动”存在问题、前瞻问题等进行系统性前瞻研究，成立苏州“双自联动”专家咨询委员会，动态梳理“双自联动”各项制度创新成果即时在自创区复制、推广，同时结合自创区在政府服务企业方面的相关政策创新，打造局部最优的创新创业生态环境，实现“双自”的直接联动和优势互补，共同培育符合国际惯例的高能企业。

（三）实施全面创新改革试验推进行动计划，着力放大“双自联动”开放创新优势

着力在区域协同创新、科技资源开放共享、建设新型研发机构等方面寻

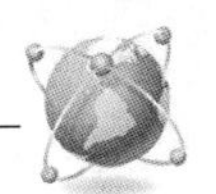

求突破，在借鉴、复制与推广国际通行规则、借助自贸试验区的保税优势、以制度创新推动科技创新等方面下功夫，率先形成一批可复制、可推广的创新改革经验成果，提速“双自联动”，提升苏州开放创新水平。一方面，着力以自贸试验区的发展理念来推动自主创新示范区的建设，并依靠制度创新推动科技创新；另一方面，着力以自主创新示范区的政策需求为导向，发挥自贸试验区“先行先试”的优势，倒逼自贸试验区加快制度创新。同时，也要动态复制推广“双自联动”经验，不断深化“双自联动”的内容、机制与效率创新。

（作者系苏州市委党校法律文化教研室副主任、副教授）

苏州市智慧医疗创新中心创建举措值得借鉴推广

中共苏州市委党校课题组

2020 年 4 月 25 日，江苏省委常委、苏州市委书记蓝绍敏在苏州生物医药发展大会上强调，要举全市之力、汇各方之智，共同打造苏州世界级生物医药产业地标，致力于构建龙头引领的“最全产业链条”，致力于打造强者恒强的“最强产业集群”，致力于培育赋能创新的产业生态，奋力推动生物医药产业高质量发展。以创新平台集聚高端创新资源，推动产业招商，壮大产业集群是不断提升产业能级的有效举措。近期设立于常熟高新区的苏州市智慧医疗创新中心就是一个生动实践。

一、苏州市智慧医疗创新中心的创新举措

苏州市智慧医疗创新中心（以下简称“中心”）是苏州首家具有高度开放性、专业化、市场化优势的、集数字化医疗研发与服务为一体的功能型平台，由苏州市科技局、苏州大学、常熟高新区、西门子医疗集团等四方共同筹建。中心的最高决策机构是理事会，理事会成员由四方代表组成，西门子医疗参与日常管理。苏州市科技局、常熟高新区授权所属单位与管理团队共同出资成立苏州中德双智科创发展有限公司，主导中心的日常管理，打造苏州市智慧医疗科技成果产业化平台（以下简称“产业化平台”）。中心的主要做法有：

一是组织架构创新。中心实现产学研用深度合作，由世界五百强企业、国内著名高校、医疗机构、政府部门、高新区等多方参与，通过各方协同、团结协作形成整体的创新势能。西门子医疗向中心提供市场价值不低于 5 000 万元人民币的医疗设备及科研设备，用于建设实验室和医疗体验中心；每年投入不少于 1 000 万元人民币的项目经费，用于支持创新中心的科研项目，并

支持苏州大学争取国家级重大科研平台，申报国家级科研项目和奖项。苏州大学整合计算机科学与技术学院、电子信息学院、医学部等学部组建医工交叉学科，为创新中心提供研发和技术转化服务；整合其附属医院资源，为建设医学数据科研平台提供有力支撑，支持附属医院与中心开展医工结合协同创新。常熟高新区为中心提供运营场所、运营经费、人才政策等支持，同时鼓励支持常熟辖区内医院与中心开展科研合作。苏州市科技局支持中心同等享受苏州市各类科技政策，为中心发起、参与、合作的创投基金提供产业引导资金，以及提供必要的政策支持。中心的新型组织架构既能保证决策科学化，又能保证管理规范化，为中心开展技术创新提供组织保障，有利于中心快速成长。

二是职能定位创新。中心努力打通数字化医疗产业链堵点，积极向产业链上下游拓展和延伸，在职能定位上做出大胆尝试。（1）服务招商引资。中心运行后每年为常熟高新区至少推介一个符合常熟高新区产业导向、投资规模在 1 000 万元左右的医疗类项目，中心成立 5 年内不低于 6 个项目；每年举办一次以西门子医疗为主的全球医疗创新峰会，邀请全球顶级医疗机构和科学家参加会议并协助苏州招商引资。（2）助力招才引智。中心每年为常熟引入 3 名以上经常熟市人才工作领导小组办公室认定的领军人才，西门子医疗派驻至少 10 名研发人员全职参与中心的科研工作和项目管理。（3）带动区域高水平创新。中心每年将在常熟市申请发明专利不少于 3 项，在中心与西门子医疗的整个战略合作期不少于 20 项；产业化平台将通过与西门子医疗的深度合作，借助优势资源并发挥中心的创新孵化效应，力争在 3 到 5 年内发展成为中国数字化医疗产业的领军企业；中心还将与苏州大学开展科研项目合作，带动高校的相关学科发展和国际化平台建设。（4）提升医疗服务质量。中心通过与苏州大学附属医院、常熟市辖内医院开展数字化医疗临床项目合作，推动优化病人就诊流程，提高诊断准确率，提升医疗机构服务水平。

三是功能发挥创新。中心将通过“两平台、两中心”建设，使功能发挥成效尽早显现。中心将建立苏州市智慧医疗创新平台，把医疗影像分析、人工智能等技术应用于医疗领域，联合西门子医疗进行智慧医疗前瞻性研究；建设苏州市医学科研大数据平台，提供科研数据服务，供中心相关科研项目使用；建设智慧医疗体验中心，用于展示西门子医疗产品以及中心的最新科研成果，开展科研论坛活动，为苏州市民开放免费医疗体验；联合西门子医疗建设德国离岸创新中心，将海外项目、高端人才、先进技术汇集到中心，服务中国医疗创新活动的发展。“两平台、两中心”将为苏州拓展招商链、做强产业链、做深价值链奠定坚实基础。

二、苏州市智慧医疗创新中心的做法值得借鉴和推广

2020 年年初，市委书记蓝绍敏在开放再出发大会上提出：“以开放推动创新发展，提升苏州的科技创新策源功能；以开放促进产业转型，提升苏州的高端产业引领功能；以开放强化有效投入，提升苏州的全球资源配置功能；以开放优化营商环境，提升苏州的各类要素虹吸功能；以开放塑造城市品质，提升苏州的开放枢纽门户功能。”中心从组建到功能定位再到功能发挥，模范地体现了这些要求。当前，苏州正积极打造世界级生物医药产业地标，以创新药物、前沿诊疗技术、高端医疗器械、公共卫生应急管理体系支撑产业、产业链配套支撑服务体系产业等为主攻方向，加强龙头项目和企业招引、地标企业培育和产业载体建设，构建具有苏州特色的生物医药产业生态体系。建议借鉴和推广该中心做法，在更大范围、更深层次，以更高标准推进开放创新，培育产业发展新动能。

一是鼓励和支持设立集研发和服务于一体的先导产业功能型平台。借鉴推广该中心组织架构办法，高效整合政府职能部门、高新区经开区自贸区、头部企业、高校等创新力量，培育形成一批创新需求明、服务能力强、管理体制新、具有较强影响力和辐射力的高水平功能型平台，引导和鼓励高校院所和平台之间的人才双向流动，引导平台对外开放，共享创新能力和资源。

二是鼓励和支持功能型平台孵化领军企业。可借鉴中心产业化公司的发展规划，分三个阶段实施。第一阶段，建立功能型平台，搭建人才架构和内部管理机制，打造产业发展的良好创新生态；第二阶段，聚集研发、集成和生产市场化项目，完善研发体系，锻炼创新团队，建立产品销售渠道；第三阶段，逐步建立自主可控的研发、生产和销售体系，形成完善的人才梯队，拥有一批具有自主知识产权的技术和品牌产品。

三是加速建设海外离岸创新中心，深挖全球创新资源。加大宣传力度，汇聚并构建新型统一的海外人才数据库及创新创业项目库，解决信息不对称问题，推动资源信息精准对接与共享。加强与世界知名大学、协会、企业等进行人才、技术、资本及市场的全方位合作。坚持“不求所有，但求所用”

原则，针对海外离岸人才的特殊情况制定柔性的配套政策，优化海外人才创业环境。对一些具有海外资源的创新机构来苏州设立实体办事机构给予一定的经费支持。

四是充分利用外资参与先进制造业产业集群建设。与大型跨国公司建立战略合作伙伴关系，鼓励通过合资合作、协同创新等方式，推动外资在更优质的开放环境下深度参与建设新型显示、生物医药和新型医疗器械、光通信、高端装备制造等 10 个千亿级先进制造业集群。大力支持与国际知名先进制造企业开展技术研发、人才培养、知识产权等领域的全面合作，提升产业基础能力和产业链现代化水平。

五是以全方位的资源和政策支持推进招商引资。产业招商是培育优势产业集群的必然选择，要立足产业基础和目标定位，梳理排定特色产业建链、补链、强链关键环节，不断创新招商方式，大力实施定向招商、精准招商，加速优质产业项目引进落地。凡是体现重大创新成果转化的策源性项目，凡是体现国际最先进水平、最高水准的科技创新项目，凡是在苏州先导产业中起龙头作用或是产业链关键环节的突破性项目，凡是符合新发展理念的大项目、高产出率的好项目，只要愿意落户苏州的，应给予人才、用地、资金、财税等方面的特殊政策支持。政府部门要为企业提供注册落户、技术孵化、产品审批、金融对接、市场拓展等全链条服务，切实解决企业发展过程中遇到的问题，加速企业成长。

（课题组成员：方伟、毛勇、卜泳生、朱琳；执笔：朱琳）

打造苏式夜间综艺　完善夜间经济格局

陈来生　孙红军

“姑苏八点半”运营已有半月。作为夜间经济不可或缺的夜 show，昆曲《十五贯》、滑稽戏《新唐伯虎点秋香》、实景演出《金榜题名时》等陆续在“江南小剧场”上演，丰富了夜间文化，增加了城市动感。但对标长沙、杭州两市，这些现有的夜 show，规模小、受众面窄，对苏州夜经济的活力打造和品牌塑造的影响力非常有限。要提升苏州营商环境、讲好苏州故事、塑造旅游品牌、提升城市美誉度和国际影响力，苏州还缺少一台具有独特吸引力和品牌影响力的大型旅游演艺。在当前经济环境下，融汇文、商、旅、科的大型夜间演艺能充分开发和利用苏州文化资源，拉动内需，惠及大众，完善夜游产品，提升夜游形象，提升旅游业品质和文化软实力。长沙演艺文化、杭州宋城表演、无锡灵山梵音等大型演艺产生的巨大经济效应与社会效应都充分表明了这一点。夜间经济绝不只是短期刺激的应景之作，而是城市品牌塑造、文旅产业升级发展的长期抓手。大型夜间综艺作为文旅融合的先行领域，对推动文旅融合、繁荣文旅产业具有示范性意义，应予以高度关注。

一、苏州亟待填补缺乏大型夜间优秀演艺的空白

作为一座人口超千万、被誉为“人间天堂”的旅游名城和现代化城市，很难想象苏州居然没有一台综合性的大型综合演艺。苏州旅游业主要指标连续多年位居全国城市前列。2019 年，全市旅游业增加值占地区生产总值的比重达到6.7%，接待国内游客1.34 亿人次，旅游总收入达2 751 亿元，这么庞大的游客基数，并未转化为推动苏州夜间经济的动力源。在吸引游客过夜方面缺少黏性，其中一个重要原因就是缺乏夜间经济必不可少的夜 show，尤其是拉动力强、吸引力大的夜间大型综合演艺。

多年来，苏州一直缺少一台能反映苏州的旅游资源和文化特色、满足中

外游客夜间文娱和本地市民夜间文化需求的综艺演出，因而在丰富游客夜间文娱、延长游客逗留时间、提高游客综合消费、联动其他产业发展方面颇显乏力。这与苏州作为经济、文化和旅游大市的地位很不相称。目前，国内各地的旅游演艺都有了长足的进步，不要说杭州的宋城千古情、桂林的印象刘三姐、无锡的灵山梵音，就连相对偏僻的湖北恩施腾龙洞的大型表演都十分出彩！作为一种独特的文化和经济现象，“文化湘军”更是异军突起、一枝独秀，雅俗共赏、科技赋能的娱乐文化已成为一种口碑和独特吸引力，成为游客和市民夜间生活的重要内容，甚至每天都有专门前往体验的旅游团队；长沙的田汉大剧院、琴岛演艺中心等各大演艺场所每晚爆满，在取得经济效益的同时也极大提升了城市的知名度和美誉度。

而经济条件、客源市场和硬件设施等各方面都不逊色的苏州，为何拿不出一台像样的夜间综合演艺？

首先，对大型综合演艺缺乏应有的重视。有人认为每个城市的地理位置、城市风气、消费习惯都有不同，苏州作为精致生活、江南情调的代表，只要小巧、小型的表演就可以了，殊不知夜间还真的需要大型综艺节目。随着大众旅游的兴起和新生代消费者的“浪涌”，夜间经济正从亮化、美化向场景化、内容化（文化化）、IP 化渐进发展，即“技术 + 艺术 + 文化”，通过技术赋能、文化支撑来激活文化消费，形成产业集聚。2019 年，苏州城乡居民人均可支配收入达 6.02 万元，具有相当的消费能力。以苏州的文化积淀和经济实力本可制作出更大、更好的演艺产品，但现有各种演艺活动却小而散，业态发展不充分、不集聚，对市民和游客的吸引力都显不足。多数景区还停留在蜻蜓点水式的形态，虽然《四季周庄》以及浸入式昆曲《浮生六记》等颇受好评，但缺少西安《长恨歌》《梦回大唐》和杭州《西湖印象》《宋城千古情》那样的大型品牌夜 show，更没有形成长沙“夜间演艺之都”那样的品牌效应。“没得玩”“留不住”成为制约苏州夜间经济发展的主要瓶颈。

其次，对大型综艺的特点及其应对缺乏正确的认识，对舞台艺术与旅游、科技的结合特别是对观众需求心理的重视不够。对标杭州宋城的“给我一天，还你千年”，苏州夜经济提出了“给我一夜，还你千年”。要重现古城名园、评弹昆曲、小巷石桥、橹声灯影，但在“文化核”之外，忽视了“技术轴”的支撑，因而演艺节目缺乏创意和乐趣。虽然在传统的昆曲、苏剧、评弹这“文艺三朵花”之外，又有了交响乐团、芭蕾舞团、民族管弦乐团这“新三

花”，形成了交响乐、芭蕾舞、歌剧、话剧等多元艺术形态，但这些元素尚未能有效整合成具有魅力的大型演艺，未能有效提升苏州演艺的整体水平，未能满足观众的审美需求，也难以形成招牌和影响。文化和旅游部联合评选的中国首批旅游演艺产品，有无锡的、有扬州的，却没有苏州的，这与苏州全省领先的经济、文化、科技和旅游大市的地位严重背离。

第三，对夜间演艺“运营流”的轻视。苏州夜间演艺发育不良，并非文化设施不够完善、文化活动不够繁荣，而是缺乏对夜间大型演艺发展的正确认识和引导，市场观念不够，未能从观众的需求出发，按照演艺市场规律来整合打造，重表演、轻娱乐，重文化、轻市场，难以形成具有苏州特色的人文内核和高科技含量的演艺文化产业，在打造文化体验场景的同时，未能借助智慧旅游与现代营销实现更多的引流，因而缺少应有的表现力、吸引力和支撑力，更形不成品牌和产业链。曾经的《苏 SHOW》节目平平，甚至连主持人也没有，节目串联只靠画外音，根本无法调动现场气氛，从演艺中心再到科文中心都很少有人去看，最后必然关门大吉。

二、如何打造具有苏州特色、江南韵味的大型品牌演艺

大型演艺的主要特点是游客为主、文旅共荣，主题特定、地域特色，政府主导、企业主体，社会协同、商业运作。我们的相应对策也应结合这些特点，做到有的放矢。

（一）政府引导，市场化运作，培育夜间演艺市场

首先，发挥政府的引导协调作用。政府要结合苏州演艺文化实际，借鉴国内外经验，在规划上给予引导，在政策上给予优惠；鼓励演艺企业有效整合，支持民营资本参与，完善法律支撑，保护和促进演艺产业的创新发展。

其次，加强旅游演艺专业人才的培养和队伍建设，汇聚创作、演出和管理团队合力，推进苏州夜间演艺发展。可以借鉴杭州宋城与杭州艺术学校的合作经验，尝试苏州艺术学校与旅游演艺团体的深度融合。还可借鉴长沙经验，采取课题立项、项目招标等方法推动旅游演艺的研发，引导和鼓励旅游演艺发展。

最后，加速推进政府引导下的夜间演艺市场化。夜间演艺有着旺盛的生命力，苏州也有着发展夜间演艺的优越条件。但要科学决策，力求社会效益与经济效益的统一，避免昙花一现般的自娱自乐。要在市场调研基础上，把

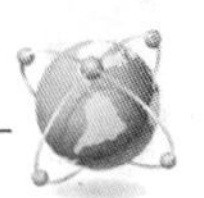

厚重的历史文化遗产和鲜明的地方特色艺术转化成游客喜闻乐见的夜间演艺产品。要统筹规划，整合资源，培育具有核心竞争力的苏州夜间演艺品牌，体现苏城魅力，提升苏州夜间旅游的知名度和美誉度。通过机制创新实现协同创新，探索旅游演艺研发运营的商业化运作机制，组建演艺项目公司进行市场化运作，对标《宋城千古情》做大、做强旅游演艺产业。

（二）挖掘文化性，突出地域性，塑造苏州旅游演艺特色主题品牌

突出苏州演艺的地域性，提炼主题性，形成独特性，打造自己的IP，提升感召力。大型演艺产品的质量和吸引力在很大程度上取决于它的独特程度。因此，必须因地制宜，突出特色，注重挖掘其自身优势和文化内涵，通过创意策划、美学意境和新媒体手段的融入，打造凸显苏州特色、江南品位的演艺品牌。要对苏州的客源数据、消费能力、潜在市场、风险因素等做精准调研，找准最佳亮点、看点和卖点，做足古老苏州、文化苏州、天堂苏州的文章。古城区内，可创新利用垄断性资源，依托兼有古城、古园、大运河等世界遗产的盘门景区，结合盘门夜花园提升，策划打造《姑苏印象》之类的夜间旅游演艺，并注重参与性和趣味性，提升文旅体验。古城区外，可因地制宜推出相应的剧场演出或实景演出，如太湖山水实景类、苏州乐园综艺类、科文中心剧院类，还可策划杭州宋城那样的古城巡游类演艺产品。同时，要注意统筹规划差异化发展，避免同质化恶性竞争。

（三）与时俱进推进科技创新，提升苏州演艺活力

科技创新是夜间演艺创新发展的一种主要途径与方式。现代演艺优于传统演艺之处在于它真正考虑到新时代观众的文化需求和审美喜好，能在传承舞台艺术精华的基础上借助和吸收高科技与新媒体新奇多样、炫人耳目的表现形式，生发出唯我独有的演艺精品，体现出城市魅力、品牌特色和科技之光。苏州不缺文化，缺的是将文化与科技有机融合的创意和表现。文化是演艺产品竞争力不可或缺的资源基础，科技则为这种竞争力提供了支撑和平台。所以，要积极推进跨部门的文化科技合作新机制，把科技进步的最新成果渗透到演艺创作、生产和传播的各个方面和环节，借助舞台造型、裸眼3D视觉、全息技术、烟雾技术、监控系统、高清屏、座席技术、人工智能、VR/AR、沉浸式观演互动乃至无人机编程等高科技赋能，更加生动有趣地展现文化内容，提升演艺品位，通过科技创新、文旅集成，让节目更丰富、内容更饱满、形式更吸引人，使之更添表现力、传播力和感染力，更具品牌影响力

和市场竞争力。

（四）立足游客需求，打造雅俗共赏的演艺模式

第一，在坚守舞台表演高雅、专业、艺术的同时，关注演艺节目的娱乐性。进入大众文化消费时代，演员、音响加灯光的普通化场景和传统演出形式已经远不能满足文化传播与游客观赏的需求。必须结合新时代观众的文化需求和审美喜好，注重演艺文化的本土性、亲切性、娱乐性，在内容上以文化为根、创意为魂，在节目编排上不断改进和创新，在表演形式上注重互动、谐趣、兼收并蓄、常变常新，通过高水平主持人的“谐”、高水准表演的“雅”、高质量节目的“趣”，营造雅俗共赏的“笑”，满足和吸引不同层次、不同年龄的观赏者。比如，昆曲虽然极具文化价值和苏州特色，但曲高和寡，如何让它更容易吸引人，就是一个值得精心考虑的课题。

第二，在场馆布置和舞美设计上创意、创新，通过一流的音响、灯光、舞美、新媒体等手段，丰富游客的体验与互动，大大提高舞台的演出效果和艺术表达。当然，现代化的精品旅游演出，也离不开专业演艺团队的策划、制作、演出和经营。

（五）注重战略引领和消费主体培育，优化夜间演艺发展环境

第一，注重战略引领和消费主体培育，寻求艺术价值与市场潜力的完好对接。夜间演艺发展离不开政府的大力支持、良好的消费观念和稳固的消费群体。要通过政府推动和现代传媒等手段，加大夜间旅游的氛围培育和舆论引导，通过发放夜间消费券等形式大力引导社区参与，强化夜间经济参与意识。

第二，注重互联网背景下的精准营销。本次疫情凸显了数字化、网络化、社交化、互动化生产方式的优势和商机，智能化运营、智慧化管理、数字化产品、在线化营销将成为旅游演艺转型升级的方向，在注重内容创作与长效运营的基础上，现代智能技术将成为深耕演艺市场的重要手段。互联网时代，需求迭代促使数字文旅更具互动体验，可以通过“线下沉浸式互动体验＋线上数字化营销传播”的方式，联动节点场景，借助“双微一抖”的神奇力量让苏州夜间演艺短期内备受关注。

（作者陈来生系石湖智库研究员、苏州专家咨询团成员、苏州科技大学教授；孙红军系苏州专家咨询团成员、苏州科技大学天平学院院长）

“开放再出发30条”的实施情况、面临挑战及政策建议

中共苏州市委党校课题组

开放成就了苏州，是苏州之魂和第一标识。2020年1月3日，苏州市委、市政府召开“开放再出发”三千人大会，以市委1号文件形式重磅发布《中共苏州市委苏州市人民政府关于开放再出发的若干政策意见》（以下简称“开放再出发30条”）。在国内外引起强烈反响。与2019年年底制定政策时期相比，2020年以来国内外的形势发生了重大变化，“开放再出发”面临一些新的挑战。因此，我们课题组坚持危机意识、底线思维，聚焦重点领域，深入昆山、常熟、吴中、高新区等地及企业进行专题调研，在第47期县处级领导干部进修班召开学员座谈会听取意见，在此基础上形成了本调研报告。

一、“开放再出发30条”的总体实施情况

各地、各部门一致认为“开放再出发30条”高规格高定位、高标准高要求，是一份含金量很高、科学性很强的政策文件，为地方创新发展、招商引资、转型升级确立了方向，筑高了平台，实施了精准的保障支撑。实施以来取得如下成效：

（一）贯彻落实“快”

为进一步贯彻落实“开放再出发30条”，经过反复研究和论证，3月份以市“两办”名义出台了《〈关于开放再出发若干政策意见〉实施细则》文件。实施细则包括29项政策，其中奖励补贴类15项、服务类14项，为各地、各部门贯彻落实“开放再出发30条”提供了操作指南。

（二）上下联动“强”

为使“开放再出发30条”尽快落地，常熟、吴江、相城、高新区等地结合本地区实际，先后出台了各自的开放再出发政策意见，形成了上下联动、

市域一体的良好局面。例如，相城区发布了《关于开放再出发的若干政策意见（试行）》，围绕区域发展、产业能级、城市形象、发展要素、营商环境等 5 个方面提出了 29 条具体举措。

（三）重大活动“热”

“开放再出发 30 条”出台以来，全市先后举办了一系列重大活动，在海内外引起了极大反响。例如，4 月召开生物医药发展大会，会上提出将生物医药作为“1 号产业”来打造。又如，5 月举行了产业链全球合作云对接活动，这也是全国首个开展产业链云对接活动的城市，为制造业不断建链、补链、强链、延链开了局，破了题。7 月召开生产性服务业推进大会，吹响了推动制造业与服务业融合发展、打造生产性服务业标杆城市的“冲锋号”。

（四）创新举措“多”

全市上下按照“开放再出发 30 条”，大胆改革探索，积极创新落实，取得了一大批在全国、全省处于领先地位的特色成果。例如，3 月出台《苏州市优化营商环境创新行动 2020》，其中有 21 条具体措施为全国创举，28 条处于全国先进水平；与此同时还建立了营商环境“通报制”，向社会公开负面典型案例，倒逼政策落实、服务改进、政策优化，赢得了社会各界及老百姓的广泛赞誉。再如，将每年的 7 月 10 日设为“苏州科学家日”，向全球发出了尊重人才、致敬科学家的“苏州宣言”，是全国第一个以城市名义设立科学家日的城市。

（五）成效成果“好”

全市上下敢于正视问题，勇于刀刃向内，善于担当作为，全面落实“开放再出发 30 条”，取得了显著成效。例如，用足、用好“苏州开放创新合作热力图”，创新招商引资模式，上半年全市实际使用外资额 78 亿美元，同比增长 151.6%，总量和增幅均创下改革开放以来的历史新高，一举改变了多年来利用外资停滞不前甚至倒退的局面。苏州招商引资的经验做法被《光明日报》等国内主流媒体多方报道，在全国掀起了一股利用外资逆势上扬的风潮。

二、“开放再出发 30 条”面临的实施挑战

（一）国际经贸秩序日渐趋紧

苏州开放再出发的“小环境”离不开国际经贸秩序这个“大环境”。

(1) 基于自由贸易协定的国际经贸秩序重构进程正在加快。2020 年以来，虽然全球各国都在应对新冠疫情，但世界经济贸易秩序重构的进程并没有暂停。例如，历时几年于 7 月 1 日正式生效的美墨加协议被认为是重构 21 世纪世界自由贸易协定十分重要的里程碑，不仅会对今后美国与日本、英国、欧盟签署自由贸易协定产生示范效应，也将给 WTO 改革以及全球贸易规则带来深远影响。(2) 中国的市场经济国家地位没有得到广泛认可。由于自由贸易协定将成为未来国际经贸主流规则，这有可能导致今后我国在世界贸易中受到更多限制，交易成本更高，不仅比较优势被极大压缩，而且企业和产品竞争力被极大削弱。(3) 中美经贸摩擦进一步加剧。虽然中美第一阶段经贸协议为前期不断升级的贸易战按下了暂停键，有助于缓解我市开放型经济的外部压力，但已加征关税造成的损失难以挽回。而且，2020 年以来中美经贸对抗进一步加剧，今年上半年全市对美出口下降 18.4%，跌幅大于全市平均水平 10 个百分点。

（二）产业链、供应链尚待稳固

疫情对我市产业链、供应链造成了五个方面的问题：(1) 企业出口订单减少。很多出口主导型的中小企业尚无新的订单可谈，一些大型企业订单也难以支撑其产能需要，企业“停、看、听”的保守观望氛围明显。经调研了解到，与美国、日本、韩国、欧盟、东盟等苏州重要贸易市场的订单洽谈普遍受阻，市场需求下降陆续显现。(2) 企业运营成本增加。国际物流航班的减少造成物流时间延长及运费上涨，同时企业产品交付期延长，导致企业库存压力增大，回款周期拉长，企业成本增加。(3) 企业零部件及境外人员往来受到限制。一方面，我市制造业大部分高端整套设备、高端核心零部件需要依赖进口，由于国外供应商尚未完全恢复生产，且短期内难以在国内找到替代供应商，企业核心原材料库存紧缺，对企业生产经营难免造成影响。例如，昆山宾科紧固件企业主要零部件供应商来自巴西、墨西哥、德国等国家，由于疫情影响目前企业核心原材料库存非常紧缺。另一方面，产业关键高端人才、企业外籍高管等入境及企业员工商务出国受到限制，进而也影响企业正常生产经营，甚至延后了新产品的开发和上市周期。(4) 部分产业链可能出现转移。由于全球不同国家的疫情处于不同阶段，缺乏协同复工基础，已有外资企业重新评估供应链安全，提出要生产地点多样化，降低对中国供应链的依赖性，制药、医疗器械和防疫物资等行业就近或本土化生产有可能成为趋势。例如，昆山珀尔曼机电的欧洲、日本客户正考虑采用本土供应商，这将对企业的后续订单和未来发展产生影响。（5）地方政府对产业链布局话语权有限。跨国公司（尤其是产业链主导型企业）基于“风险（安全）—成本—收益”综合考量，将重新谋划其全球和区域布局。苏州规模以上工业企业中外资企业数量占比为 39%，但产值占比却高达 60.3%，而且规模以上企业中跨国公司和世界 500 强企业较多。跨国公司对产业链、供应链的掌控具有更多的自主性和话语权，并影响众多配套企业和物流企业的生产与布局，从而导致地方政府以“有形之手”干预产业链布局的话语权有限。

（三）科技创新亟须应变与求变

（1）影响海外人才项目招引对接。由于全球疫情蔓延等不利因素，海外招才引智、海外项目对接及相关赛事组织都受到极大制约，延缓了我市招引国际化人才的步伐。例如，往年以海外项目为主的国际精英创业周，2020 年海外项目出现下降。（2）影响海外人才归国创新、创业。2020 年以来，欧美等国加大了对中国人才的打压和限制，严重影响招引在美的海外人才。例如，美国从 2020 年 6 月 1 日起禁止或限制持 F 类和 J 类签证赴美学习研究，以及“与中国军方有关联”的中国学生或研究人员入境。又如，从美国归国创业的张 X X 教授 6 月底被美国裁定窃取商业机密罪和经济间谍罪成立，这对有志于回国创业的在美华人及国人产生了严重的消极影响。（3）影响美国在苏州已有的科技项目运行。美国已经要求美籍华人或拥有绿卡的华人关闭在中国的投资项目，如果不关闭，将对其进行逮捕。据了解，美国已要求杨 X X 院士关闭在工业园区的所有项目。

（四）部分重点领域有待覆盖

（1）金融业对外开放内容不多。金融是促进制造业高质量发展的重要力量，与制造业的黏性特别足。苏州制造业总量规模大，企业数量达 17 万户，其中外资企业 1.7 万家，金融服务需求巨大。从国外实践看，很多外资企业在境外都有相应的外资银行提供服务。但“开放再出发 30 条”中金融开放方面的政策偏少。（2）鼓励企业国内国际双循环相互促进政策缺失。此次疫情给各行各业带来了不同的影响，有的是机遇，而有的是困难。调研发现，凡是与疫情防控相关的行业企业，例如远程办公、在线教育、在线医疗、生鲜物流、电脑等企业效益就好。例如，昆山生产订制电脑、游戏机等相关产品的汉达精密以及生产无线耳机等相关配件的福立旺精密机电，2020 年上半年

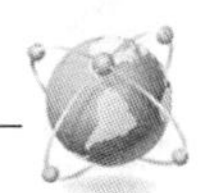

销售情况良好；而市场转型较慢、生产传统产品的企业则销售不佳，甚至陷入倒闭的困境。与此同时，由于海外产品及设备因为疫情无法进来，凡是能够替代国外进口产品的企业则遇到了良好的扩大市场份额的机遇，部分取代了国外企业份额。例如，汇川技术利用国外品牌无法短期满足国内市场需求的时机，乘势追击，完成了部分行业的国产替代，同时利用多年技术储备，为口罩机、熔喷布等自动化生产设备提供核心解决方案，占据了近70%的市场份额，公司上半年销售额及利润均实现了大幅上涨。再如，金枪新材料率先复工复产，在国外进口高端材料断供寻求替代方案的形势下，利用在电子、汽车、新能源等领域的技术优势和实力，主动出击，为华为、宁德时代、上汽大众提供国产化功能性材料，实现了企业自身的跨越式发展。（3）开发区开放创新水平有待深化。开发区是苏州对外开放的主战场，也是苏州经济社会发展的一大特色和亮点。近年来，北京、上海、浙江等地对开发区实施了力度很大的改革。例如，上海调整了张江高科技园区空间，范围拓展到周边四镇，覆盖上海26个特色园区，面积增加一倍，而且政策实行全覆盖。浙江印发关于整合提升全省各类开发区（园区）的指导意见，提出到2021年全省开发区（园区）由现在的1 010个整合到150个以内（不含转型提升的特色小镇、小微企业园等），并在总量控制前提下实行动态管理。大幅度精简开发区（园区）管理机构，数量缩减60%以上；全面推行“扁平化”“大部门制”管理机构，缩减全省开发区（园区）管理人员数量30%以上；整合培育2～3家具有较强运营能力和资本实力并具有新型运营模式的运营平台。而“开放再出发30条”实施细则缺少与开发区发展相关的内容。

（五）统筹推进机制仍需健全

一方面，“开放再出发30条”及实施细则出台之后，这项工作仅靠市相关部门加以推进和贯彻落实，既无归口部门，也没有临时机构或专班加以跟踪。另一方面，2020年以来，基层财政困难加大，财政“紧平衡”压力增大；虽然上半年一般公共预算收入同比增长0.5%，但税收收入仍然是负增长。如果这种态势延续下去，势必会影响2021年“开放再出发30条”上百亿元奖励资金的兑现，从而影响政策的执行效果。

三、完善“开放再出发 30 条”的政策建议

（一）创新开发区体制机制，打造开放再出发新平台

要实现开发区新一轮的大发展，就必须加大开发区体制机制的创新力度。近日，广东、浙江等省先后出台了开发区转型发展的文件。要借鉴北京、上海、广东、浙江等地先进经验，制定出台新一轮开发区发展实施意见，在机构设置、人员身份及薪酬、市场招商、行政权力等方面出台突破性举措，探索建立全市开发区统一的资源协调机制、政策共享机制、利益分配机制和差异化考核机制，形成“人无我有、人有我优、人优我特”的开发区新型体制。要加快区域资源有效对接和优化整合，加快区域交融互动与协调并进，最大化发挥各级资源政策的叠加优势，推动重大项目集聚全市资源进行招引。要以自贸区苏州片区为龙头，扩大联动创新区范围，集中优势提升开发区的对外开放层次和水平，把开发区打造成苏州对外开放的主战场和主阵地。

（二）加快新一轮产业链、供应链布局，提升高端制造业的引领功能

后疫情时期全球产业链极有可能朝内向化趋势发展：一是在纵向分工上趋于缩短，原先分包给跨境企业生产的某些环节可能要缩回到跨国企业内部进行，让一家企业内部包含不同的工序。二是在横向分工上趋于区域化集聚，原先被拆散到不同国家、不同企业生产的工序和环节，今后将布局到一个国家或邻近国家进行集聚化生产。因此，未来全球产业分工和竞争态势将从过去的以产品内分工为主转向以集群分工为主，全球化竞争也将由过去跨国公司总部面对无数分散供应商的竞争格局，逐步转化为产业链与产业链、产业集群对产业集群的竞争。我们要抢占先机，围绕新型显示、生物医药和新型医疗器械、光通信、高端装备制造等 10 个千亿级先进制造业集群以及人工智能、新一代信息技术、纳米技术等先导产业，积极培育壮大本土企业，支持外资龙头企业扎根发展，支持有实力的行业龙头企业在整合区域产业链、供应链基础上，高位链接全球生产网络，提高国际市场的竞争力和话语权，增强内外资产业集群的根植性，力争在产业链、供应链关键环节上构建区域自主配套能力。要加强与苏通、苏宿、苏滁、苏铜、嘉兴中新开发园区等开发区的对接，鼓励产业协作与企业供应链的信息互通平台建设，保障更多的苏州企业在上述区域实现本土产业链上下游关键产品和零部件配套，形成产业链、供应链局部区域内循环。加大产业链组织保障，切实推进“链长制”，形

成工作合力，延展“短点”补齐“断点”，完善服务链，保障资金链，做强制造业产业生态。

（三）鼓励实施企业进口替代战略，稳固国内国际双循环格局

要鼓励企业加大研发力度，加大产品市场营销推广运用，实行国产化替代。一方面，对采购使用国产核心零部件的企业，除了“开放再出发 30 条”中的设备投入奖励之外，还可以再给予一定的其他奖励，鼓励其优先使用国产设备；对苏州企业销售进口替代产品而产生的销售收入，按照一定比例给予奖励，鼓励其加大研发，扩大生产规模。另一方面，鼓励城市管理、政府运行、公共消费等领域，如公交、地铁、医疗设备等优先使用国产设备和国产核心零部件。

（四）加快实施出口转内销策略，守住外贸基本盘

根据海关对 408 家企业的问卷调查，苏州本地外贸企业生产的产品主要销售路径是出口，外贸出口超营业收入一半的企业高达 72.3%，其中 15.9% 的企业营业收入全部是来自出口。通过此次企业调研，我们了解到，外销转内销已成为有效应对疫情的一大法宝，稳定的内销订单有效弥补了国外需求的大幅下滑。例如，正新橡胶、固铂轮胎外销占比已由 80% 以上降至 20% 以下，国内市场已成为企业发展的主战场，企业经营没有受到多大影响。再如，维信电子看到疫情期间 PAD 等电子产品热销，马上调整经营策略，将原本用于出口的产品转入内销市场，2020 年上半年出口转内销金额同比增长 50% 以上。但有的企业长期以来一直从事出口，对出口转内销还心存顾虑和担忧，存在缺乏合适内销渠道、产品与国内市场需求有差异、缺少国外品牌及知识产权授权内销、转内销成本增加等问题。要在鼓励出口的同时，及时转变思路，淡化外贸内贸观念，只要企业产品卖出去就行，卖给谁不重要。要尽快制定与出台扶持政策，采用“政府搭台、协会牵线、企业参与”的模式构建外贸企业产品转内销供需合作平台，为企业提供内销市场信息和销售渠道，提高外传内产品的供给和需求适配度。要加大财税和金融帮扶力度，降低企业转向国内销售的各种成本，支持企业深挖市场需求潜力，加快“出口转内销”步伐，并对企业新增的国内市场销售收入给予一定的奖励。

（五）坚持基础研究与产业应用创新并重，强化科技创新策源功能

一方面，基础研究耗时长、投入大，仅凭苏州一家之力不能到处布点，

面面俱到；另一方面，苏州以制造业见长，应该围绕制造业这个根基，进行产业应用创新，提高制造业价值链水平。因此，在基础研究方面，要集全市之力，加快建设姑苏实验室和互联纳米真空实验站，并积极向上争取纳入国家“十四五”科技发展规划，力争成为国家大型科学仪器中心。在产业应用创新方面，要以技术研发和技术应用研发为转介、以产业化和市场化生产应用为出口，构建一条全链条式“创新—产业”体系。要加大对创新产品研制企业和用户方的双向支持，更加注重对产品消费端的补贴，健全以经济社会效益结果为导向的产业科技创新评价体系。同时，整合区域创新源、成果转化生产商、市场营销运营商，培育一批为产业链发展提供全方位、一站式系统解决方案的集成商。

（六）扩大金融业的对外开放程度，培育高质量发展新动能

经过多年招引和培育，苏州的金融业机构和类别不断增加，形成了以银行、证券、保险等传统金融为主体，担保再担保、典当、商业保理、小贷、融资租赁、股权投资、金融中介等新型金融业态相结合的基本架构。要加大金融业的对外开放力度，以工业园区金鸡湖商务区为载体，开展金融招商活动，进一步引进外资银行、全国性股份制银行、有特色的城市商业银行、各类证券公司、担保公司等金融和准金融机构在苏州设立区域总部，持续丰富金融业态，打造在全国具有一定影响力的金融集聚区。积极推进昆山海峡两岸产业合作试验区金融改革的深度和广度，深化两岸金融合作创新机制，争取开展资本项目外汇收入结汇支付便利化试点，大力发展两岸消费金融公司、金融租赁公司等多层次金融业态。

（七）尽快构建统筹协调的推进机制，提高政策落地成效

“开放再出发 30 条”政策条款多，涉及部门多，需要部门联动协作的事项更多，亟须市级层面建立统筹协调推进机制，研究商讨政策执行中的重大事项，实时跟踪和定期总结政策落实情况，并将落实情况纳入高质量发展考核。择机开展“开放再出发 30 条”政策落实第三方评估工作，不断完善政策体系。与此同时，还要调整优化文件目标，如提高外资利用，适当调低引进海外人才及海外离岸创新中心的数量等。此外，为做好 2021 年政策资金兑现，提升政策落地含金量，在编制 2021 年部门预算时，要厉行节约，坚决压减那些必要性不强的“锦上添花”以及资金使用效率不高的项目，留足、留够兑现财力。

（课题组成员：卜泳生、赵玉艳、成涛林）

RCEP 背景下苏州如何打造新时代对外开放示范区

徐苏涛

2020 年 11 月 15 日，15 个区域全面经济伙伴关系协定（RCEP）成员国正式签署《区域全面经济伙伴关系协定》，这标志着当前世界上人口最多、经贸规模最大、最具发展潜力的自由贸易区正式启航。在疫情肆虐、保护主义、单边主义加剧的特殊背景下，RCEP 的签署证明经济全球化和自由贸易是符合各国发展的历史大势，维护多边主义，坚持开放合作是应对风险挑战，推动共同发展的正确选择。苏州是改革开放先行军，开放型经济发展一直走在全国前列。如何认清形势，抢抓机遇，主动承接 RCEP 积极效应，推进苏州开放发展迈向更高水平、更高质量，对于苏州打造中国新时代对外开放示范区具有重要意义。

一、RCEP 协议签署对苏州打造新时代对外开放示范区的重大意义

RCEP 是一个现代、全面、高质量、互惠的大型区域自贸协定，由序言、20 个章节、4 个市场准入承诺表附件组成，核心在于增强货物贸易、服务贸易、投资以及人员流动方面的市场开放。RCEP 协议的签署将在多方面促进苏州国际贸易与双向投资发展，为苏州构建新发展格局、打造中国新时代对外开放示范区提供新动能。

（一）有利于推动苏州开放型经济迈向更高水平

货物贸易方面，RCEP 将贸易自由化与便利化作为首要任务，通过立刻降税和十年内逐步降税的方式，实现协定生效后区域内 90% 以上的货物贸易零关税，通过提供货物国民待遇、临时免税入境、取消数量限制、管理进口许可程序、更改原产地等规则促进货物贸易自由化。服务贸易方面，15 个成员

国通过正面或负面清单模式均做出了高于各自“10 +1”自贸协定水平的开放承诺，同时在金融、电信和专业服务领域做出更高水平的开放承诺。投资方面，RCEP 15 个成员国均采用负面清单方式对非服务业领域投资做出开放承诺，大大提高了各方政策的透明度。这些规则有助于进一步提高苏州与区域内各成员国之间商品、服务、资本、信息等要素的跨区域自由流动程度，推动苏州开放型经济迈向更高质量、更高水平、更高层次。

（二）有利于苏州构建高能级、高效率的新发展格局

一方面，RCEP 在货物贸易方面的减少或消除关税、临时免税入境、取消数量限制、管理进口许可程序等规则，以及服务贸易方面的进一步开放市场准入等便利化举措，将有助于苏州进一步扩大优质消费品和服务进口，推动消费市场扩容升级。另一方面，RCEP 使成员国间服务、投资等领域市场准入进一步放宽，原产地规则、海关程序、检验检疫、技术标准等逐步统一，有助于苏州发挥产业基础雄厚、创新氛围浓厚等优势，通过走出去和引进来，推动苏州产业链、供应链、价值链、创新链参与国际经济循环，增强苏州辐射国际国内“两个扇面”的能力。

（三）有利于苏州加快探索接轨国际的经贸新规则

RCEP 以全面、现代、高质量和普惠的自贸协定为目标，对标国际高标准规则，形成了区域内更加开放、自由、透明的经贸规则，不仅涵盖了货物贸易、服务贸易、投资等领域，还就中小企业、经济技术合作等做出规定，同时纳入了知识产权、电子商务、竞争政策、政府采购等现代化议题，适应了知识经济、数字经济等发展需要，有利于苏州发挥自贸区改革开放先行区和制度创新试验田优势，积极探索贸易自由、投资便利、跨境数据流动、知识产权、人员流动等方面体制机制创新，为我国参与新一轮国际经贸规则谈判进行更多压力测试。

二、RCEP 背景下苏州打造新时代对外开放示范区的着力点

在 RCEP 框架下，区域要素流动将更加通畅，资源配置将更加高效，对外贸易和国际投资将更加便利高效。苏州要主动作为，抢抓机遇，更高水平、更高质量地融入国内国际大循环中，打造全方位、深层次开放新格局。

（一）主动承接 RCEP 自贸红利，加快构建贸易新格局

一是扩大与 RCEP 成员国双边贸易规模。支持企业开拓 RCEP 市场，尤其

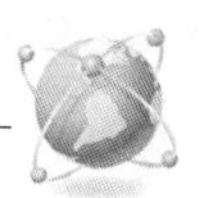

是日本、韩国市场，推动软件和集成电路、汽车及零部件、纺织服装等优势产品出口，大力发展高新技术产业、战略性新兴产业出口。同时研究 RCEP 成员国出口企业和商品信息，加大 RCEP 国家优质商品进口，鼓励苏州企业设立 RCEP 国家产品采购、营销等功能性区域中心，以优质商品进口促进消费扩容升级。二是推动外贸数字化转型。深化苏州跨境电商综合试验区建设，引导本地传统外贸企业和生产型企业加强数字化转型和跨境电商应用，在贸易自由化、融资结汇便利、出口退税管理等方面探索符合跨境电商业态特征的监管创新和国际规则。试点开展数据跨境流动的安全评估，探索建立数据保护能力认证、数据流通备份审查、跨境数据流通和交易风险评估等数据安全管理机制。三是大力发展服务贸易。对照 RCEP 下服务贸易规则，加强与 RCEP 成员国在服务业领域的合作，引进一批金融保险、海运海事、法律仲裁、管理咨询、设计研发等领域服务业企业，鼓励企业在 RCEP 成员国拓展软件和信息服务、工业设计、工程技术等生产性服务出口。四是提升贸易便利化水平。以江苏自贸区苏州片区建设为契机，在中华人民共和国海关总署的总体部署下，以“监管互认、执法互助、信息互换”为合作支柱，推动苏州海关与 RCEP 成员国海关之间建立大通关合作机制，加快 RCEP 成员国商品准入进程，扩大进口商品准入品类。积极开展 AEO（经认证的经营者）互认合作，使苏州企业享受成员国海关提供的通关便利化措施，持续优化苏州口岸通关效能。

（二）加大产业开放力度，提升全球资源配置功能

一是建立开放透明的市场准入制度。全面贯彻《外商投资法》及其实施条例和《优化营商环境条例》等法律法规，落实外商投资准入前国民待遇加负面清单管理制度、外商投资促进和便利化政策，提升外资企业服务水平。结合苏州政策基础和市场需求，参照国家给予自贸区的相关政策，放宽在社会事业、公共服务等产业领域的市场准入，提升相关产业发展水平。二是加强与 RCEP 成员国双向投资合作。深化对 RCEP 成员国产业分析，引进其优势产业和高新技术项目，支持 RCEP 成员国企业、机构在苏州设立区域总部、研发中心、研究机构、孵化器等。建立与 RCEP 成员国信息交流机制，创设驻 RCEP 成员国投资促进办事处，收集 RCEP 成员国投资、并购等项目信息，提供政策、法律、投资环境等咨询，鼓励和支持企业对其开展投资合作。与 RCEP 成员国在高端装备、生物医药、人工智能、互联网科技、农业等领域开

展技术合作、产能合作、市场合作，打造境内外联动、上下游衔接的产业集聚带。三是加强国际产业园合作。根据资源禀赋、产业基础，按照产业互补、功能优先的原则，加快中日（苏州）地方发展合作示范区建设，构建技术创新、产业对接、金融服务等合作平台，吸引日韩优质企业投资落户苏州。鼓励有条件的苏州企业到 RCEP 成员国建立境外生产制造、贸易营销和资源开发基地或境外经贸合作园区。鼓励苏州各地开发区以"两国双园""姊妹园"等模式加强与 RCEP 成员国产业园区在建设管理、信息共享、产业对接、人员交流等方面的合作。

（三）对照 RCEP 相关条款，进一步深化改革和优化营商环境

一是积极探索制度集成创新。发挥江苏自贸区苏州片区改革试验田优势，积极学习《区域全面经济伙伴关系协定》中我国对 RCEP 成员国在贸易、投资、服务贸易、跨境电商、知识产权保护等方面的相关承诺和限制，探索政策制度创新，力求在增强改革系统性、集成性上取得突破，为我国参与新一轮国际经贸规则谈判进行更多压力测试。二是营造宽松便利的国际人才环境。加大对国际高层次人才的招引力度，推动建立高层次国际经营人才库。实行更加宽松的国际人员临时出入境政策、便利的工作签证政策，实现人员自由流动。探索自由便利的对外人才管理服务机制，给予来苏州创新创业的外籍人才在企业开办等方面享受同等国民待遇。完善国际人才服务体系，确保住房安置、户籍管理、人才公寓、子女入学、医疗保障等政策到位。三是优化市场法治环境。对标国际国内先进城市，加快推动贸易投资便利化、规范市场体系建设等重点立法进程，形成与高标准贸易投资规则相衔接的法制框架。推广和规范政府购买服务，将资产评估、鉴定、咨询、认证、检验检测等可由社会组织和企业承担的事务性管理工作通过购买服务转移给社会组织承担。发挥中国（苏州）知识产权保护中心的作用，及时开展海外知识产权预警和保护工作，加大互联网、电子商务等新型领域的知识产权执法力度。

（作者系北京市长城企业战略研究所副所长）

开发开放　求新求变

赵志凯

“开放再出发”是苏州自觉践行新发展理念的生动体现，以开放促创新、以开放促转型是苏州谋求新时代高质量发展的战略选择。当前，苏州处在产业转型升级和现代化经济体系构建的关键期，面临一系列机遇和挑战、纷繁复杂的国内外环境、更加艰巨的改革发展任务，苏州需要用好“开放”这把金钥匙，进一步开发开放、求新求变，突出做到“三个三”。

一、摆脱三种依赖

一是对外资外贸的依赖。外资外贸对苏州发展起到了举足轻重的作用。但换个角度来看，苏州的外向型经济结构容易受到国际政治、环境、资源、成本等因素的波动影响，如中美关系的恶化、新冠疫情的漫延，苏州不少企业出口订单被退单和减少，加上供应链断点等因素，对经济造成了巨大冲击。要保持经济的高质量发展，就必须有新的增量来对冲风险。苏州需要一手抓外资外贸外经，巩固好既有的优势；另一手抓内资内需，开拓国内市场。

二是对传统制造业的依赖。近几年，新产业风起云涌，深圳、杭州、成都、贵阳通过发展新经济，找到了新增长点。反观苏州则是集聚了一批全球知名企业的生产基地、加工车间。苏州要通过先进制造业和新兴服务业的双轮驱动，摆脱对传统制造业的依赖，尤其是要针对互联网金融、电子商务、大数据、云计算等领域，加大自主培育和招商引资力度，把握新一轮产业革命红利，实现跨越式发展。

三是对上海的依赖。苏州需要在区域发展中重新明确自身优势，独立定位，既要突破上海“后花园”“产业腹地”这样的“被定位”，也需要突破“溢出效应”和“虹吸效应”的简单“竞合关系”，通过错位发展，摆脱与上海的同质化，在基础设施、科技创新、生态环境、市场体系、产业等领域协同、互补、共赢发展，重新确立与上海的新型关系。

二、勇攀三个高峰

勇攀新产业高峰。武汉的光谷、合肥的声谷高歌猛进，成都高新区的电子信息如火如荼。苏州也正在全力打造“中国药谷”。而苏州县区板块实力强劲，苏州市政府应打破行政区域，立足市场整合调配资源，力促苏州区域融合，打造特色鲜明，有支撑力、竞争力的产业集群。

勇攀新制造高峰。苏州制造业有基础、有底子，要将5G、工业互联网、人工智能、大数据等新一代信息技术融入制造业全要素、全产业链、全价值链完成智能化生产。久久为功，通过搭好平台、完善政策、鼓励创新，通过理念的变革、模式的变革、技术的变革，构建完整的智能制造生态圈，助力苏州企业登上新制造的高峰。

勇攀新经济高峰。新经济涵盖的新技术、新业态、新模式很多是未知大于已知。苏州发展新经济要像重视外资、重视工业一样，在政策、空间、载体、应用场景等方面提供支撑，积极营造鼓励创新、宽容失败的培育氛围，给企业留足成长空间，不简单否定与封杀。只有这样苏州才能真正成为新经济发展壮大的摇篮。

三、走好三条路

走好生态之路。苏州要在资源与能源的循环利用、构建现代化可持续的绿色产业格局、人与自然的高度和谐等方面，通过在企业、园区、城市等不同层面开展多层次试点示范，在全国率先探索出一条“苏州式”的绿色发展道路。

走好开放之路。“一带一路”、长江经济带、长三角一体化、自贸区等国家战略在苏州叠加实施。面对千载难逢的发展机遇，苏州要更大气，通过大力支持企业自由迁移、人才自由通行、技术自由转让，为开放要素开启“绿色通道”。

走好创新之路。苏州走好创新之路，最关键的是提高创新浓度。要以人才提高创新浓度，要引得进、留得住；要用技术提高创新浓度，支持企业攻入行业“无人区”，以战略耐性和巨大投入实现重大创新；要靠氛围提高创新浓度，既要重视成功，更要宽容失败，真正让创新在全社会蔚然成风。

（作者系张家港经济技术开发区党工委委员、管委会副主任）

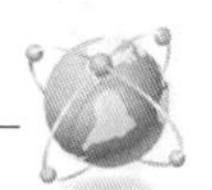

关于苏州市加快建设开放包容的创新创业名城的建议

施杨　张国平　马军伟　周宗辉

2018 年苏州市科技创新大会明确提出，要深刻领悟把科技创新摆在发展全局核心位置这个总体定位，深入推进创新驱动发展战略。针对当前科技创新面临的新任务、新要求，苏州市要进一步对标先进找差距，认清优势和不足，在更高的坐标系中提升创新发展标杆，探索一条具有苏州特色的创新驱动发展道路。

一、现阶段苏州市科技创新工作存在的主要问题

（一）创新投入有所增加，但引领性作用不足

近年来，苏州市研发投入一直保持稳定增长，高新技术产值不断扩大。据统计，2018 年苏州市全社会研发投入占 GDP 的比重达 2.82%。但对标深圳等先进地区，苏州市差距明显。尤其值得关注的是，苏州市尽管企业众多，但企业创新投入强度不高。大中型企业的研发投入占销售额比例一直徘徊在 1% 左右，不到发达国家的 1/4。具有国际影响力的创新型领军企业不多，全市工业主营收入百强企业约半数仍为传统企业。高新产业规模优势、特色优势尚未完全建立，产业发展层级偏低，客观上导致产业附加值和利税率较低，高新技术产业产值、新兴产业产值占规模以上工业总产值比重不高。

（二）自主创新能力持续提升，但原创性成果不多

作为工业大市，苏州市大部分企业普遍建有研发机构，本土大中型工业企业基本实现研发机构全覆盖，发明专利申请量、授权量位居全国城市前列。2018 年，全市万人有效发明专利拥有量达 53 件。但是大多数企业包括相当一批重点企业的产品和技术创新能力不强，关键技术自主研发比例偏低，原创性技术创新成果缺乏。2016 年，规模以上工业企业、大中型工业企业拥有发

明专利数仅为2.79件和8.16件，尤其是国际专利PCT申请量和授权量与深圳、北京等地差距较大，反映出大部分企业关键领域核心技术掌控能力不强、技术储备较少。

（三）基础设施建设步伐加快，但标志性平台较少

近年来，苏州市积极推动科技创新创业载体建设。截至2018年，全市拥有省级以上重点实验室23家、企业院士工作站55家、公共服务平台60家、工程技术研究中心733家，形成了较为完备的产业技术创新链。但是由于规划、布局、资金投入的局限性，建设水平仍有待提高。与深圳相比，苏州市国家级重点实验室、工程技术研究中心、企业技术中心仍然偏少，企业研究院等新型产业技术研发组织建设缓慢，缺乏具有世界影响力的全球研发中心，对产业、行业的引领示范作用仍有待增强。

（四）创新生态系统初步建立，但辐射带动能力仍然偏弱

当前，苏州市积极推动苏南国家自主创新示范区核心区建设，人才、资金等创新要素加快集聚。截至2017年，全市人才总量为259.2万人，其中高层次人才22.3万人；创投机构管理资金1 203亿元；服务业增加值增长8.3%。目前，苏州市已日益成为长三角地区汇聚高层次人才、集聚创新创业资源的重要地区之一。但是，对照其他地区，苏州市仍然存在人才比重不高、公共服务平台规模偏小、科技金融联系不够紧密等问题，科技成果转移转化、科技金融、高端人才、知识产权等关键环节有待健全，尚未形成有利于全社会创新创业的体制机制与政策环境。

二、加快苏州市建设开放包容的创新创业名城的几点建议

当前苏州市正处于经济结构转型的关键期，我们要以建设开放包容的创新创业名城为目标，树立创新发展新标杆，以优化创新要素配置和激发全社会创新活力为核心，加快构建符合改革要求、具有时代特征、体现苏州特色的创新驱动发展路径，全面提升城市自主创新能力和产业竞争力，当好建设“强富美高”新江苏的先行军、排头兵。

（一）聚焦“三个生态”，在提升环境承载力上下功夫

充分发挥产业基础雄厚、区域经济良好、创新环境优越的基础与特色，面向创新驱动发展的“重点环节、关键环节、薄弱环节”，做好创新体系建设

的发动者、公共服务资源的提供者、良好创新生态的塑造者。一是聚焦创新创业生态。围绕提升适合产业、企业、人才发展的综合环境，强化“政务环境、工作环境、居住环境”三位一体，突出产业链招商、创新链服务、人才链供给的有效组合，努力营造政策配套佳、服务效能高、人居条件佳的创新创业生态圈。二是聚焦开放合作生态。突出创新与开放“双轮驱动”，抓住上海大都市圈建设、扬子江城市群、苏南自主创新示范区建设的发展机遇，充分发挥中新合作、海峡两岸合作、中德合作等众多开放平台优势，主动融入全球创新网络，推动长三角区域协作，在更高层次上构建开放创新机制。三是聚焦环境发展生态。高起点规划，高标准建设，高强度推进城市建设，严格落实生态保护制度，加快淘汰，化解落后产能，促进土地节约集约利用。注重生产、生活、生态“三生融合”，打造宜居、宜业、宜游的城市发展新格局，为区域创新发展提供新空间、新平台和新动能。

（二）突出“四化同步”，在提升产业支撑力上做文章

围绕建设自主可控的现代产业体系，以发展优势产业、特色产业、战略性新兴产业、未来产业为重点，筑牢先发优势，培育区域竞争新优势。一是加快新兴产业高端化发展。紧扣产业成长性、爆发力，发展战略性新兴产业，充分发挥国家火炬特色产业基地的集群发展优势，推进移动互联网、机器人、生命科学、储能技术、先进材料等产业高端化、规模化发展，在电子信息、生物医药、纳米技术、人工智能领域打造一批具有全国标志性、全球领先性的新兴产业基地和特色产业基地。二是加快传统产业智能化发展。把装备制造和纺织服装两大产业的作为主攻方向，以智能制造、绿色制造为手段，加快运用高新技术推动传统产业的智能化转型，支持企业瞄准国际同行业标杆推进技术改造，全面提高产品技术、工艺装备、能效环保等水平。以信息技术应用为载体，深入推进传统产业“两化融合”，加快先进制造技术的普及和应用，加快传统产业向研发、设计创意等高端环节和高附加值的领域延伸。三是加快高效农业现代化发展。围绕优质稻米、精品果蔬、特色水产等，开展新品种、新技术、新装备的集成创新应用示范，努力形成一批具有自主知识产权的动植物新品系、新组合，推动高效农业现代化、集约化发展。四是加快现代服务业融合化发展。聚焦产业转型方向，积极推动产业跨界融合，大力发展研发设计服务、信息服务、金融服务等生产性服务业，加快推动大数据、电子商务、文化创意等新兴服务业载体，积极培育和集聚诊断咨询、

精益管理、信息技术等企业服务第三方机构，打造现代服务业增长新高地。

（三）立足"三个强化"，在提升技术发展力上做表率

围绕产业科技发展方向，聚焦世界前沿科技，加强前瞻性产业技术和核心关键技术突破，建设高能级的科技基础设施，推动产业创新能力和综合竞争力全面提升。一是强化前瞻性技术引领。依托国家实验室、国家大科学中心等载体，超前部署前沿技术和基础研究，打造国际化开放式研究创新平台，重点推进在微纳制造、第三代半导体、创新药物等若干领域形成一批具有行业前瞻性、国际影响力和知名度的技术成果。二是强化核心关键技术突破。围绕重大产业发展的核心技术需求，依托国家级高新技术企业、高校院所、新型研发机构等载体，面向纳米技术、新一代信息技术、高端装备制造、新材料、新能源与节能环保、生物医药与医疗器械等重点产业领域，努力掌握核心技术和关键技术，重点培育一批高技术含量、高附加值的产品，加快形成具有苏州标志、体现苏州水平的"高新特尖"产品梯队群。三是强化产业共性技术应用示范。依托行业、企业研究院，积极培育新型产业技术研发组织，部署建设特色鲜明、功能布局合理、支撑作用强、具有影响力的产业技术创新中心，开展产业共性技术集成应用与综合示范，注重提高原始创新与集成创新能力，提升创新成果对经济社会发展的贡献份额。

（四）深化"多链融合"，在提升要素配置力上寻突破

按照"开放、创新、跨界、合作、共享"的融合发展新要求，以"聚力创新"为主线，重点围绕产业链部署创新链，围绕创新链完善资金链，积极探索建立符合地方经济发展实际的资源配置机制和技术创新市场导向机制。一是推动科产对接。坚持"创新创业要素向园区集聚，国际化人才及团队向企业集中，高水平科研成果向重点研发机构集中"的总体思路，积极培育新产业、新技术、新模式、新业态，支持企业加大研发投入，推动自主创新产品示范应用，促进重大科技成果转化，加快军民融合科技创新步伐，增强全社会创新发展后劲。二是推动科金融合。拓展科技金融合作新途径，创新科技金融产品，支持技术含量高、市场前景好的高成长性科技型企业在多层次资本市场上市。发挥政府产业引导基金的作用，加快形成以财政资金为引导、社会资本为主体的科技金融投入体系。三是推动科教联动。加快建设校地协同创新平台，以科技成果转化、技术咨询合作、创新载体建设和人才培养引进为重点，深化与大院大所的合作，重点推动高校院所先进装备制造、新一

代信息技术、生物医药、现代农业等领域适用技术向苏州市移植嫁接，进一步提升苏州市创新发展的技术储备和人才储备。

（五）紧扣“四支队伍”，在提升人才创造力上求实效

深刻领悟人才是第一资源和创新根基这个重要论断，以创建“苏南人才特区”为发展契机，全面落实“引进来、走出去”的人才国际化战略，积极为各类人才创业、创新、创优搭建平台，全面推进与地方经济社会发展规模、速度、结构相适应的人才队伍建设。一是实施顶尖人才“引领工程”。立足现有重大科学工程、重要科研公共平台、大科学研究中心等科技基础设施，更大力度引进和培育若干个在前沿科技领域拥有重大原始创新技术以及具有前瞻性、颠覆性、引领性和跨领域融合创新能力的国际一流创新团队，持续提升人才发展能级。二是实施创新创业人才“领军工程”。依托国家级高新技术开发区、科技孵化器、离岸创新创业基地等载体，提档升级“姑苏人才计划”，重点引进和培育一批懂技术、懂市场，具有较强资源整合能力的创新创业领军人才，支持外国专家、海外留学人员、“名校优生”等高层次人才来苏州创新创业。三是实施高技能人才“倍增工程”。大力弘扬新时期“工匠精神”，依托企业、高校、公共实训基地、大师工作室等平台，全面加快国际化标准的企业专业实训基地和公共实训基地建设，着力培养一支掌握现代技术、适应社会需求、具有国际视野的高技能人才队伍。四是实施企业经营管理人才“提升工程”。深入开展“企业家素质提升计划”“企业家海外培训计划”，加快培养和造就一批具有全球视野、战略眼光和懂市场、会经营的领袖型企业家、科技型企业家和青年新生代企业家。

（作者单位：常熟理工学院县域科技体制综合改革与发展研究中心）

加快苏州市域一体化进程的若干思考和对策建议

徐　枫

长三角区域一体化发展上升为国家战略，带来区域发展格局的重构和优势重塑。苏州作为长三角一体化发展的重要参与者、积极推动者、直接受益者，理应在一体化发展上拿出更多作为，彰显更强担当。按照江苏省委、省政府“六个一体化”决策部署，对照省域一体化的要求，苏州目前正在加快推进市域一体化、苏锡常一体化、苏通跨江融合一体化和飞地经济发展一体化。首当其冲就是要以更大力度、更实举措把市域一体化推向前进，为苏州深度融入长三角一体化提供有力支撑，整合出新的地缘优势。通过推进市域一体化建设的引领，着力提升苏州主轴空间品质，放大其生态绿色的示范效应，在发展大格局上“等高”对接融入上海，为长三角世界级城市群建设做出更高质量的贡献。

一、推进市域一体化发展的背景意义

（一）市域一体化是长三角一体化发展的客观要求

市域一体化和区域一体化是一体化发展的两个维度。高质量区域一体化，前提是高水平市域一体化。如果市域内部没有很好地实现一体化，那么即便市与市、省与省之间实现一体联通，这样的“一体化”也不是真正意义的一体化。只有全市域融合、畅通、联动，才能在更大空间内实现区域一体化。当前，长三角一体化发展热潮涌动，示范区、先行启动区建设蓝图徐徐展开。示范区的核心是探索跨行政区域一体化制度创新，承担着为长三角全域一体化先行先试、率先探索的使命，它涉及的是两省一市间的重大机制创新，探索的是不同行政主体、不同行政区域间协同治理的新模式。其创新成果如何在同一行政主体内的不同区域之间集成复制，实现全域贯通的一体化，是长

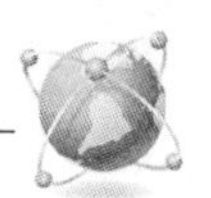

三角一体化发展的应有之义。苏州全市域作为联动发展先行区，有着近水楼台先得月的先发优势，理应在率先复制示范区成果、推进市域一体化发展上展现担当。

（二）市域一体化是苏州自身高质量发展的内在需求

现代城市竞争的核心是城市为其自身的发展在区域内进行资源优化配置与统筹规划。长期以来，苏州经济社会发展与城市建设呈现出以县（市）域经济为主的特点，这样的模式在一定时期内发挥了重要作用，但在经济全球化、区域一体化大背景下日益显现出其局限性。一方面，区域竞争日益激烈，资本、技术、人才等高端要素的吸引力与集聚力已成为一个城市能否在竞争中脱颖而出、占据主动的关键因素；另一方面，随着人口、产业、交通等条件的变化，城市内部也急需从更高层面对资源进行科学配置和管理。这都对重心过低的资源配置模式提出了挑战，必须进一步加强市级统筹，推进市域一体化发展，提升资源配置层次，增强宏观调控能力，只有这样才能破解“摊小饼”、碎片化发展等痼疾，增强发展的整体性、系统性、协调性，更好地绘出苏州全市域发展大蓝图。

（三）市域一体化是各市（区）发展的自发诉求

长三角一体化在推动更高水平合作的同时，也意味着更激烈的竞争，特别是随着要素流动持续加快，竞争的激励程度也与日俱增。然而，受限于各市（区）域项目承载能力、资源吸附能力、谈判协商能力等天然不足，继续依靠“单打独斗”，已经很难在日趋激烈的区域竞争中继续保持优势。面对资源要素约束不断趋紧等一系列因素的倒逼，各市（区）之间对于建立苏州全市域统筹发展的协调机制，避免低水平重复和恶性、无序竞争的共识正在加速形成。只有更主动地参与到全市域统筹发展这一战略中来，走出传统“单兵作战”的发展模式，以“握指成拳”的姿态推动市域一体化发展，才能发挥“集中力量办大事”的制度优势，实现更高水平的共同发展。

二、实现市域一体化发展的制约因素

（一）市域各市（区）经济发展不平衡

《苏州市新型城镇化与城乡发展一体化规划（2014—2020）》明确阐明了苏州推进新型城镇化和城乡一体化发展“1450”的空间形态和建设城乡一体

的新型社会总体目标。“1450”指的是1个中心城市——苏州市区、4个副中心城市——昆山、太仓、常熟、张家港以及50个中心镇。市域内各市（区）的资源禀赋不同、产业基础不同、区位条件不同，因此往往表现为市域各市（区）经济发展的不平衡，各市（区）之间发展存在一定差距。在2019年度全国综合实力百强县市前十名排行榜中，昆山、张家港、常熟、太仓分别位列第1、3、4、7位；在2019年度全国综合实力百强区前十名排行榜中，吴江、吴中分别位列第8、9位。

（二）市域相邻市（区）存在不同程度的“同质化”现象

由于相邻市（区）板块之间区位相近，资源禀赋相近，所以相邻市（区）板块之间往往存在不同程度的“同质化”现象，主要表现为产业结构相近，这种相似的产业结构导致各地抢占资源、腹地、设施等现象突出。例如，“十三五”规划中，苏州及各市（区）几乎都提到构建以先进制造业为主体、战略性新兴产业和现代服务业为先导、优势传统产业为支撑的现代产业体系。另外，苏州及各市（区）在发展战略性新兴产业规划中，不约而同选择了新一代信息技术、智能制造、生物医疗及大健康、新材料、新能源作为发展方向，雷同现象十分惊人。

（三）全市区域协作还不充分

由于受“行政区经济”的影响，市域层面的区域协作存在很多瓶颈，例如税收、土地、政绩考核等，地方保护主义导致的市场分割仍然存在，区域协作往往不充分。例如，各市（区）的产业同构现象颇为严重，产业同构性较高导致各市（区）之间的产业竞争大于合作，大大增加了各城市之间的竞争内耗，造成巨大的各类资源浪费，不利于各市（区）间的优势互补，也不利于产业分工与协作。

（四）区域协调机制尚不完善

受行政分割管辖影响，各市（区）之间还存在较为明显的“行政区经济”，特别表现在招商引资上的过度竞争，交通上存在“断头路”或同一道路在不同市（区）等级不匹配等现象。目前，市域协调发展的机制还不完善，存在许多利益分配机制的制度壁垒，特别是在目前的地方政绩考核体制下，扩大税收和谋求经济增长是地方政府施政的重要目标，政府过度的竞争引起要素流动阻塞，在很大程度上阻碍了区域内生产要素市场的一体化进程，不

利于地区一体化发展。区域合作的制度化程度较低，多数只是地方政府倡导式的非制度性合作协调机制，一般只是政府磋商的形式，缺少稳定性和法律效力。

三、把握市域一体化发展的关键环节

（一）强化市级统筹与激发各市（区）活力的关系

强化市级统筹，不是市级与各市（区）之间争权夺利，而是按照“市统筹、各市区实施、全市域联动”的原则，在宏观层面上让市（区）拥有更强大的统筹力量，在微观层面上进一步释放各市（区）的发展潜力。一方面，增强市级统筹的科学性、合理性和公正性，通过倾向性的资源调配政策和制度安排，加强市级在规划布局、基础设施、重要资源、重大平台等方面的统筹力度，增强市域发展合力；另一方面，在市级统筹基础上，运用竞争性和市场化手段，强化各市（区）在推动经济发展、城市建设管理和社会民生事业等方面的职能，提升核心要素和关键资源利用效率，激发各市（区）发展活力。

（二）强化市级统筹与坚持省直管县（市）的关系

强化市级统筹，不是对省直管县（市）体制的颠覆性变革，而是在现有省级宏观管理和调控的基础上进一步发挥市一级的主观能动性，因地制宜地对市域内资源调配等进行适度微调。一方面，坚持省委、省政府统一部署与发挥各市、区积极性主动性相结合，保留省直管县（市）体制下的“扁平化”管理模式，继续由省直接管理县（市）财政、主要人事等关键事项，县（市）级政府保留原有大部分职责权限，确保不降低行政效率，不增加行政成本。另一方面，进一步均衡市、县（市）两级在规划、核心指标分配等方面的职责权限，赋予市级更多统筹权，允许市级在原有省级分配的基础上做适度微调，发挥市级对县（市）域经济的牵引作用。

（三）各市（区）之间相互竞合的关系

强化市级统筹，不是“劫富济贫”，也不是“搞大锅饭”，而是遵循“效率优先、兼顾公平”的原则，共同做大“蛋糕”，更好切分“蛋糕”。一方面，坚持“一盘棋”意识和“大苏州”理念，跳出县（市、区）域，立足全域谋划发展，将各市（区）资源配置、产业结构及区域布局作为一个有机整体，淡化区划概念，发挥市场机制作用，推动要素高效流动、集约利用，努力提高全要素生产率，推动高质量发展。另一方面，坚持“亲兄弟明算账”原则，建立利益协商、利益共享、利益补偿等一整套制度化的利益均衡机制，以及经济统计、绩效考评等配套制度安排，保护各市（区）工作积极性，避免“养懒汉”现象，同步解决发展不平衡、不充分的问题。

四、加快市域一体化发展的对策建议

（一）实行“观念共树”，打牢市域一体化的思想基础

观念的归属认同是市域一体化发展的前提。市域一体化首先是一个观念认同的过程，要通过增进市民对“大苏州”的归属感和认同感，引导全体市民以“苏州大都市人”来建构自己的身份，有效减轻市域一体化的阻力。要明确一体化发展战略的核心内涵就是要在目前比较均衡发展的基础上追求更加协同，在分散布局的现状上进一步优化配置，不断构筑苏州发展新地缘、新优势。要勇于打破城区与各市（区）的界限，树立“各市（区）人都是苏州大都市人”的观念。市（区）要着眼市域，树立全市“一家人”“一盘棋”思想，统筹发展。各市（区）要以大都市为依托，主动接受大都市的辐射，自觉接受大都市的功能定位和产业分工，共同“构筑大都市、建设新天堂”。同时，各市（区）之间要加强合作与交流，主动抱成一团，实现“多赢”。

（二）实行“规划共绘”，谋划市域一体化的城市布局

城市的物理连接是市域一体化发展的基础。市域一体化外在表现为各市（区）之间边界隔阂的消除，即若干不同区域通过一定机制有机结合在一起。这种连接机制，也是推进市域一体化的本质要求。一是坚持规划引领，做好初始空间、增量指标和规划执行。完善市级统筹规划机制，坚持“一张蓝图”管全域，在苏州规划委统一领导下编制全市规划，赋予市规划委对各市（区）规划报批的否决权；创新国土资源要素分配机制，强化市级对国土规划约束性指标、城乡建设用地增减挂钩指标、耕地占补平衡指标等关键性指标的统筹调剂；建立全市统一的规划管理信息平台，推进国土空间治理方式数字化变革，完善监管全覆盖机制。二是坚持集约建设，扎实推动科学布局、共建共享和智慧应用三项工作。坚持全市“一盘棋”理念，统筹全市域交通、水电气讯、能源、环保、商业等重大基础设施规划布局，增强布局的综合性和协调性，加快建立全市统一的标准体系，促进各类基础设施建设、管理标准

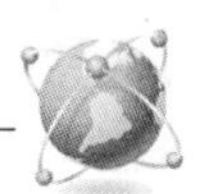

相衔接；建立健全市域统筹的基础设施建设投融资机制，完善“建管运”成本共担和利益共享制度；加强智能化管理，强化智慧应用，提升各类基础设施管理和营运效率，增强各市（区）设施之间的相互衔接与支持能力。三是坚持交通优先，统筹提升常规交通、快速交通和轨道交通三种方式。全面改造提升各市（区）之间现有的射线交通网络，加快打通重要节点的断头路；探索实行高速公路本地车辆全市域免费或补贴通行；加快布局市域轨道交通网，统筹布局常规公交、BRT 快速公交等线路，打造快速通达交通网络。

（三）实行“产业共建”，构筑市域一体化的产业体系

产业的化学融合是市域一体化发展的关键。市域一体化更加强调产业的分工与协作，必须打破原有小而全的产业布局思维，从全市域视角优化功能定位，科学规划布局，加快形成主导功能突出、产业特色鲜明的发展格局。一是重构“大平台”体系。加大平台整合力度，推进全市省级以上平台再整合、再提升，加快培育新技术、新业态、新模式；充分发挥国家级高新区、自贸区、工业园区等重大功能平台的政策优势，探索“一区多园”模式设立分区，加速实现政策复制共享。二是优化“大产业”布局。科学编制全市产业地图，努力找准市域一体化的产业定位，进行差别化竞争，实现错位发展，提升产业集聚水平；统筹制定产业政策，在突出各市（区）产业特色的同时，坚持全市域“一把尺”，避免恶性竞争，探索建立全市统一的政府产业基金管理机制；健全要素竞争性分配机制，深化“亩均论英雄”改革，加强用地指标、能耗指标、排放指标等差别化配置，建立全市域统一的要素综合交易平台，促进要素自由流动。三是构建“大招商”格局。加强招商项目信息资源共享，建立重大项目“首谈”报备制度，在符合产业规划前提下按照“谁接洽、谁优先”原则统筹项目招引，避免无序竞争，减少项目流失；对需跨区域布局的重大项目、省市重点项目等，建立市级牵头主谈制度；探索建立以财税分成和经济统计为核心的利益分享机制。

（四）实行“服务共享”，统筹市域一体化民生资源

民生互通共享是市域一体化发展的保障。发展的根本目的是为了人民，推进市域一体化发展，首先就是要让人民群众共享更多发展成果，有更直接和更实在的获得感、幸福感、安全感，这样才是包容的、可持续的一体化。一是推动公共服务均等化。统筹全市公共服务基础设施，科学布局医院、学校、公园、养老、文体等设施，打造梯度有序的辐射圈，打破原有以各市

（区）为单位的天然分割；扎实推进公共服务标准化、品牌化建设，建立统一规范的公共服务标准体系，打造市域通用公共服务品牌；建立健全全市统一的数据采集、共享和利用体系，加速实现公共服务“一卡通”“一证通”。二是推动社会政策一体化。统筹制定全市各类社保政策，实现全市域缴费标准、待遇标准、业务经办、监督管理、信息建设“五统一”；对已出台、正在实施的政策，采取相对稳定和衔接配套的渐进方案，逐步过渡实现政策全市统一；探索建立社会保障资金多元筹措和市域统筹调剂机制。三是推动社会治理现代化。有效整合全市政务服务、物联网等大数据资源，一体化建设城市大脑，推进管理精细化和服务精准化；完善社会治理综合指挥服务体系，健全市、各市（区）、镇、村、网格五级联动工作机制；进一步理顺城市管理体制，优化交界区域管理，加快构建全市域“大城管”新格局。

（五）实行“环境共保”，优化市域一体化生态空间

统筹山水林田湖草系统治理和空间协同保护，加快长江生态廊道、环太湖生态廊道、苏州生态涵养发展实验区建设，共筑绿色生态屏障。切实加强对自然保护区、风景名胜区、重要水源地、森林公园、重要湿地等生态空间的保护。大力实施太湖流域水环境综合治理，扎实推进水污染防治、水生态修复、水资源保护，坚决打好太湖治理攻坚战。全面加强水污染治理协作，细化落实长江、京杭大运河、太湖、太浦河、淀山湖等重点跨界水体联保专项治理方案，开展废水循环利用和污染物集中处理，推进沿江污水处理厂和工业企业尾水生态湿地深度治理，严格执行长江干流跨省联防联控机制。实施全市统一的重污染天气应急启动标准，开展区域之间应急联动。贯彻执行统一的全市环境政策法规及标准规范，积极开展联动执法，落实市域联合监管。由于生态环境保护是苏州全域共同的责任和使命，可以考虑建立跨流域生态补偿、污染赔偿标准和水质考核体系，在太湖流域执行生态补偿机制，在长江流域做好江苏段污染赔偿机制试点工作。积极落实重要湿地生态补偿，探索建立湿地生态效益补偿制度。

（作者系中共吴江区委党校原常务副校长）

第二编

产业转型与高质量发展

贯彻习近平总书记在民营企业座谈会上重要讲话精神的生动实践

——苏州落实“三项制度”的主要成效及启示

中共苏州市委党校
苏 州 市 工 商 联　联合课题组

2019 年 11 月 2 日，江苏省委常委、苏州市委书记蓝绍敏在苏州市重点民营企业座谈会上，给广大民营企业家送出三个“大礼包”，通过用足用好月度沙龙、微信群联系、信息直报等“三项制度”，让企业家的声音、意见、诉求能被市委、市政府主要领导“听得到”“看得到”“办得到”。“三项制度”实施以来，多渠道全天候全流程畅通了市委、市政府与民营企业家高效沟通联系的通道，从制度层面为打造“最舒心”一流营商环境提供了最真实的苏州“政策蓝本”，取得了精准提供定制化服务、全力护航企业高质量发展最显著的苏州“政策成效”，广受各界好评。

一、全市落实“三项制度”的主要成效

据苏州市工商联统计，截至 2020 年 5 月 9 日，苏州全市举办民营企业家沙龙 71 期，981 位企业家共提出意见和建议 923 条，办结率 100%；新建由党政主要领导加入的民营企业家微信群 39 个，入群企业家 2 353 人，覆盖全市 4 万多名工商联会员，共收集意见和建议 564 条。上报《我市民营企业迎接复工情况的调查报告》等信息直报 80 期，反映诉求近 561 条，党政主要领导批示推动相关政策出台与完善，民营企业满意率达 98%。苏州全市上下认真落实“三项制度”出实招，显实效，为政商密切沟通交流保驾护航，形成优化企业发展环境的“微循环”“大生态”，大大提升了企业家的获得感、满意感，备受苏州企业家欢迎。

更优的政务服务推动更亲的政商关系。“三项制度”建立以来，苏州全市

各级党委政府主要负责人带头在构建“清”上加“亲”的新型政商关系中发挥表率作用，政企联动，踊跃参加，激情再燃。苏州市委统战部、苏州市工商联会同有关部门落实开展“三项制度”工作的具体机制，进一步细化出台实施细则，专门成立了落实“三项制度”的三个专班，保障信息传达渠道通畅。民营企业家月度沙龙的报名入口向企业家常年开放，每期沙龙结束后，企业家提出的意见和建议第一时间被整理成民营企业信息直报，报送市委、市政府主要领导，并转由市工信局进行任务分解，限时交相关部门办结。企业家微信群是“不熄灯的办公室”，服务企业24小时“不打烊”，秒回复、零时差，日复盘、周小结、月汇总，对于行业与企业反映的突出困难，直报情况在上报之前先调查核实，形成报告。信息直报经市委、市政府主要领导批示后，按程序交相关部门办理，市委督查室全程介入，市委统战部、市工商联密切关注办理过程和办理结果，及时反馈至相关企业或人员。各级统战部、工商联作为收集与传递民企心声的第一人，干事创业的精神面貌焕然一新，民营企业家对工商联作为“民营经济人士之家”的认可度、亲切感进一步提升。

各板块落实“三项制度”奋勇争先有特色。苏州全市各板块积极创新工作方式，落实“三项制度”，进一步构建完善为企业服务制度，形成上下联动、网格化发展、整体推进的工作格局。苏州工业园区出台建立“企业家沙龙、企业家微信群、信息直报三项工作机制”方案，同时将“三项制度”扩展到台资、外资企业，“苏园民企”“苏园外企”“苏园科创”“苏园台企”四个企业家微信群同步组建，园区各级各部门以及400余家园区头部企业的主要负责人实名入群，开启了政企直接联系的“线上快车”。张家港市以派驻纪检监察为特色保障，结合自身产业布局和民营企业特点主动作为，因地制宜落实“三项制度”，打造“书记市长会客厅”“民企诉求直通车”“扎根港城微信群”的张家港政商品牌，坚决杜绝空喊口号、慢作为，用实打实的举措落实好“三项制度”，落实符合张家港市实际情况的操作办法。太仓市在“三项制度”基础上，进一步推进包括“弘扬企业家精神工程、关爱企业家健康工程、提升企业家素质工程”三项工程的八项具体服务措施，靠前贴心服务民营企业。

勠力同心攻坚克难“三项制度”发挥重要作用。得益于“三项制度”实施后的信息直报，疫情防控下的复工复产，企业在防控物资、劳动用工、物流、资金周转、用电用气等方面面临的诸多实际困难，市委、市政府得以第一时间了解和掌握，并予以高度重视，及时解决。有些外地员工返苏后入住人才公寓手续多、等待时间久；有些企业员工家住无锡等周边城市来苏州上班，但是每次城市间来回就要隔离 14 天。企业家们希望政府能与周边城市达成人员安全流动保障机制；另外，复工复产情况下企业大多面临房租、工资、保险等支出所带来的沉重负担，出现现金流吃紧等问题。经过各级各部门专题协商和协调，外地员工得以在宿管带领下，10 分钟就完成了人才公寓的入住手续；苏州、无锡、常州、南通、泰州 5 市交通管控（防控）组联合发出通知，牵头建立协调保障机制，统筹协调运输车辆在 5 市道路通行；苏州 26 家金融机构联手围绕保障资金、降低成本、提高效率等方面为中小企业出台有针对性的优惠政策和金融服务。武汉解封后湖北籍员工返苏，有企业家希望政府能出台专门防控措施，给湖北籍返苏员工做核酸检测，预防出现无症状感染者给企业的疫情防控和安全生产带来隐患。看到信息报送后，市委书记蓝绍敏连夜指示安排，第二天苏州就设立了 71 个核酸检测采样点，在加快复工复产的同时，切实做到精准防控、有效防控。同时，苏州在全国率先出台“苏惠十条”等创新举措，“三项制度”在勠力同心保市场主体、保产业链与供应链稳定，帮助民营企业纾困发展中发挥了重要的排头先行作用。

二、“三项制度”是贯彻落实习近平总书记重要讲话精神的生动体现

苏州改革发展能够取得突出成就，民营经济和民营企业家功不可没。至 2019 年年末，苏州全市拥有民营企业 65.2 万户，占全市企业总户数 71.8 万户的 90.8%，入库税收贡献率达 61.5%，民间投资占固定资产投资比重达 58.6%，为全市提供了 64.5% 的就业岗位，吸纳就业人口超过 339 万，已然成为苏州发展的底气、源泉、力量和希望所在。这与苏州市委、市政府先后出台了多份文件支持民营企业、民营经济的发展密不可分，新推行的“三项制度”就是其中的生动实践和示范。

“三项制度”是贯彻习近平总书记在民营企业座谈会上重要讲话精神的生动实践。习近平总书记在民营企业座谈会上明确提出，要抓好六个方面的政策举措落实，苏州不仅逐一对照梳理，还先后多次召开苏州市重点民营企业座谈会和企业家沙龙，出台了全面落实中央和省市委支持民营经济高质量发展的数十条政策举措，进一步推出“三项制度”提供精准服务，零距离、高效率回应民营企业税费负担减轻、融资难融资贵、公平竞争环境营造等发展

难题，实实在在为民营企业解难纾困，极大地鼓舞了苏州民营企业家的信心。虽然“三项制度”本质上是沟通协调机制的创新，但因苏州市委、市政府高度重视和支持民营经济高质量发展，主要领导带头示范，始终做民营企业发展的坚强后盾，因此，该制度创新的指向，必将激发企业家的创新创业创造热情，激发生产要素活力，提升民营经济市场主体信心，是苏州贯彻落实习近平总书记在民营企业座谈会上重要讲话精神的生动实践和示范。

“三项制度”是推进民营经济高质量发展的制度创新。苏州市委、市政府贯彻习近平总书记重要讲话精神有力有效，以强烈的担当精神和鲜明的问题导向，抓住了推进民营经济高质量发展的“牛鼻子”。“三项制度”的规范化与机制化畅通了政企沟通渠道，企业家通过多种通道，将企业发展中遇到的困难和问题原原本本地反映出来，避免了任何中间环节可能对信息的选择和过滤，快捷高效直达市委、市政府主要领导，市委、市政府主要领导定期与企业家直接对话，及时、高效、务实地对直报信息与意见建议做出批示，体现的是苏州市委、市政府对推进民营经济高质量发展的真心实意和真抓实干，急企业之急，帮企业之困，解企业之难，让企业家真真切切感受到“在苏州一年 365 天，天天都是企业家日”。

“三项制度”是推进政务部门高效提升服务水准的实践创新。“三项制度”将线上与线下相结合，实现企有所呼、政有所应、立行立办，“听得到”“看得到”，最后落实在“办得到”上，通过协调多部门资源，形成从聚焦问题到解决问题的闭环，让企业在苏州投资放心、发展安心、干事顺心、创业开心、生活舒心。在此基础上，苏州相继推进苏州企业服务云平台正式上线，推进每季度向社会公开通报服务不到位、政策不落实、企业不满意的负面典型案例。可以说，“三项制度”是苏州改革开放再出发，优化营商环境创新行动的卓有成效之举，有力撬动了全市上下持续发力，不断优化营商环境，合力奏响高质量发展“最强音”。

三、深化落实“三项制度”的启示与思考

随着“三项制度”的全面实施，民营企业发展中的难点、堵点和痛点得到及时解决，企业家满意率越来越高，“三项制度”对营商环境优化的发力作用也越来越明显。在其他地区开始学习和借鉴苏州做法之际，苏州如何向更优更高的目标前行？笔者结合前期实践的“政策成效”，提出以下几点思考：

以“三项制度”深化营商环境持续优化永远在路上。当前，全面落实党中央“六稳”“六保”决策部署和省委、市委“保”“稳”“进”的决策要求，以“三项制度”深化营商环境持续优化就是保市场主体、保产业链供应链稳定，就是保就业、保民生。营商环境涉及市场主体在准入、生产经营、退出等过程中涉及的政务环境、开放环境、市场环境、法治环境、人文环境等，直观而又集中地反映了在一个国家或地区创办和经营企业的难易程度，是城市整体实力的集中体现，是衡量城市核心竞争力的重要标准，我们必须高度重视，持续改进，不断优化企业家创办和经营企业需要付出的时间、成本，切实重视企业家在相关问题得以解决方面的主体体验和主观感受。以“三项制度”深化营商环境持续优化，说到底就是做争取企业家、支持企业家、培养企业家、发展企业家的工作，以真心暖真心，以真情换真情；就是蓝绍敏书记所要求的，要让苏州“真正形成‘一切为了投资者，为了投资者的一切’的发展环境，真正形成‘亲商、安商、富商’的浓烈氛围，真正让投资者在苏州‘最舒心’”。落实好蓝绍敏书记这三个“真正”，就是要把“我觉得”思维真正转变为“你觉得”思维，服务意识要重点突出“强”，进一步将“用户思维、客户理念”融入工作全链条，把民营企业和民营企业家真正作为自己人，牢固树立“企业感受是营商环境好坏的唯一标准”理念，以全球一流营商环境为坐标，政府服务深度融合企业需求，精准发力、持续用力，全力打造苏州亲商生态的“最便利”“最公正”“最安全”“最高效”，让企业家在投资创业时真正感受到苏州的“最贴心”“最放心”“最安心”“最舒心”。

以“三项制度”完善政府涉企政策和服务模式永远在路上。政府部门在制定各个行业发展规划、经济社会发展规划、重大改革方案，或是制定涉及市场准入、招标采购、安全生产、环境保护、科技创新、人才引进等政策时，都可以通过“三项制度”多渠道充分听取民营企业家的意见，对企业提出的共性问题出台政策，让企业家成为涉企政策制定“局内人”。“三项制度”在实践中正成为有关政策及时有效出台的重要机制。疫情防控复工复产，作为劳动密集型行业的餐饮业，疫情期间99%停工停业，遇到前所未有的保生存、稳就业的巨大压力，通过餐饮商会的呼吁，蓝绍敏书记当天批示促成“苏惠十条”发布，以全国之首创帮扶中小企业共渡难关，获得了国务院领导同志批示肯定。完善对民营企业全生命周期的服务模式和服务链条，就是要明确

综合部门牵头联动整合各部门资源，加强政策措施协调配合，确保各项工作措施真正落地。“三项制度”工作落实要重点突出“实”，强化从上到下的联动机制。“三项制度”涉及首问负责、限时办结、责任追究和服务督查等多个环节、多个层面，必须环环落实、层层把关，严格流转机制，严格执行督办落实机制，形成工作闭环，并与改革创新“特别奖”、转变作风“曝光台”、营商环境“通报制”等措施配套实施，将“软监督”反馈转变为“硬压力”传导，以“目标最极限”自我加压，真正让企业花最少的时间、跑最少的路、交最少的材料、找最少的部门就能把该办的事办妥，把想办的事办好，更好地推动“三项制度”真正成为让企业家能够“有情况直接反映市委书记”“有困难直接找到市委书记”的快捷通道和政府服务的快速反应机制。

以“三项制度”落实的“政策效应”推进民企高质量发展永远在路上。新制度经济学认为，制度创新是经济增长的主要源泉，也是社会经济发展的根本原因。推动苏州民营经济高质量发展离不开高质量的营商环境做支撑，以落实“三项制度”的政策效应推进高质量发展，是苏州民营经济高质量发展的制度创新之举。当前苏州民营经济高质量发展遇到诸如市场的冰山、融资的高山、转型的火山等发展中的困难，都需要通过更好地落实“三项制度”来解决，更要通过更好地落实“三项制度”，引导民营经济把企业自身发展与国家战略相融合，让国家政策红利为企业转型创新赋能助力。“三项制度”目标引领要重点突出“高”，也就是要坚持问题导向、需求导向，持续创造新的制度优势，通过“三项制度”实现企业家群体的沟通联系，进而实现做强产业链，优化产业链合作伙伴串联；通过“三项制度”实现企银有效对接，高效配置资金链，优化企业投融资服务；通过“三项制度”，党委政府部门精准了解与把握企业所急、所需、所盼，及时回应，精准施策，以创新链与产业链融合发展为导向，以战略性新兴产业发展为重点，引导企业把握市场需求和做强关键技术，激发企业原始创新动力，支持企业加强关键技术攻关，不断提高创新力、竞争力和市场占有率，不断向产业链、创新链、价值链高端攀升，切切实实把苏州开放的优势，产业的优势，亲商富商的优势，市委、市政府对民营经济发展高度重视的政策优势，转化为苏州民营经济高质量发展的“政策效应”优势。

（课题组成员：苏州市工商联谢正才、常守军、范崇德、申霖、王滟，中共苏州市委党校方伟、杨文、徐成华；执笔：杨文、徐成华）

关于加强苏州制造业品牌建设的调研报告

成涛林　熊瑞杰　王辉

产业竞争的高级形态就是品牌之争，谁拥有了著名品牌，谁就具备了行业控制力和市场主导力。品牌建设对促进苏州制造由“量变”到“质变”、实现由制造大市向制造强市转变意义重大。为此，笔者赴佛山、珠海等地就制造业品牌建设进行了专题调研，在此基础上对苏州如何加强制造业品牌建设进行了初步研究，形成了本调研报告。

一、苏州制造业品牌的现状与不足

（一）从数量与质量看，品牌总数多，高端品牌偏少

据统计，苏州市获得的中国名牌、驰名商标中，制造业品牌分别有 63 个、94 个。但与深圳、杭州等城市相比，高端品牌却不多。例如，“2018 中国品牌价值百强榜”没有苏州品牌入选，但却有华为、格力、海康威视、海尔、美的等制造业品牌入围。

（二）从区域分布看，县市品牌多，市区品牌少

63 个中国名牌中，市区只有 4 个（该奖项评定时，吴江尚未撤市建区，故吴江品牌仍属于县市），占比为 6.35%；94 个中国驰名商标中，市区为 20 个，县市为 74 个。

（三）从企业所有制看，自主品牌少，外资品牌多

改革开放以来，苏州开放型经济从小到大、由弱变强，逐步成为苏州的“第一性经济”。外资在促进经济社会发展的同时，对制造业品牌的挤出效应也不断凸显。例如，2018 年制造业销售前十强企业中，外资品牌占据 7 个。

（四）从品牌结构看，传统行业多，新兴领域少

无论是中国名牌还是驰名商标，大多集中在纺织、服装、轻工、钢材、

机械等传统行业，而信息技术、生物医药等新兴领域较少。

二、佛山、珠海制造业品牌建设的经验启示

（一）发展品牌经济有利于提升产业价值链

加强品牌建设，让更多制造企业从贴牌生产转向创建自主品牌，生产具有自主知识产权的品牌产品，打造更多享誉世界的“中国制造”品牌，是制造业向全球产业链与价值链中高端攀升、实现高质量发展的必由之路。近年来，佛山通过实施“以质取胜、技术标准、品牌带动”等三大战略，促进传统制造业转型升级，正在逐步摆脱技术含量不高、附加值较低的形象，成为全国唯一的制造业转型升级综合改革试点城市。目前，苏州尚有不少纯加工贸易以及自有品牌和贴牌生产并存的企业，从原材料、生产技术和产品质量角度来看，这些企业生产的产品与那些国际名牌产品并无多大差异，但由于没有自主品牌，只能赚取低廉的加工费，导致利润率很低，处于价值链的低端。我们要发挥制造业门类齐全、覆盖面广、配套完善的优势，大力实施品牌战略，培育一批有特色、有价值、有底蕴的“苏州品牌”和“金字招牌”，以品牌建设引领苏州制造业迈向中高端，提升“苏州制造”的附加值和竞争力。

（二）质量为品牌的生命所系

质量是品牌的生命线，没有质量就没有品牌，二者犹如鸟之两翼，缺一不可。之所以能够成为知名品牌，最根本的就是其产品具有卓越的品质，能够最大限度满足消费者的需求，这种品质感能够给消费者带来永恒的信赖感，并且能够经得起时间的考验。虽然与同类产品相比价格昂贵，但消费者始终愿意使用该产品，甚至成为“名牌控”。近年来，佛山始终坚持用质量支撑产品品牌的理念，通过制造业工艺流程改造、信息化自动化、机器人推广应用等路径，有效促进产品质量提升，“全国知名品牌示范区”和中国驰名商标数量均位居全国地级市首位。苏州历来就是百工集聚的“工艺之都”，正是历史上无数能工巧匠发挥的工匠精神，才创造出卓尔不群的“苏作”品牌及其市场影响力，这也是“崇尚质量、追求卓越”精神的有力体现。我们要进一步弘扬“精致苏州、品质为本”的质量精神，通过“互联网＋智能制造”驱动品质革命，引导制造业的企业技术、设备和工艺升级改造，不断提升产品品质，进而助推品牌建设。

（三）品牌的核心竞争力在于创新

创新是企业品牌建设的原动力，是企业永葆生命力的根本途径。凡是先进的新产品都是由创新而来，凡是知名品牌都是通过创新掌握了关键核心技术。例如，珠海格力在 2000 年的时候还没有自己的空调技术，2001 年曾向日本企业购买，却遭到对方拒绝，由此该企业制定了“掌握核心科技”品牌战略，加大研发人才引进培养力度和研发经费投入力度，仅花两年时间就把日本企业花了 16 年时间才研究出来的技术研发成功。现如今，格力已拥有 12 个研究院、74 个研究所、929 个先进实验室、2 个院士站、1 个国家重点实验室以及专利 42 419 项和 24 项国际领先技术。我们要积极引导企业以创新驱动为核心，推动企业优化利用创新资源，联合科研机构与高等院校构建开放、协同、高效的共性技术研发平台，凝聚合力开展核心技术攻关，加快掌握关键核心技术，筑牢企业品牌的科技基石。

（四）品牌大多具有良好的文化底蕴

品牌既是理念的载体、技术的载体，更是文化的载体。纵观世界各国很多知名品牌，无一不重视品牌文化价值的挖掘和提升。例如，佛山蒙娜丽莎陶瓷公司将达·芬奇创作的《蒙娜丽莎》艺术精神融入品牌规划当中，建立了行业第一个陶瓷艺术馆——蒙娜丽莎文化艺术馆，设立了行业企业唯一的 CCO（文化总监）职位，十分注重对企业文化、质量文化、品牌文化的挖掘、提炼和推广。苏州吴文化博大精深、历史悠久、风格独特，要将苏州优秀传统文化融入企业经营管理和品牌建设中，深挖企业品牌背后的故事，寻求其与中华优秀传统文化、革命文化和社会主义先进文化的渊源，提升企业品牌文化的深度与高度，打造一批富含苏州特色文化元素的世界一流品牌，不断提高企业品牌文化附加值。

（五）政府甘当企业品牌建设“店小二”

制造业品牌建设是一项系统工程，它不仅涉及企业微观层面，需要企业自身主动作为，也涉及政府宏观层面，需要政府的积极扶持和引导。近年来，珠海、佛山两地政府为当地企业品牌建设甘当“店小二”，通过各种不同形式进行企业品牌建设，取得了良好成效。主要举措有：引导企业制定实施品牌战略规划，鼓励企业参加全国品牌价值评价，培育和推动企业争创省品牌产品和国家、省、市各级政府质量奖称号；针对不同规模、不同行业的企业，

先后举办品牌战略、质量管理标准化等培训。我们要加强组织领导，梳理整合政府各部门制造业品牌建设工作职责，积极推进对企业制造业品牌质量建设的管理和服务创新，努力营造更加公正、公平的市场竞争秩序和知识产权保护环境，助力培养更多的品牌产品，打造更多的品牌企业。

三、加强苏州制造业品牌建设的五点建议

（一）制定出台制造业品牌发展规划

在20世纪八九十年代，苏州地方制造业品牌也曾经有过一段辉煌的历史，“四大名旦”就是其杰出代表。现如今，苏州是全国第一大制造业城市，总体规模大，行业门类全，发展层次高，创新能力强，完全有条件、有能力重现“苏州制造”品牌辉煌。要在充分翔实调研的基础上，立足制造业发展实际，更好地厘清企业、市场与政府之间的关系，加强系统研究，理顺体制机制，形成清晰的战略思路，制定出台制造业品牌发展规划，明确打造制造业品牌的阶段性目标、发展重点、实施路径等。与此同时，引导企业围绕研发创新、设计创意、生产制造、质量管理和营销服务全过程，加强品牌设计，选择品牌定位，制定品牌培育计划，并努力与政府规划有机衔接，促进品牌建设与各项业务协调发展。

（二）积极引导加工贸易企业争创自主品牌

培育自主品牌是加工贸易企业转型的“不二法门”。一方面，要紧紧把握移动互联网、大数据、云计算等新一代信息技术快速发展的契机，推动制造业与信息化深入融合，促进企业向数字化、网络化、智能化发展，切实提升品牌的创新力和吸引力。另一方面，通过自主设计、自主研发、自创品牌或者收购国际同类品牌、自己开拓内外销市场等方式，加快转型升级。与此同时，还要引导有实力的大企业以前沿引领技术、现代工程技术、颠覆性技术创新为突破口，围绕集成电路、新型显示、量子通信、生物医药、人工智能等先导产业，前瞻培育一批自主掌控能力强、具有国际竞争力的区域产业品牌集群，积极争创国家级产业品牌示范基地。

（三）大力弘扬“工匠精神”

通过设立“工匠日”这种方式，在全社会营造重视技能、尊重技工、尊重工匠的浓厚氛围，凝聚思想智慧、责任感等无形资源，激发员工打磨产品、

提升质量的热情与动力，促进“苏作”精神回归。以提升职业素质和技能为核心，建立健全在岗职工“干中学”培训体系，着力培养新时期职业精神与职业技能双馨的“能工巧匠”，努力打造门类齐全、结构合理、技术精湛的高技能人才队伍，不断强化品牌质量人才基础。

（四）聚焦消费者个性化文化需求，发展精致制造

当下，个性化消费时代已悄然来临，这不仅是一种经济现象，更折射出深层次的文化现象。要积极顺应消费者个性化发展的需求步伐，改革现有的规模化、大批量生产模式，转向 C2M（C 是指消费者，M 是指制造）平台模式，实行个性化、小批量的柔性生产模式。与此同时，还要放眼世界，加强与国际社会的交流沟通，包容和理解中西方文化差异，善于借鉴和利用其优秀文化提升对苏州制造业品牌的文化认同，提高国际市场对苏州制造品牌的信任度。

（五）加强知识产权保护和侵权打击力度

充分运用信用监管手段，建立健全侵权假冒案件公开公示制度和联动惩戒机制，进一步完善“政府监管、企业自律、社团参与”的商标保护长效监管体系，营造公平有序的市场环境。建立健全知识产权举报投诉案件快速反应机制，完善知识产权保护统筹协调机制，推进跨部门联合执法行动，严厉打击商标恶意抢注、假冒伪劣等侵犯知识产权行为，积极帮助企业打击各种侵权行为，构建品牌维权发展机制，打造品牌发展的法治“保护伞”“高压线”。

（作者单位：苏州市人民政府研究室）

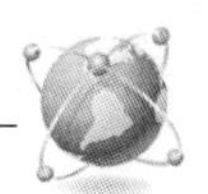

苏州何以成为江苏资本市场领头羊

中共苏州市委党校课题组

上市公司是资本市场的基石，是资本市场健康发展的基础，上市公司的高质量发展是资本市场长期健康稳定发展的重要保证。2020 年以来，苏州的上市公司无疑是资本市场最大的亮点——我市企业加速 IPO，在上市公司数量稳居全国城市前五的同时，目前，登录科创板的苏州上市公司已达到 15 家，数量仅次于北京、上海，排在深圳、杭州两大区域金融创新中心城市之前，确立了科创板的“北上苏”格局，科创板乃至整个资本市场的苏州板块备受各方关注，在资本市场演绎了“苏州现象”。

一、苏州上市公司快速发展、亮点凸显

苏州市把加快企业上市工作作为全市经济转型发展，打造新引擎、重构新动力、增创新优势的重要抓手，在政策、资金、工作精力上重点倾斜，整合资源，精准发力，资本市场苏州板块的集聚规模优势日益凸显，总体上迈入资本市场一线城市行列，形成了“543”的格局。“5”是指境内 A 股上市公司位列全国第五。目前，全市共有境内外上市公司 171 家，其中境内 A 股上市公司 135 家，数量仅次于北京、上海、深圳、杭州。“4”是指新三板挂牌企业数位居全国第四。全市累计新三板挂牌企业数达到 550 家，截至 2020 年 9 月底，存量挂牌企业还有 319 家，数量仅次于北京、上海、深圳。“3”是指科创板上市企业数位列全国第三。目前，全市共有 15 家企业在科创板上市，数量仅次于北京、上海。全市上市企业累计募集资金超 4 000 亿元。园区信达生物 2018 年在香港联交所主板上市，开创了苏州市暂未盈利生物科技企业在中国香港上市发行项目的先例。在 2019 年 7 月 22 日首批挂牌的科创板企业中，苏州市企业有 3 家，占上市企业数量的 12%，数量仅次于北京和上海。

二、资本市场“苏州现象”背后的“苏式匠心”

资本市场苏州板块的稳步壮大，得益于勇于探索的实践创新，这种创新

源于苏州人有着深厚历史文化底蕴和敢闯敢干精神的“苏式匠心”。

（一）建立有效的运行机制和配套政策

一是领导协调机制。苏州市委、市政府历来重视企业上市工作，成立了由分管副市长牵头的企业上市工作领导小组，牵头统筹推进全市上市工作的职责和机制持续运营，有效推动解决企业上市过程中的重点问题、共性问题。二是部门协同机制。领导小组成员单位包括市各相关部门，全市形成了支持优质企业上市的良好氛围，以“苏州最舒心”的营商环境，在依法合规的前提下给予企业上市最大力度的支持。三是上下联动机制。各县级（市）区针对企业上市工作建立了考核机制，出台了扶持政策，通过基层一线的贴近服务、上下联动的叠加支持，全方位推进企业上市进度。在配套政策方面，先后出台并实施《金融支持打造“一基地一高地”行动计划》《金融支持企业自主创新行动计划》《进一步促进金融支持制造业企业的工作意见》《关于实施金融服务实体经济融资畅通工程的意见》《促进企业利用资本市场实现高质量发展的实施意见》《苏州市科创板上市企业培育计划》等政策性文件，全面推进金融业与实体经济和研发创新的紧密结合、融合互动，全市金融业呈现稳中有进、进中提质的发展格局，形成了以银行、证券、保险等传统金融机构为主体，担保再担保、商业保理、融资租赁、股权投资、金融中介等新型金融业态相结合的基本架构；普惠金融快速发展，地方法人金融机构加快做大做强，苏州银行等 4 家地方银行成功上市，东吴证券在中国香港、新加坡设立了子公司，苏州银行在新加坡设立了办事处；苏州市的农村金融改革全面深化，张家港农商行等 4 家企业上市，常熟农商行的小微企业普惠金融在全国形成示范效应；金融开放全面推进，引进了一批外资银行，我市外资银行数量全省第一；金融科技探索步伐加快，如建设银行在工业园区成立了金融产品创新实验室，工商银行在工业园区成立了 5G 支行等。

（二）立足产业基础优势构筑不断充实的后备梯队

苏州具有很强的制造业优势，为上市公司的培育与高质量发展提供了重要支撑。苏州的制造业规模位居全国前列，2019 年全市实现规模以上工业总产值 3. 36 万亿元，11 个行业大类产值超一千亿元，其中前六大行业实现产值 2. 17 万亿元；新兴产业快速发展，占工业比重超过 50% 。尤其是近几年来前瞻布局了新一代信息技术、生物医药、纳米技术、人工智能等一批先导产业，四大先导产业产值占规模以上工业总产值的比重达 21. 8% 。这都为苏州上市

公司的快速发展打下了坚实的基础。目前苏州的上市公司正进一步向长三角区域拓展，这是我国工业最发达、工业化进程最快的地区之一，目前正根据《长三角地区一体化发展三年行动计划（2018—2020年）》等指导性文件，聚力建设现代化经济体系，未来将大力发展物联网、大数据、人工智能、5G、集成电路等核心产业，以此打造覆盖长三角全境的数字经济产业集群。立足产业基础优势对上市公司率先谋划、率先布局。按照“挂牌一批、申报一批、辅导一批、重点培育一批、组建储备一批”的工作思路，持续做好上市后备资源的挖掘、培育和储备工作。2020年，苏州市金融监管部门联合科技、工信等部门，超前一步从具有高成长性的瞪羚企业、具有爆发式增长的高成长创新型企业和主营业务突出、竞争力强的专精特新“小巨人”企业中培育挖掘科创板“金种子”后备企业，让更多科技企业从“小”就建立对接资本市场的意识，不断补充新的后备力量。

（三）提供精准到位的上市公司培育服务

根据后备企业上市所处不同阶段提供针对性的培育服务，各级金融监管局（金融办）紧跟资本市场改革发展最新动向，联合交易所、市场机构的专家做好资本市场培育的宣传员、辅导员、协调员。一是宣传引导，提升企业对接资本市场的积极性。通过调研、座谈等形式了解企业意愿，为企业提供专业咨询和指导，当好企业上市、挂牌的参谋长，引导和启发企业对接资本市场。2018年11月，习近平总书记宣布“在上海证券交易所设立科创板并试点注册制”后，相关单位第一时间组织摸排符合科创板申报条件且有意愿的企业情况，推动企业积极申报。二是培训辅导，加强企业对接资本市场的能力。不定期组织已上市企业经验分享会、走进交易所、专业机构培训会等多形式的活动，特别针对科创板等资本市场深化改革相关政策及时进行培训，帮助企业了解资本市场，掌握最新政策，熟悉上市路径，避免企业在上市过程中走弯路、绕远路。三是提升服务，降低企业对接资本市场的成本。以“实事求是、一事一议、一企一策”为原则，积极帮助企业协调开具合规证明，办理历史沿革确认等实际问题。积极兑现上市奖励、新三板挂牌补助、支持企业发行“双创债”等政策，降低企业通过资本市场直接融资的成本。四是上门走访，主动帮助企业排忧解难。对上市进入最后冲刺阶段的企业进行重点跟踪和服务。2020年以来，疫情期间相关单位仍推动上市工作不间断，对前期梳理出来的拟科创板上市企业逐一上门走访，对企业上市过程中存在的问题和困难，积极予以协调解决，推动企业“上紧发条”抢时间，细挖每个时间节点，助力企业抢抓申报窗口期。五是多方合力，助力企业加快上市进程。积极协调沟通中国证券监督管理委员会、江苏证监局和上海证券交易所等部门，争取最大力度支持。与江苏证监局保持密切工作联系，报送拟上市后备企业名单，争取对全市拟申报企业加快辅导验收进程，抢抓申报时间节点。会同上海证券交易所组织开展“专家问诊”，对科创板拟申报企业开展“一对一”专家“问诊”服务，尽可能帮助企业提前掌握审核要点，切实做到关口前移。

（四）做大做强基金产业集聚发展的“苏州效应”

苏州牢牢抓住基金产业发展这一重点，创新思路举措，加强引进和培育，推进与新兴产业的融合发展，形成了强大的“苏州效应”。积极推动设立以产业引导为重点的母基金，加快吸引集聚私募基金。市级层面设立了以苏州市国发集团为主、首期规模 60 亿元的苏州创新产业发展引导基金。截至 2020 年 6 月底，全市在中国基金业协会备案的私募基金管理人 409 家，管理基金 1 368 只,管理基金规模（总资产）3 638 亿元，并发展出一批在全行业具有影响力的创业投资机构、股权投资机构。工业园区“东沙湖基金小镇”和高新区“太湖金谷金融小镇”入选省级特色小镇。工业园区设立了总规模 600 亿元的园区国创母基金，以元禾控股牵头打造东沙湖股权投资中心，加快私募基金的集聚，成为全省首批入选的基金小镇。作为我国首支国家级股权投资母基金，工业园区建立国创母基金近 10 年来，在打造生物医药产业和纳米产业中发挥了重要作用，引导基金累计参股子基金 27 支，总规模超 60 亿元，财政资金吸引社会资本放大超过 8 倍。

（五）大胆探索企业征信体系的“苏州模式”

积极探索建立了地方企业征信平台，实现政银信息的互联互通、协同共享，发挥征信在支持金融创新、服务实体经济等方面的重要作用。目前征信系统累计对接市、县两级 78 家政府部门及公共事业单位，汇集信用信息 2. 64 亿条，累计为 49 万多户中小微企业建立信用档案，有效提升了金融服务实体经济的精度、广度和深度。目前，在苏州的所有中资银行均将我市征信平台的征信基础产品嵌入信贷管理全流程，征信评价类产品已在多家商业银行贷款决策、资产定价、贷后管理中得到广泛应用。苏州在创新构建以征信体系为基础的小微企业融资服务模式等方面迈出了积极步伐，最近中国人民银行批复同意苏州建立全国首家小微企业数字征信实验区，进一步形成可复制、

可推广的经验做法。

（六）积极构建综合金融服务的“苏州品牌”

我市大力推动综合金融服务平台、股权融资服务平台、地方企业征信平台、企业自主创新金融支持中心等金融基础设施建设，有效拓宽企业融资渠道。同时通过出台系列金融服务实体经济的政策措施，积极引导金融机构帮助初创型、成长型企业获得融资，特别是首贷融资、信用融资，建立起了“企业守信用、机构有创新、政府有推动”的综合金融服务机制，有效提升了企业金融服务满意率。目前，综合金融服务平台企业累计 8.7 万家，共为 2 万多家企业解决融资金额超过 7 400 亿元，其中 1 万多家企业获得超过 300 亿元的首贷资金，1 万多家企业获得信用贷款超过 1 600 亿元。

三、对资本市场“苏州现象”的几点思考

苏州成为资本市场的明星城市，不是一时的风光，而是在高质量发展的目标下，在各类创新主体和各管理部门协同努力下，力求将创新和服务创新做到极致，并将这种行动长期坚持下来的结果。

（一）上市公司热度反映了苏州实体经济的优势和活力

苏州上市公司成功抢占资本市场的科创板高地，这一现象折射出苏州经济深厚的产业优势。作为全国著名的制造业基地，苏州已形成了门类齐全的产业体系，工业企业超过 16 万家，涵盖 35 个行业大类、162 个行业中类和 440 个行业小类。高端纺织、优特钢铁、生物医药、纳米技术、新一代信息技术、半导体制造等产业达到国内外领先水平。特别是 2020 年上半年，苏州的工业增加值同比增加 1.6%，成为我国五大工业城市（上海、苏州、深圳、天津、重庆）中工业增加值呈正增长的两个城市之一，并且领先重庆 1.0% 的增速。上半年，虽然受到全球疫情形势严峻的冲击，苏州仍有超过一半（68 家）的上市公司的净利润实现正增长，其中 20 家公司的净利润同比增长超过 100%。上市公司集聚了苏州本土制造业的优秀企业，取得如此优异业绩，反映了苏州制造遭遇疫情冲击的强大抗压力。苏州外贸企业受疫情影响，一度订单大幅减少，似乎经济形势严峻，但工业增加值的强劲增长和上市公司的稳健业绩却展示了苏州经济的另一面，也进一步印证了以制造业为支撑的实体经济的深厚基础和活力。

（二）苏州上市公司真正发挥了创新的主体作用

苏州上市公司数量众多，但在 A 股的市场表现并不十分抢眼，尤其是在

市场过热时，很多上市公司热衷于搞跨行业并购、跨界投资，通过资本运作追求外延式增长，这其中鲜有我市公司。事实上，我市公司的风格十分突出，从上市时起，就是所属细分行业的"隐形冠军"，上市后仍然专注于主业，稳扎稳打，精耕细作。以科创板第一股——华兴源创为例，据报道，该公司是国内领先的平板、模组以及消费电子终端的检测设备供应商，从 2005 年成立至今，华兴源创只专注做检测这一件事，已成为苹果在国内唯一的液晶平板检测厂家。华兴源创体现了苏州科技创新型企业的特质，即用心做好主业，追求极致，这就是苏州式创新的内涵，也是苏州上市公司成为创新主体的基本条件。让企业成为创新主体并不等于管理部门无所作为。苏州金融管理部门培育和服务上市公司的一系列举措，都可以概括为一句话——优化创新资源配置，将政策等资源配置到最能转化为创新主体高效率创新和持续创新的环节中，这也是创新服务的主旨。

（三）科创要素引领苏州经济高质量发展

一直以来，外界将苏州视为外贸明星城市，苏州的外贸依存度达到 120%，在全国主要城市中仅次于东莞，排名第二。外资是苏州经济高速发展的重要资源，但这也使苏州的经济容易受制于国际市场，特别是当外贸由于金融危机、新冠疫情的全球蔓延等风险事件而剧烈波动时。但苏州的创新驱动早已开始布局，我市的公司在资本市场特别是科创板 IPO 的不俗表现，直接原因是本地高成长的科技公司契合了科创板上市企业的定位，即符合国家战略，突破关键核心技术，科技创新能力突出，市场认可度高。但深层次的原因是苏州对创新驱动发展战略的超前部署和行动的高效率。资本市场上的苏州板块向外界展示了一个"科创之城"的新形象，其创新要素、经济的主要驱动力大部分来自本土创新，而非外资。2020 年 8 月 10 日发布的最新《财富》世界 500 强排行榜中，苏州有 3 家企业而且是 3 家民企入选，分别是恒力集团、沙钢集团和盛虹集团，这 3 家民营企业集团旗下有多家上市公司，这也是民企对苏州经济贡献度不断提升的有力证明。此外，苏州的科创板上市公司中也是民企唱主角，本土民营企业通过资本市场在苏州产业创新和经济转型中日益发挥主导作用，这表明苏州已经走上了由外资带动的高速增长向科创企业、科创要素引领的高质量发展转换的路径。

（课题组成员：苏州市委党校方伟、王涛、肖锐、李静会，苏州市职业大学秦天程；执笔：李静会、秦天程）

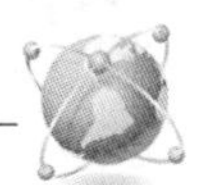

关于提升苏州工业投资增速的建议

王世文

在抗疫工作取得阶段性成效后，疫情防控和经济社会发展“双胜利”成为下一步工作重点。尽管基础建设投资对对冲疫情产生的不利影响具有短期意义，但是工业投资更需高度关注。从短期看，如果工业投资稳，则基础建设投资压力小，可为疫情之后积极财政腾出更多腾挪空间。从中长期看，工业投资乘数效应显著，对扩大内需和供给侧结构性改革具有双面收益。作为全国重要工业城市，苏州规模以上工业总产值达 3.36 万亿元，这表明：一方面，确保工业投资较快增速是地区经济增长的“牛鼻子”；另一方面，实现工业投资引领性增长，提升产业基础能力和产业链的现代化水平，也是苏州新时代责无旁贷的历史担当。

一、苏州工业投资加速所面临的挑战

在新的一年，苏州市委、市政府提出了实现工业投资 1 500 亿元的年度目标。实现这一目标，既有历史机遇，但也面临一定挑战。

（一）工业投资增速稳定性面临考验

2014 年至 2016 年，苏州工业投资连续 3 年负增长，2017 年增速由负转正，也仅为 0.05%。2019 年，工业投资同比增速实现近年最好水平，达 8.78%。但是，这一速度是否稳定、还有多大提升空间，近年增速还无法给出有力支持，而当下的疫情对投资者意愿和资金的影响，更加大了其不确定性。

（二）面临工业投资竞争激烈的挑战

2018 年以来，各地对工业投资的支持力度不断加大，投资环境跨越式优化，竞争趋于激烈。例如，上海工业投资已连续 21 个月实现两位数增长，2018 年以来总量和增速优势明显优于苏州。2019 年，上海实施了“十百千工

程”，推进10个总投资50亿元以上的产业项目落地开工等，推动工业投资再上新台阶。2019年，杭州市“新制造业计划”提出到2025年工业固定资产投资达1 500亿元，年均增长15%。济南市“工业投资倍增三年行动计划”提出2022年较2019年实现翻番。在竞争愈益激烈的环境下，要实现工业投资增长25%，苏州只有奋发拼闯，才能实现“目标再攀高”。

二、对提速苏州工业投资的建议

尽管苏州工业投资增长面临压力，但也处于历史机遇期，且苏州工业总量大，制造业体系完整，具有基础优势。要高质量实现苏州市委、市政府确定的工业投资目标，建议做到以下几点。

（一）深化工业投资机遇认识

信心比黄金更珍贵，高速增长需要以坚定的信心为保障。当前，应加大对工业投资快速增长可行性的宣讲，将其列为2020年干部学习重点选题，用理论和事实破解各种疑虑和不自信，统一认识，增强把握发展机遇的主动性。首先，在当前工业体系完善和国内市场巨大的优势背景下，为了加快制造强国建设，国家相关政策支持力度空前之大，工业发展处于政策红利期。其次，5G不同于4G，将实现智能化应用场景重点由消费、社交向工业生产、产品的转换，引起工业投资需求快速增长，工业发展处于市场机遇期。而疫情极可能成为这一过程的催化器，苏州应发挥全球制造中心的优势，抢抓市场机遇。再次，宏观和行业统计数据也表明工业加速发展趋势已逐渐显现。

（二）完善工业投资运行机制

“运行机制”是实现投资要素“化学反应”和企业集群“化学相容”的反应器，也是新时代引来工业投资“金凤凰”的“梧桐树”。实现工业投资跨越式增长，不仅需要“白加黑”、补贴优惠的“外力”，还需要修炼“高效运作机制”的“内功”，且后者已成为一线城市逐力的核心舞台。首先，欲练“运行机制”内功必须熟知工业运行的新“经脉系统”。在数字技术和智能制造技术时代，工业产业链、价值链和运行机制都处于变革时期，而新冠疫情的发生，更是会加速某些环节的变革。因此，苏州招商人员和企业家需要以抱着新生儿的“较真态度”对其关注探究，把握规律，方能事半功倍。其次，应以建立最有效的工业投资运行机制为目标，深化关键领域改革，以新思路和新作为适应新环境与新挑战。2017年以来，上海工业投资增速表现靓丽，

苏州应对其改革措施进行对标研究。“大树底下种好碧螺春”，不仅要关注上海发展蕴含的溢出效应，也要做学习上海发展经验的“好学生”。例如，2020年1月，上海出台《关于进一步加强投资促进工作推动经济高质量发展的若干意见》，布局打好统筹牌、服务牌、政策牌、载体牌。“四张牌”的思路、内容和方法均值得苏州借鉴。

（三）破解工业投资要素短板

人才、土地和资金要素的质量、成本和可得性是影响企业投资决策的直接因素。近两年，北京、上海、南京、杭州等人才丰富和创新活跃城市实际利用外资和GDP都保持相对高速增长，新发展格局表明新时代驱动投资增长的关键动力已逐渐转换。尽管苏州人才总量达292.5万人，但数量不足和结构不优仍是制约经济活力的短板。功以才成，要实现“产业迈向全球价值链中高端，培育若干世界级先进制造业集群”，苏州需要集聚一批世界级高层次人才。因此，苏州还需要以建设全球人才集聚高地为目标，制定苏州人才“十四五”工作专项规划和年度滚动计划，在工作目标定位、产业协同体系、人才培育供给、人才市场体系、人才管理技术、合力工作机制、离岸创新基地、绩效考核评估等方面协同发力，提速人才集聚竞争优势。

土地是制约工业投资的另一瓶颈，苏州既需要破解土地供给量的难题，还需要提升土地使用率，为工业投资提供空间保障。新年伊始，苏州市就向全球发布了68.8平方千米近期工业用地的明确数据，并借助热力图进行快速推广。在此基础上，苏州还可以考虑以下举措：（1）借鉴北京经验，拆除违建，腾退土地，实施低效用地减量考核；（2）借鉴深圳经验，规划布局一批较大面积的高质量工业片区，集中建设绿色、生态优质产业用房，有效引导调控工业厂房价格；（3）借鉴国际前沿技术，深化特色产业园用地管理模式，加强产业用地全生命周期管理，实现节约、集约与提质增效；（4）借鉴淀山湖和松山湖经验，发挥苏州自然生态优势，探索湖区经济发展模式，变生态保护强约束为强优势；（5）借鉴上海临港经验，加速政策红利优先在有土地供给地区落地，变“洼地”为“红利”，释放最大边际效用；（6）关注国内一线城市类似特斯拉、上汽和华为等占地较大新项目的具体解决方案，进行情报研究分析；（7）借助长三角一体化时机，顺应制造业转移之势，创新飞地经济发展模式，实现苏州存量土地提优，深化区域协同，提升产业链竞争优势。

当前，资金要素的痛点不是数量不足，而是如何疏通金融对实体经济的支持。近年来，苏州科贷通创新工作处于国内领先地位，但苗圃效应强，森林功能不足。投贷联动是破解实体经济和金融机构风险偏好错配的重要创新，建设银行投贷中心落户苏州，但其实效和宣传还需提升。苏州应以此为契机打造地方和央企金融机构合作的样板。此外，当前金融领域的改革开放和技术创新处于加速期，苏州应把握这一历史机遇，积极支持金融领域新技术、新产品、新模式在苏州试行，建设金融服务制造业标杆城市，并以实效吸引更多金融机构功能总部在苏州加大资源配置，打造城市新名片。

（四）加强工业投资组织能力建设

思易行难，三分谋划，七分落实。加强工业投资组织能力建设是执行力的保障，必须从以下几方面进行落实：（1）抓投资环境和抓大项目两手都要硬。抓大项目要明确重点工作计划，特事特办机制有效，坚持台账式管理、项目式实施、节点式推进。（2）激发投资主体活力，特别是民间投资实力。民间投资占 2019 年全市投资的 58.53%，但是，投资增速却为 -2.1%。其中，私营个体投资占全市 36.40%，而投资增速为 -7.4%。民间投资不强，特别是私营个体投资偏弱是苏州固定资产投资的弱项，亟须补上。（3）加强事件营销，提升苏州招商环境美誉度。在一般性宣传之外，要加强有影响力事件的全局谋划，善于利用事件营销进行城市美誉度传播。（4）加强大数据技术和现代管理理念在工业投资管理中的应用，实现精准、动态、无盲项目跟踪，建立部门协同机制与平台，完善奖惩工作机制。（5）加大技改投资支持力度。“支持加大设备更新和技术投入，推进传统制造业优化升级”是 2020 年中央经济工作会议内容之一。苏州市技改投资占工业投资总额的 73.33%，但其增速仅为 4.57%，明显低于工业投资 8.78% 的增速，具有较大潜力可挖。(6) 要具有反思发展历史的智慧。改革开放以来，苏州工业投资有过辉煌期，但也有相对落后时期。苏州要有反思的勇气和智慧，特别是要对近期工业投资增速回落的内外因进行总结。也还需要对某些重点产业或重点工程投资不活、多年无法做大做强的原因进行剖析，有针对性地寻求解决方案。(7) 提升国内外工业投资情报能力。苏州应加强投资情报工作，特别是围绕先导产业和重点项目进行持续关注，知己知彼方能下好先手棋。例如，深化中日、中德合作是苏州的关注点之一，但北京也提出要“加快推进中德、中日国际合作产业园建设”。北京中德、中日国际合作产业园的推进对苏州方

案，还有对德国、日本资方将产生什么影响，苏州均应有所考虑。

总之，从近期看，提升工业投资增速既是落实 2020 年苏州市委、市政府工作目标的要求，也有利于缓解抗疫后期经济稳增长对基础建设的依赖度，保持地方财政工作的主动性。从长期看，提升工业投资增速更是建设制造强市和实施供给侧结构性改革的必然要求，是苏州责任担当的有力表现，但也面临一定压力和挑战，还应深化工业投资机遇认识，完善工业投资运行机制，破解工业投资要素短板和加强工业投资组织能力建设。

（作者系苏州市专家咨询团成员、苏州科技大学城市发展智库专家）

疫情高峰过后对苏州养老健康科技及其产业化的思考

刘亚平　秦绮玲

这次新冠肺炎疫情一个引人注目的特点是死亡病例和危重型患者的年龄偏大以及普遍患有重大慢性病。据统计，这次新冠肺炎国内死亡病例的平均年龄为79岁，危重型病例中绝大多数在70岁以上。美国《纽约时报》2020年5月9日报道，美国新冠肺炎死亡病例1/3来自老年护理机构。死者绝大多数患有高血压、心脑血管病、糖尿病等基础疾病。武汉大学李红良教授在《细胞·代谢》杂志论文中指出，血糖控制良好的患者死亡率仅为1.1%，而控制不良的患者死亡率高达11%。这些现象已引起全社会对于老年人的身心健康和重大慢性病的高度重视。

截至2018年年底，苏州60周岁以上户籍老年人口为185.67万人，老龄化程度为25.69%，高于全国和全省，已进入人口老龄化社会深度阶段。大多数老年人都会患有慢性病，包括心脑血管疾病、癌症、糖尿病、慢性呼吸系统疾病等。因此，做好养老健康工作不但涉及百万家庭的健康和民生，还将造就一个城市的巨大产业。“2020苏州生物医药发展大会”将构建具有国际知名度和国内最有竞争力、影响力的苏州特色的生物医药产业定位为苏州的“产业地标”，将大数据融合分析、精准医疗、生物医学人工智能、医疗服务和医疗技术等大健康技术列为今后建设“中国药谷”的主攻方向，而健康养老的先进科技和产业，作为生物医药产业的一部分，将会成为苏州生物医药产业地标上的璀璨明珠。疫情过后，如何应用以“新基建”为核心的信息技术支持和提升大健康养老事业发展？本文从健康科技的角度提出一些看法：

首先，要将老年人的医疗健康工作的重点放到疾病的早期发现和预防上来，“治未病”将是下一个蓝海。要推动医疗健康资源下沉到基层、社区、家庭和个人层面，尤其是养老社区和社区养老的环境中。中国的健康产业与国

际上先进国家的最大差异是：中国医院医疗服务和医疗商品（含药品和药械等）占健康产业产值的绝大部分，而这两部分在美国总共仅占33%。在美国，占到整个健康产业中50%以上产值的最大门类是“家庭及社区保健服务”，其中除了一部分全科诊疗服务外，大部分工作是进行健康促进、慢性病管理等健康风险管理工作，以及健康档案的数据采集、电话健康顾问等。这些都提醒我们需要将健康工作前移和下沉。

其次，要借助高科技发展新型的养老健康事业。目前可以借助“新基建”构筑科技健康养老的高端基础建设，如应用物联网、5G、大数据、云计算、区块链、穿戴式设备、人工智能等高新技术。这些技术不仅在疫情隔离当中发挥了远程和居家健康监护的奇效，在疫情后依然能提供便捷、高效、低成本的健康保障，还可由此培育一个庞大的高科技养老健康的数字经济产业和市场。

（1）穿戴式设备。老年人的健康及其所患的慢性病能得到经常性的监测，尤其是在社区和家庭就可以得到检测，是早期发现、预防和治疗慢性病的有效手段。通过生物传感器检测健康数据的现代可穿戴式或便携式设备已经普及，如可采集心率、汗液、温度、睡眠、生殖健康、卡路里、GPS坐标、血压水平等数据的智能手环，更重要的是能检测心血管、癌症、血糖等重大慢性病生理指标的穿戴式或便携式设备也开始普及。其基于健康数据采集、分析等环节，依托人工智能算法，为佩戴者提供一个完善的科技体验。例如，心脑血管疾病是导致人类死亡最多的疾病，但我们对这种危害最大的慢性病却长期缺乏及时有效的监控和预警手段。目前，苏州的企业已研发出便携/穿戴式多导联心电仪，通过移动互联网云计算结合人工智能分析，可随时随地检测并迅速自动诊断出数十种心血管疾病，方便用于社区和家庭，技术属于全国领先水平。据统计，全国可穿戴移动设备市场2019年已超过200亿元。虽然当前大部分可穿戴医疗健康设备主要提供数据监测功能，但在未来，可穿戴医疗健康设备的治疗功能将被更普遍地应用。这些设备也正变得越来越小型、精确和低成本。苏州需要扶持企业积极研发生产并在社区大力推广此类有利于民众尤其是老年人提高健康水平的技术产品。

（2）健康大数据。大数据对于养老和大健康产业的重要性不言而喻。除了医院之间可共享电子病历外，老年人的健康护理、慢性病管埋、疾病分析都需要用到健康大数据。通过数据挖掘和人工智能等技术，健康大数据可以用来自动分析、诊断甚至预测疾病。电子病历和健康档案是健康大数据的重要来源。一个更理想的场景是由穿戴设备或其他终端持续收集人体健康数据，自动传入云端，进行数据分析的云计算处理。苏州过去在这些方面存在两个问题：一是标准合格的大健康数据收集不够。绝大部分老年人没有建立专门的个人健康数据档案，尤其是最应该承担责任的基层健康卫生机构在数据收集上做得不够，以致在需要开展健康分析监控时无法得到足够的结构化数据支持。二是对收集来的数据挖掘利用不够。原因之一是缺乏数据挖掘、清洗、分析和结构化的技术，尤其是缺乏机器学习等人工智能技术，以致基层机构常说不知数据存着用来干什么。原因之二是数据交流共享不够。我国医疗卫生界从前几年不注意健康数据的隐私保密到现在似乎又走到了过分保守的另一个极端。在规章制度不完善的情况下，医疗卫生机构之间，甚至与卫健委之间都难以交流共享电子病历、医疗影像、检测报告等医疗健康信息（即使经过去除个人敏感信息的“脱敏”处理后），以致各机构如医院一方面做了大量数据采集的重复劳动，另一方面还形成人为的“信息孤岛”，浪费了海量的珍贵数据。

因此，建议政府相关部门从以下两方面做工作：一是通过基层健康机构或社区养老机构建立和管理老年人的健康大数据库，尤其是通过推广穿戴式设备经常性地采集老年人健康大数据。例如，利用苏州企业已产业化的便携式心电仪、手持超声设备、能检测多项（血糖、血脂、尿酸等）指标的健康箱等在社区、家庭采集健康数据，建立个人健康数据档案，切实将全市老年人的健康管起来。二是使用新技术充分利用健康大数据。例如，利用区块链管理健康大数据，做到有限制地数据共享，消除信息孤岛；用人工智能分析处理健康大数据，进行慢性病的自动诊断、发展预测和健康指导。据预测，中国大数据产业 2020 年产值会超过万亿元，是一个大产业。

目前，苏州卫健委已在健康大数据方面做了一些很好的工作，其信息中心早在 2012 年就开始建设苏州区域医疗影像信息平台，现在正在建设苏州市医疗健康大数据中心、医疗影像云平台、心电云平台、远程医疗服务平台等。目前需要的是强化数据治理，包括提升数据投入产出比、全面提升数据质量、制定公共数据管理规章、向标准化与共享应用方向发展等，否则存了不用则变成死数据。

（3）物联网与 5G。医疗健康设备大数据化是目前的趋势，各种智能医疗

健康设备都需要链接数据云。物联网在健康养老中是赋能各种智能设备尤其是穿戴式设备以收集健康大数据的通道，保证了远程健康监控和健康数据云计算的实现。实现万物互联除了用于专注医疗健康监测上的可穿戴式设备，让穿戴式设备与整个物联网互通外，关键就是实现通信与物联网之间的实时互通，能在穿戴式智能设备上加入更多的传感器模块。同时，目前作为另一通信网络的5G技术处于正在形成的未来技术和工业世界的中心，正在演变成下一代物联网、互联网、工业互联网，以及依赖这一基础设施的下一代工业系统，也包括大健康系统的中枢神经系统。据估计，到2025年，以5G为动力的工业互联网可能创造23万亿美元的新经济机会。苏州如能在5G应用上领先布局，及早将其引入养老和大健康系统，将可在今后的5G产业化中赢得先机。

（4）区块链。区块链技术有去中心化、防篡改、可追溯、共识共信共享的特点，在养老和健康数据的存储和管理领域可以有较好的应用。虽然它并不适合直接用来存储海量数据，但是它在推动信息共享方面的突出优势可以用来管理海量数据。例如，苏州有企业在科技部国家科技支撑计划的资助下，研发出将海量的健康大数据进行量子化（碎片化）处理、分散化（分布式）存储，并在需要时将“碎化”的数据从各存储处随时召回并复原使用的多重保密创新技术。这些量子化大数据的顺序标识、加密密钥、备份地址、内容ID、使用记录等信息就是用区块链管理，以限范围授权分享，在内容保密、安全备份、网络传输方面有极大优势。如用于医院和基层，可以实现影像健康数据不离医院，又能由医疗机构联盟链统一管理，充分利用（如文件共享只需分享区块链信息，可多点多人同时存取），利于消除数据孤岛，支持人工智能应用。将区块链用于医疗信息共享可重建医患之间的信任，提高行业效率；用于医药数据的流通可以助力医药研发和供应链溯源，打击伪劣产品；用于医疗保险能提高保险理赔效率，减少保险欺诈，保证保险的公平公正。推动区块链技术在苏州健康养老领域的这些创新应用，有利于落实习近平总书记提出的“要把区块链作为核心技术自主创新的重要突破口，着力攻克一批关键核心技术，加快推动区块链技术和产业创新发展”的指示，加快区块链与苏州的产业经济深度融合。

（5）人工智能。人工智能技术可以在养老健康领域大显身手，其至少可在以下几方面助力健康养老：一是疾病自动分析诊断。当我们能做到将大量

的基于移动互联网和物联网的针对重大慢性病远程监控的穿戴式或便携式设备应用于家庭和社区时，应用经过机器学习训练的人工智能就可以自动给出疾病和健康的分析和诊断，使基层和家庭经常性的健康监控成为可能。二是推进“智慧健康管理”，按一定时间采集老人的血压、血糖、心电图、超声影像等或者加上以往病历等数据传到“云”上，经大数据训练而掌握了规律的人工智能可通过持续不断地监测分析某些健康指标，给出健康建议，甚至准确预测老年人未来患上某种疾病的可能性以及时间。三是“智能看护”等服务机器人（包括软体机器人），可辅助老年人做一些简单家务，陪老年人聊天，观察老年人有无异常（包括情绪与健康），并配有提醒示警功能。四是研发生产更多更先进的智能设备，比如可实时监控的无创血糖仪、电子化神经元、利用生物电波（如脑电波）帮助瘫痪老年人自动驾驶轮椅的设备、可无接触探测老年人多种状态（姿态、情绪、健康等）的载波雷达等。这些先进的健康科技设备的研发和应用也将带动苏州市整个科技水平的提高。

目前较现实的是，人工智能可以为基层大量地节约疾病检测、诊断和预防的人力和财力，提高疾病检测的效率和准确度。目前，已有苏州企业研发结合人工智能自动分析系统的便携式乳腺癌超声和宫颈癌自动扫描设备，设备成本只有国内外相似产品的几分之一到十几分之一，可大幅提高检查的效率和准确率，同时大幅降低人力和财力费用。正在筹建的苏州产业技术研究院的苏州应用智能研究所已经确定把人工智能大健康作为一个主要的研究方向，可以考虑把健康养老科技及其产业化作为研究的重点。

（刘亚平系苏州专家咨询团成员、苏州米太人工智能研究院有限公司董事长，秦绮玲系苏州米太人工智能研究院有限公司总裁。）

提升苏州产业链现代化水平的对策建议

王　涛

党的十九届四中全会提出“提升产业基础能力和产业链现代化水平”，对应对国内外经济形势新变化、增强经济整体竞争力和推动经济高质量发展具有重要意义。改革开放以来，苏州主动担当，率先改革，开放经济的发展优势不断提升，利用外资和国际贸易保持国内领先地位，并驱动制造业加速集聚发展，规模以上制造业产值长期位列全国前茅。但随着中美经贸摩擦的影响，以及苏州物流、制造成本比较优势的弱化，苏州制造业发展面临的挑战不容忽视。新冠疫情之后，全球产业链将在纵向分工上趋于缩短，在横向分工上趋于区域化集聚。变局中危机并存，面临世界百年未有之大变局，苏州还需要发挥制造业规模效应和产业链完整优势，不负历史使命，积极担当，加快产业结构转型升级，加速自主可控能力提升，大力培育苏州优势产业的产业链现代化水平。

一、深化国内区域间一体化合作

从发展层次来看，苏州有条件逐步实现产业的梯度转移，特别是加工贸易产业的升级必然伴随着产业的转移，加工贸易具有成本导向性。过去二十多年来，发达国家通过寻找成本洼地，在苏州投资建厂开展加工贸易，十年后当苏州完成了首轮的资本累积，成本优势正逐渐消失，次发达地区就成为新的成本洼地。江苏省内区域经济发展的不平衡使得苏南、苏北市场呈现一定的梯度分布，也为苏州地区加工贸易产业的升级提供了广阔的空间，为此，可以引导发达地区加工贸易向具备一定条件的欠发达地区有序转移。加工贸易向欠发达地区转移，开展加工贸易转移对口合作，建立加工贸易产业转移对接平台，实现有效、有序转移，推动形成沿海与内地产业互补、分工合作的新格局，这样的做法也符合当地经济发展的需求，对提升双方产业链现代化水平都有好处。作为长江三角洲地区中心城市之一，苏州近年来的开放型经济呈快速发展态势，苏州要抓住长三角一体化的机遇，加强与长三角地区、长江经济带、东北经济圈、中西部地区的合作，加快区域统一市场建设，消除地方保护主义和地区贸易壁垒，以新基建建设高科技产业所需的营商环境，进一步发挥苏州对其他地区经济发展的引领作用，鼓励形成以苏州为主的更多的国内经济循环和联系。

二、加快推动本土企业国际化发展

提升苏州产业链现代化水平，除了依靠外资企业在本地区的影响力之外，国有企业及民营企业的表现也至关重要。为此应加快本土企业国际化发展的步伐。

（一）完善国际化发展扶持政策体系

苏州本土企业在参与全球价值链环节的过程中必然会与国际上的一些企业产生千丝万缕的联系。因此，苏州应在政策上做好相关的扶持工作，并将这些政策不断完善和落到实处。首先，制定并完善相关的配套体系，鼓励苏州本土企业参与国际竞争，为这些企业尽可能提供便利条件，放宽从事各项高新技术前沿行业的审批条件，对具有高附加值的研究环节加快审批速度，在时间上赢得最快的成效。其次，这些有助于提升苏州在全球价值链地位的企业在资金上发生困难时，政府应在资金上给予支持。此外，在税收减免方面，应给予国际化企业重点扶持，用多退税的办法鼓励这些企业加大研发力度，用领先的产品赢得市场，进而度过资金困难时期。

（二）鼓励企业建立产品海外销售体系

在实现产业结构转型升级过程中，一些有助于提升苏州产业链现代化水平的企业研发的产品必然要走出国门，力争在世界舞台上占据一席之地。如何打开国际市场销路并最终赢得海外用户的认可，已经成为至关重要的大事。首先，这些企业平时应多与国外的知名企业加强合作，多联系，多沟通，可以利用自身的经济与地理优势，每年定期组织举办一些展销会，为这些企业产品做市场推广；其次，借鉴发达国家的成功经验，加快网上电子商务的发展速度，利用阿里巴巴、淘宝等网站宣传苏州本土企业的产品，扩大销路，提升苏州产业链的现代化水平。

（三）鼓励苏州本土企业对外直接投资

苏州以加工制造业起家，过去十年间积累了大量的财富，从经济总量来看，在国内排在第六位，仅落后上海、北京、深圳、广州、重庆，位居江苏省第一，2019 年国内生产总值达到 19 200 亿元人民币。强大的经济实力有助于企业走出国门，提升企业的知名度，为更好地参与国际分工打下基础，通过出资购买、控股等方式取得国外被兼并企业的所有权与控股权，或通过合并成立新的企业，直接获得国外一些企业的核心技术，节省研发时间，并继续聘用原来的管理人员，利用他们的先进经验增加苏州本土企业的竞争力，为提升苏州产业链的现代化水平提供支持。

（四）大力实施企业品牌国际化战略

多年以来，苏州在通过加工制造业积累了大量财富的同时，也暴露出附加值不高的缺点，为了进一步提升苏州产业链的现代化水平，可以采取实施品牌战略。首先，政府可以加大对企业的支持，对于企业加强品牌营销推广给予一定的资金支持，相关部门可以就品牌设立研究项目，特别是在一些企业将品牌推广至国际市场时更要给予在审批时的关照；其次，企业应积极利用营销中的小技巧，通过比赛赞助、使用提示等方式推广品牌知名度，还可以通过电视、报纸、广播，还有杂志、户外媒体等现代传媒手段进行宣传。

三、加强国家化人才的培养力度

提升苏州产业链现代化水平，人才是不可缺少的关键因素。不管是研发、生产、物流配送、营销还是最后的消费环节，都离不开人才在产业转型升级过程中的作用。人才的多样性带来能力的多样性，集聚一大批具有国内外知名度的高层次、高素质的复合型人才不仅是提升苏州产业链现代化水平的客观要求，更是其繁荣的标志之一。

（一）加强国内外人才的交流与合作

近日，《关于构建更加完善的要素市场化配置体制机制的意见》对“畅通海外科学家来华工作通道……为外籍高层次人才来华创新创业提供便利”等工作进行了部署，苏州也应把握这一有利的政策机遇。针对苏州开放型城市的特点，在提升产业链现代化水平的过程中，苏州应培育创新精神与国际化经营管理能力，注重与世界经济发达国家建立长期交流与合作，特别是向全球具有领先水平的研发机构引进高水平的人才，提升苏州在高新技术产业方面的研发能力，吸引一批跨国公司来苏州建立科研机构，并将研发出的成果投向苏州各经济开发区，用最快的速度将这些成果直接转化为现实生产力；同时，选派一批优秀的科研及管理人员出国深造，学习西方国家在全球价值链环节中创造高利润的经验。以日本丰田公司为例，丰田公司之所以能够在竞争激烈的汽车产业中占有一席之地，成为全球最大的汽车制造商，主要还在于丰田公司成功地占据了在价值链环节中的有利地位，把产品研发和售后服务的核心技术牢牢地把握在自己手中，而加工制造的环节外包给了第三方，有效地占据更有附加价值的环节，实现向微笑曲线的两端延伸。

（二）深化全球校企有效合作

要提升苏州产业链的现代化水平，离不开校企合作。从未来苏州产业结构转型升级的发展趋势来看，有些专业需要丰富课程内容，未来的人才是复合型的人才，一名优秀的技术员工在掌握专业技术的同时，还要学会营销、售后等环节的技巧。为此，在高校 IT、信息技术、自动化操作等一些专业的课程中，补充市场营销等管理学方面的课程，培养复合型的人才势在必行。同时，苏州地方高校应以协同创新为目标，围绕本地区急需的战略性产业问题与企业组成联合研发团队，形成协同创新氛围，培养创新人才，建立面向科学前沿、行业产业、区域发展的协同创新发展模式，释放人才、资源等创新要素的活力。

四、加快苏州跨产业升级的步伐

当微观企业生产出跨产业品牌产品后，其中少数潜力企业逐步发展成为领导型企业，主导国内价值链，通过波浪式效应推动新产业的形成，发生集群升级并向本地企业主导的全球价值链延伸，最终达到地区产业层次的提升。以苹果手机为例，从产品研发来看，已经跨越了传统的制造、IT、文化创意、艺术等领域。从产品的使用功能来看，苹果的平板电脑跨越了传统的通信、计算机领域，已延伸到文化、娱乐、传媒、金融、证券、艺术等领域。一直以来，苏州经济发展主要是以制造业为主，制造业中又是以低端性质的代工制造为多，产业层次比较低，效益不高。根本上实现苏州制造业升级，最有效的一条路径是实施“跨产业升级”战略。而发达国家就是利用技术创新和信息技术推动文化产业与制造产业的融合，培育新型业态。苏州要实行跨产

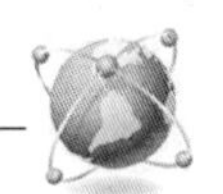

业升级可以利用代工资源创新跨产业品牌。苏州拥有强大的制造业基础，悠久的历史又孕育了特色鲜明的吴文化，可以运用技术创新，推动文化产业与制造业的融合，实现区域制造业转型升级的目标。苏州代工企业较多，长期代工积累了较多的知识、技术、物质等资源，将这些资源运用于跨产业创造品牌产品，既不会与客户相冲突，也比较容易做到，是一种低成本、比较现实的创新路径。

（作者系中共苏州市委党校教授、党校智库专家）

发展高端养老服务业 助推城市功能品质提升

潘福能

据全国老龄工作委员会预测，从2015年到2035年，中国老年人口年均增长将达1 000万左右。届时，老年人口将会增加到4.18亿，占比提升到29%。人口老龄化在给我国经济发展和社会管理带来巨大挑战的同时也给相关产业的发展带来了巨大机遇。2019年1月发布的《老年健康蓝皮书：中国老年健康研究报告（2018）》显示，到2050年，我国的GDP将有1/3来自老年人，因此“养老经济”将成为重要经济支柱。阿里巴巴等企业已经开始大规模布局包含养老产业在内的大健康产业，把大健康产业作为我国经济发展的下一个蓝海。

我国政府高度重视养老产业的发展。2019年，国务院办公厅发布了《关于推进养老服务发展的意见》等一系列文件，提出要持续完善以居家为基础、社区为依托、机构为补充、医养相结合的养老服务体系，要确保在2022年人人享有养老基本服务的基础上更有效满足老年人多样化、多层次的养老服务需求，积极支持养老机构规模化、连锁化发展，着力打造一批具有竞争力和影响力的养老服务商标品牌。这表明了国家对发展高端养老服务业的积极态度。

苏州人口老龄化程度在不断加深，平均每4个人里面，就有一个是60岁以上的老年人。截至2018年年底，苏州全市户籍人口达到7 035 490人，其中老年人口1 830 923人，占户籍总人口的26.02%。从全市范围来看，常熟市、太仓市、姑苏区的老龄化程度都已超过30%，进入重度老龄化阶段。除工业园区外，其他市区人口的老龄化程度都超过20%。这对苏州来说，既是挑战，也是机遇，我们要抓住这个机遇，走出一条适合苏州的养老模式。

一、当前新兴的高端养老模式及其特点

当前的高端养老服务业呈现了丰富多样的发展模式，主要有：

（一）“社区 + 医院 + 地产”模式

典型的如台塑集团董事长王永庆建造的养生文化村，该村以长庚医院雄厚的医疗资源为后盾，为老年人提供养老、医疗、生活、娱乐等服务，甚至可以参加农业劳动，价格适中但服务优质。该模式主要存在于中国的台湾地区。

（二）会籍制的养老俱乐部

是集养老、康体、娱乐、餐饮、住宿、医疗为一体的大型综合服务机构。老年人缴纳会费成为不同级别的会员并享受不同等级的服务。现在苏州引进的机构多为此类。此类机构一是费用较高或很高，一般的老年人难以承受，而能够承受的老年人大可自己雇佣保姆；二是较短时间的生活是新鲜的，长期居住和脱离社会则可能产生孤独感，这种机构对很多老年人特别是有自理能力的老年人来说可能有暂时的新鲜感，却不具备持久的吸引力。

（三）异地养老

包括异地购房、候鸟式养老、季节性养老。异地购房，一种是老年人自己到外地购房养老，逐渐形成了松散型的养老房产带，如海口、大连、青岛等城市，以及环上海的“养老房产带”；一种是专为老年人养老而建的大型社区。总体上这是一种房地产的概念，不属于养老服务业，但可以把高端养老服务业移植进去。候鸟式养老是一种异地置换旅游模式，“飞”到南方过冬，“漂”到北方避暑，吃住在老年公寓比住宾馆经济，在养老的同时还能旅游。这种养老模式可以通过全国养老机构对接构建异地养老服务平台和网络实现。对于旅游城市来说有利于其自身资源优势的发挥。“季节性”养老，就是老年人，特别是空巢老人有选择地在炎热的夏季和寒冷的冬季或某一时段临时到养老院和老年公寓住上一段时间，享受专门的生活照料，而在春秋或其他时段待在家里，享受家的温暖。实际上这种方式对于一床难求的公办养老院来说不易实现，但对于一些民营的高端养老机构来说，是个不错的选择。候鸟式养老多适合低龄健康老人，季节性养老则多适合高龄空巢老人。

（四）城市老人农村养老模式

农村多数村民盖起了楼房，年轻人进城务工，在城里买了房子，乡下的

不少房子被闲置着，因此可用来发展养老产业。一是农民个体把多余房子出租给城里老年人，并为老年人提供日常照顾和亲情关怀；二是机构与村民签订协议，由机构出资，按照适老化标准改建装修，除自住外其余房间的使用权和经营权归公司所有，期满后还给村民。该模式对于以吸引外地老年人养老为目的的城市分散民居的改造与利用也有借鉴和参考意义。

（五）度假养老基地连锁

这种模式以基地连锁扩张形式运作，经营方式统一，提供全包式服务，产品性价比较高，并集往来用车、住宿、用餐、运动、娱乐为一体，把养老和旅游很好地结合起来。

（六）连锁养老超市

这实际上是一个老年人服务平台，提供涉老法律和维权服务、居家养老和社会养老咨询服务、老年医疗保健知识咨询服务、老年产品配送服务。虽然目前不是一个经营性超市，但一旦形成规模化、品牌化，并注入高端的服务品质和服务效率，就有着市场化运作的广阔前景。

（七）家庭养老床位

养老机构将养老床位设立在老年人家中，对其居住的房屋进行适老化改造，同时安装智能硬件设备。一方面，养老机构可以通过智能设备监测老年人身体情况及生活动态；另一方面，老年人也可通过智能设备提出具体的服务需求，然后由养老机构派专业人员上门服务。与普通社区老年人相比，这种服务在生活照料上更加精细，除三餐服务、清理卫生、洗衣助浴外，还可以提供代购代送、协助外出、上门健康服务等，也可以提供从早晨到晚间的全天候护理，居家养老品质得到大大提升。对于不能满足于公益性社区养老服务的老年人来说这是一种升级版。

（八）以房养老

通常被称为“住房反向抵押贷款”。作为一种新型的养老模式，“以房养老”概念从西方引进之初就备受关注，随着时间的推移，尽管人们认为这还是个不错的养老方式，但实际参与的人并不多，主要原因是老年人的传统观念过于强大，短期内这种方式的可操作性不大。

以上新型养老服务模式，为苏州发展高端养老提供了借鉴，我们必须根据自身的需求和实际做出取舍。“社区＋医院＋地产”模式，所需用地面积过

大，而苏州的土地资源极度紧张。该模式所需的医疗资源在现行体制和发展水平上一时难以得到满足，不应是发展的主要方向。会籍制的养老俱乐部是目前苏州高端养老业中的主力，但经营能力和盈利水平不理想，需要较长时间找对定位和盈利模式，不应是政府今后发展高端养老的政策重点。以房养老在当前文化氛围下不宜倾注很大的精力，但在个体有需求的情况下要依法保障和实现其权利。异地养老中的候鸟型养老符合苏州旅游城市的产业方向。季节性养老，可以创造条件，尤其把它同高端养老资源的有效利用结合起来。异地购房虽然是房地产的概念，但我们可以把高端的养老服务切入进去。需要说明的是，高端养老服务业的高端并不仅仅体现在设备、设施的高端上，也不体现在收费的高端上，而是体现在服务能力和水平的高端上。度假养老基地连锁、家庭养老床位、乡村养老（以及改造利用老城区民居发展高端养老）和连锁养老超市实质就是把优质的服务和强大的资源整合能力注入养老环节中去，占领产业链的高端，值得大力发展。

二、苏州发展高端养老服务业的有利条件

我国不少地方都在发展高端养老服务业，也出现了一批著名的养老城市和养老社区，但总的来说并没有形成突出的养老优势，高端养老业也没有形成良性循环。与之相比，苏州发展高端养老业有着较大的优势。

（一）宜人的气候，优美的山水，丰富的历史人文资源

苏州自古就是宜居的家园。唐代的韦庄在他的诗中就写道：“人人尽说江南好，游人只合江南老。”《全球宜居指数报告》公布的全球最宜居城市排行榜上，苏州2016—2019年连续四年位居内地第一。苏州及下属四个县级市和吴江区均获得联合国世界人居奖，苏州打造了第一个“国家生态园林城市群”，也多次被评为适合老年人养老的最佳城市之一。苏州有山有水有历史文化资源，可以满足有生活自理能力的老年人旅居式养老的需求；苏州有村有城有养老基地，适合养老方式的多样化。

（二）完善的公共服务体系，较高的公共服务能力

苏州的体育、文化、旅游、交通、医疗设施健全且运转高效。苏州依托强大的财政能力和均衡的城乡一体化，公共服务不仅遍及城乡，且运转高效、水平很高，即使是在乡镇卫生院都有很好的设备和比较充裕的专业人员。苏州市政府从2015年9月开始发展医养融合养老服务，养老机构可以就近与医

疗服务机构签订合作协议，医疗机构可以随时提供诊疗服务。交通方面，所有乡镇 15 分钟可以上高速，已建成的沪宁铁路、沪苏通铁路和即将建成的沪苏浙铁路、通苏嘉铁路更是便于老年人出行就医和家属探访。

（三）紧靠上海，便于实现同城化养老

截至 2018 年年底，上海户籍老年人口达到户籍总人口的 34% 以上，80 岁及以上户籍高龄老年人口占户籍老年人口的 16% 以上。据 2017 年上海市老龄科学研究中心发布的“上海老年人养老意愿调查”显示，有 31% 以上的上海老年人明确表示会“短期”或“终生”异地养老。上海老年人选择异地养老的主要地区在江苏、浙江一带，特别在邻近地区还形成了一条“环上海”养老房产带。上海异地养老人群经济条件较好，身体相对健康，观念开放，对生活品质有较高追求，是高端养老的目标群体。上海与苏州同属吴语区，语言交流无障碍，生活习惯基本相同，历史上形成的情感纽带还在维系。同城化的交通方便老年人在上海与苏州之间实现便捷的往返。

在长三角地区、长江流域甚至在全国，上海人的消费和生活方式具有很强的导向性和引领性，上海老人到苏州养老能够带动更多地区的老年人选择苏州养老。

三、苏州发展高端养老服务业要着眼于城市功能品质的提升

苏州发展高端养老服务业既是满足多层次养老需求的需要，也是经济转型升级的需要，更是城市功能品质提升的需要。结合这样的定位发展高端养老服务业，一方面能够增强我们工作的主动性，另一方面能够使我们少走弯路，提高资源的配置效率。

（一）把高端养老服务业的发展与城市未来发展结合起来，助推城市功能品质提升

高端养老业的业态是多样的，重点发展哪些品类要与城市发展最迫切需要解决的问题结合起来，要同城市可以提供的条件结合起来，要与城市功能品质的提升结合起来。首先，要同满足群众最迫切的养老需求结合起来。计划生育带来的“4+2+1”家庭未来一段时期将占主导地位，导致子女无力照顾数个老人，不能自理的老年人的护理成为刚性的需求。这就要求发展高端养老服务业时对高端护理院的建设有个优先的安排。高端护理院吸引一批高端消费群体，就给中低端消费群体腾出了空间。其次，要同城市更新和产业

发展结合起来。由于产业转移和拆迁改造，苏州已经有不少地块属于空置状态，需要进行城市更新。不能通过片面发展房地产去解决这个问题，需要用新的业态去充实。这些地块大多面积不大，离各区域主城区不远，是建设高端护理机构比较理想的地域。古城区产业发展的空间不是很大，但与旅游相结合的高端养老服务业则完全属于不同情况，通过对民宅的适老化改造以及城区高质量养老环境的配套，古城区完全可以成为养老者的天堂。苏州农村的环境好，但大量的房屋空置或居住不充分，因此可以通过适老化改造和服务配套把这些资源盘活。这样既增加了古城和农村的人气也为居民增加了收入。要在政策上进行研究和落实，特别是要降低政策的门槛，降低产业成本和费用，为高端养老产业预留较大的政策空间。

（二）把高端养老服务业的信息化与智慧城市建设结合起来，加快“互联网+养老”模式建设

首先，推进政府管理的信息化。要建立企业登记基本信息共享平台或数据接口，加强对养老机构相关信息的动态管理，加强指导和事中事后监管。养老服务的对象是人，信息管理不仅要全面，更要做到严格，要能及时消除损害老年人权益的隐患，以高质量的政府信息管理来保证养老机构的信誉和质量。其次，大力推广信息化养老服务，实现“智慧养老”，促进人工智能、物联网、云计算、大数据等新一代信息技术和智能硬件等产品在养老服务领域的深度应用。支持企业和机构采用物联网和远程智能安防监控技术，实现24小时安全自动值守，降低老年人的意外风险，并方便与家属的沟通。加强对老年人信息的收集和管理，为满足老年人多方面的生活、文化、心理和生理需求提供及时和准确的服务，并开发一批新的服务项目，如提供紧急呼叫、家政预约、健康咨询、物品代购、服务缴费等老年人需求的精准服务项目等。最后，建立企业管理信息化系统。特别是增强企业信息管理能力，增强机构全面、快速的反应和服务能力。企业可以通过平台及时协调床位、医护、车辆、设施等资源的使用情况，也可以对服务的质量进行及时的跟踪，保证人员考核的客观性和公平性，以提高医护人员的责任心和工作态度。

（三）把高端养老机构品牌建设与城市品牌建设结合起来，提升高端养老的影响力和号召力

当前影响人们进入高端养老服务机构的最大困扰是收取了高额的养老费用却享受不到相应的养老服务，因此，企业信誉和品牌建设就显得十分迫切。

随着老龄养老人群的扩大，养老品牌对城市品牌的影响也越来越大。（1）加快构建养老服务领域社会信用体系。建立行业黑名单制度，建立健全失信联合惩戒机制，严惩有严重失信行为的养老服务机构和相关人员。（2）不断提升养老服务的标准化和规范化水平。特别是对应国家相关标准进行严格的管理督促。（3）进行科学、全面、权威的评价。除对硬件、人员配备、服务项目等显性标准做出评价外，还要特别重视对服务对象和家属满意度情况的调查，加大其权重。要大力引入第三方机构进入评价或主导评价，使评价客观、公正、权威。（4）加大引进一批国内知名养老品牌。这些品牌由于其在国内深耕多年，有强大的资本实力和企业背景，有比较成熟的管理团队和丰富的经验，具有很高的可信度和强大的号召力。当前特别要把重点放在服务能力和水平的高端化上，通过提高养老产品性价比，增强养老机构的吸引力。（5）着力打造一批具有影响力和竞争力的本地养老服务商标品牌。经过多年的实践，苏州已经形成一批养老服务品牌，要支持他们商标化，并鼓励他们进入高端服务领域。高品质的服务不仅可以存在于高端的养老机构中，也可以延伸到家庭、社区和目前面广量大的公办的养老机构中去，通过向它们提供个性化、差别化、高品质的服务，占领养老服务业的高端。（6）支持养老机构规模化、连锁化发展。鼓励本地和外地知名品牌对分散的养老服务资源进行品牌化的整合和改造。在推进公建民营的过程中不仅注重对品牌机构的开放，也要注重推动品牌机构的连锁化、规模化经营，通过规模的适度扩张适当降低单位成本和费用，使更多老年人能够享受到高质量的养老服务。

（作者单位：中共苏州市委党校）

从生物医药产业发展和知识产权工作看苏州高质量发展

宜晓建

推动高质量发展是以习近平同志为核心的党中央做出的重大战略决策，也是苏州建设“现代国际大都市、美丽幸福新天堂”和争做“强富美高”新江苏建设先行军、排头兵的必然要求。以下是笔者关于生物医药产业发展和知识产权工作的几点思考。

一、从生物医药产业发展看苏州高质量发展

目前，苏州大市共有生物医药相关企业 3 000 余家，其中持有《药品生产企业许可证》生产终端药品的企业 121 家，持有《医疗器械生产企业许可证/备案证》的终端医疗器械生产企业约 600 家。2019 年，苏州生物医药经济总量超 1 700 亿元，其中医药工业产值约 1 450 亿元（含规下），占江苏省近 1/3，占全国 5% 左右，近几年增速都保持在 20% 以上。我市已成为生物医药和高端医疗企业创新资源最集聚、创新人才最青睐、创新企业最活跃的地区，已形成由苏州市生物医药产业园、江苏医疗器械科技产业园、昆山小核酸及生物医药产业园等组成的九大生物医药产业园生态系统。但与北京、上海、深圳等城市相比，还存在规模较小、企业分散、创新不足、附加值不高的发展现状。当下，掌握新的全球生物医药产业创新资源的分布情况，实现创新要素的全球链接，帮助苏州企业提升创新效能、降低创新成本是亟须解决的关键问题。

2020 年年初，江苏省委常委、苏州市委书记蓝绍敏在苏州开放再出发大会上明确提出，要将生物医药作为苏州在全球最有竞争力、最有影响力的产业地标精心打造，努力构建国际、国内最优的生物医药产业生态与创新生态，实现 2020 年全市生物医药产业产值规模突破 2 000 亿元，2022 年突破 2 800

亿元，打造中国获批创新产品最多、产业链最完整、研发合作模式最新的生物医药集聚区，这又为苏州的生物医药产业高质量发展描绘了宏伟蓝图，注入了强劲动力。

市场监管局作为生物医药产业主管部门，面对企业加快审批的诉求，将加快打造江苏省认证审评中心苏州分中心、江苏省生物医药创新资源协同运营中心、江苏省医疗器械产业技术创新中心、苏州市医药注册申报服务中心等产业配套中心，借助苏州自贸区发展机遇，积极对接国家、省药品监督部门，缩短产品检验、现场审核、注册审评等流程所需时间。加强对上争取力度，为符合条件的企业申报新药和创新医疗器械开辟优先审批，给我市药品和医疗器械注册申报营造更加便利的条件。

二、从知识产权发展与保护看苏州高质量发展

苏州一贯高度重视知识产权工作。近些年来，苏州市知识产权工作聚焦支撑创新发展，聚力优化营商环境，知识产权创造、保护、运用等各项工作稳中有进，一直在全国主要城市中位居前列。一是知识产权宏观管理水平不断提高。苏州是全国首批知识产权示范城市、国家商标战略实施示范城市和全国版权示范城市，政策法规体系得到不断完善，知识产权工作已被列为全市重大目标考核内容。二是知识产权产出稳步提升。专利申请量、专利授权量、发明专利申请量、发明专利授权量、注册商标总量等主要知识产权产出稳步递增，各指标均位居全国同类城市前列。三是严格高效的知识产权保护体系逐步完善。先后设立苏州知识产权法庭和中国（江苏）知识产权保护中心，有条件县（区）全部设立知识产权维权援助服务体系，鼓励行业协会、人民调解组织、仲裁机构等开展知识产权纠纷调解，形成多元化纠纷解决机制。推动落实知识产权失信联合惩戒制度，依法依规对知识产权严重失信行为实施联合惩戒。

虽然苏州的知识产权工作近些年取得了一些成绩，但与国内创新发展先进地区相比，仍然存在创新能力不强、创新发展后劲不足、龙头标杆企业引领性不强、企业国际竞争力较弱等问题。对比深圳与苏州 2015—2019 年专利产出可以发现：（1）主要指标差距拉大。深圳的专利申请量、发明专利申请量、专利授权量、发明专利授权量指标的年均增速均远高于苏州，增速相差最小的专利申请量，深圳的增速也达到苏州增速的 1.9 倍。2015 年，深圳发

明专利申请量仅为苏州的92.6%，2019年已经达到苏州的1.91倍。（2）PCT专利申请量差距巨大。尽管苏州PCT专利申请增幅较大，但绝对数量差距依然巨大，2019年深圳PCT专利申请量是苏州PCT申请量的6.85倍。（3）龙头企业在PCT申请方面起主要作用。深圳PCT专利申请量前十名企业占全市PCT专利申请总量的64.40%。苏州市2019年企业PCT专利申请量仅为2 406件。深圳仅华为技术有限公司2019的PCT专利申请量已达苏州全市企业申请量的1.94倍。

针对面临的问题，笔者提出以下几点建议：（1）构建支撑创新的知识产权创造运用体系。清理优化现有各项政策措施，全面取消专利、商标申请环节的资助与奖励，鼓励企业进行高价值专利布局和国际PCT专利申请，鼓励高价值知识产权创造运用，适当提高对产生重大经济效益和社会效益专利的奖励，以带动更多的企业投身高价值知识产权的培育，从而提升苏州知识产权的整体质量和价值，实现对经济社会创新发展的更大支撑。（2）发展知识产权密集型产业和企业。根据江苏省13个先进制造业集群发展方向，选定苏州市战略性新兴产业，深化细分产业领域专利态势分析，定期向产业主管部门和各地推送分析结果，引导产业创新发展。深入实施知识产权强企行动计划，培育一批知识产权优势企业。（3）加快培育龙头企业。苏州在加快知识产权强市建设、实施创新驱动发展战略过程中，有必要提供更为全面、专业的服务，培育几家在国内外有较高知名度的知识产权企业，切实提升企业的国际竞争力和话语权。（4）加强知识产权保护力度。在国际贸易摩擦加剧的背景下，结合自身创新发展的内在需求，苏州应积极主动加大知识保护力度，加紧对接国际通行规则，建立包括提高损害赔偿标准、加大惩罚性赔偿力度、合理分配举证责任、实施侵犯知识产权行政处罚案件信息公开、将故意侵犯知识产权行为纳入企业和个人征信记录等在内的知识产权保护制度。依托中国（苏州）知识产权保护中心，围绕重点产业，提供一站式的专利快速预审、快速确权、快速维权、保护协作、导航运营等服务。

（作者系苏州高新区、虎丘区市场监督管理局副局长、党委委员）

苏州纺织产业高质量发展路径研究

石庆龄

纺织产业是苏州的传统特色产业，经过改革开放 40 年来的发展，其涵盖的纺织、化纤、服装服饰三大行业企业数占苏州规模以上工业企业数量的 1/5，已成为千亿级别的产业和工业经济的重要组成部分，在解决城乡居民就业、支撑经济社会发展、积累资金、繁荣市场等方面发挥了重要作用。近年来，苏州纺织产业在转型升级中占据了产业链的中高端，但仍面临要素制约、节能降耗、生态环保、产能外迁等压力，亟须更深层次、更高质量地实现创新发展。

一、苏州纺织产业的发展特点

纺织产业主要由纺织工业与纺织制造服务业组成，纺织工业主要包括纺织业、纺织服装服饰业和化学纤维制造业；纺织服务业则包括职业培训、流行趋势研究与发布、专业媒体服务、进出口服务等。从完整产业链角度来看，纺织产业的前端还包括商品棉基地、蚕桑基地的建设。目前苏州涌现出恒力化纤、国望高科、盛虹集团、东方丝绸市场等一批龙头企业。2017 年，苏州规模以上纺织企业达 1 870 家，完成工业总产值 2 669 亿元，占全市工业总产值的 8.5%；营业利润 49 亿元，占全市营业利润的 2.58%。规模以上纺织业企业每百元工业产值产生 1.56 元的增值税，高于 1.42 元的全市平均水平。

（一）发展规模下降，但总体质量有所提升

与 2013 年相比，2017 年苏州规模以上纺织业总产值、工业销售产值、主营业务收入分别降低 23.27%、22.55% 和 21.87%。同期，苏州规模以上纺织企业数量降幅达 27.8%。2013 年苏州工业主营业务收入百强企业中，纺织业企业占 11 家，2017 年仅剩 4 家。由此可以看出：2013—2017 年，苏州规模以上纺织业总体规模有所下降，与“十一五”期间纺织企业数量和规模的快速

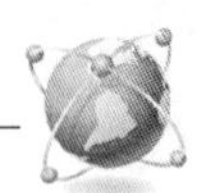

发展区别较大，一定程度上反映了苏州产业的调整。

与2013年相比，2017年苏州规模以上纺织业企业的营业利润和利润总额总体呈上涨趋势，其中营业利润涨幅为26.17%，利润总额涨幅为24.99%。同期，规模以上企业营业利润、利润总额涨幅分别为41.16%、48.3%。2013年仅有2家纺织业企业进入苏州工业利润总额百强企业榜，且排名较后，至2017年，苏州工业利润总额百强企业中纺织业企业占4席，并且位次处于前中位。可以看出，2013—2017年，苏州规模以上纺织业企业总体盈利能力有所加强，但纺织业企业营业利润和利润总额涨幅低于同期全市规模以上企业平均水平。

（二）呈现不均衡发展态势，不同行业增减不一

与2013年相比，2017年苏州规模以上纺织业总产值、工业销售产值和主营业务收入降幅均在22%左右。从三大行业看，纺织服装服饰业的工业总产值等指标降幅在45%左右，纺织业和化学纤维制造业降幅在17%左右。与2013年相比，2017年苏州规模以上纺织业企业的营业利润和利润总额总体呈上涨趋势，但从三大行业来看，纺织业营业利润和利润总额涨幅分别为55.89%和48.7%；纺织服装服饰业营业利润和利润总额降幅分别为79.9%和77.3%；化学纤维制造业营业利润和利润总额分别增长了10倍多和6倍多。可见，纺织业三大行业间生产规模、利润总额等差距明显。

与2013年相比，2017年全市纱、布、毛机织物（呢绒）、蚕丝及交织机织物等产量降幅均超过25%，分别为34%、27.47%、35.19%、30.51%。印染布产量略有下降，降幅为9.57%，化学纤维产量基本保持不变，绒线（毛呢）产量略有上升，涨幅为15.07%。2017年，苏州市生产的纱70%产于张家港，布48.9%产于吴江、27.5%产于张家港，绒线91.8%产于张家港，毛机织物96%产于张家港，蚕丝及交织机织物完全产自吴江；印染布51.3%产于常熟、30.9%产于市区，化学纤维主要产自相城。由此可见，主要分布在张家港和吴江的纱、布、毛机织物、蚕丝及交织机织物等纺织业产品产量降幅较大，主要分布在相城的化学纤维产量基本保持不变。

调研发现，尽管纺织业企业整体实力得到了明显提高，但内部呈现不均衡发展趋势。生产化学纤维的纺织企业盈利能力和增速高于生产其他纺织业产品的企业。化学纤维制造业已成为苏州纺织产业发展的主要动力。

二、苏州纺织产业发展面临的挑战

虽然规模以上纺织业总体盈利能力有所加强，但其高质量发展依旧面临诸多压力和瓶颈。

（一）节能降耗面临主要瓶颈

2005—2013 年，纺织业节能降耗效果明显，能耗由 0.57 降至 0.21 吨标准煤/万元产值；但 2013—2017 年，效果有些微反弹，2017 年纺织业能耗微升至 0.24 吨标准煤/万元产值。如果没有新的技术突破，纺织业节能降耗的边际效果将继续降低。纺织业是纺织产业存量最大的行业，2017 年占苏州市纺织产业总产值的 44.43%。在这样的条件下，纺织业对纺织产业节能降耗的贡献率将降低。考虑到纺织业万元产值能耗仍旧高于全市平均水平的现实，纺织业未来可能继续成为全市降低能耗的制约因素之一。近年来，化学纤维制造业工业总产值在纺织业中的比重不断提高，2017 年规模以上化纤工业总产值占比达 39.58%，但其能耗（0.18 吨标准煤/万元产值）亦高于全市平均水平，这可能是苏州纺织产业节能降耗压力较大的另一个重要原因。

（二）生态环保形成较大压力

张家港地处长江经济带，吴江处于太湖生态敏感带和大运河保护带，相城位于阳澄湖与太湖之间，均面临较大的生态保护压力。近年来，国家对环保的要求不断提高，很多新建或技改项目因环保因素无法推进，加上部分企业污染预处理能力有限，排污、管理等配套服务欠缺，产业进一步发展受到制约。《江苏省太湖水污染防治条例（2018）》提出，将“纺织（含印染）行业”进一步明确为“印染行业”，限定印染行业只允许项目改建不允许新建和扩建，并且应当按照不低于该项目磷、氮等重点水污染物年排放总量指标的两倍实行减量替代。另外，减少的磷、氮等重点水污染物年排放总量指标不得用于其他项目，进一步严格减量替代制度落实的措施，将制定权限上收，由江苏省政府制定统一标准。修改后的条例对吴江等地印染行业发展带来了较大压力。

（三）产业内部结构不尽合理，协同效应不显著

苏州纺织业具备了较完整的产业链，但产业内部发展不均衡制约了产业内部协同效应的形成。从产业链前端看，化纤制造业的设备仍主要依赖进口，

苏州化纤生产原料自给率低，本地化纤产能的高速发展可能带动原料市场竞争加剧，上游产品价格上升。从产业链后端看，同期染整产能并没有明显提高，高附加值的终端配套生产能力不足。国内罗莱、富安娜、梦洁等家纺品牌，鄂尔多斯、淑女屋等服装服饰品牌积极发挥渠道运作优势，抓住机会实现了高速增长；一江之隔的南通形成了集中度高的家纺产业集群，毗邻苏州的江阴拥有海澜之家等服装服饰业国内知名品牌，而苏州企业对家纺品牌重视不够，某些本地中国名牌产品的市场影响力近年来有所衰减。

（四）企业研发投入强度不高，自主创新能力不足

2013—2017 年，苏州纺织业规模以上企业中科技机构、科研人员、科技活动经费等指标增速远低于全市平均增长速度。从细分行业来看，化纤制造企业多数指标保持了一定的增速，而纺织服装服饰业指标出现较多负增长。相较于苏州市整体发展状况，规模以上纺织业企业对技术引进的依赖程度进一步提高。另外，金融业支持纺织业企业技改投入有限，从对苏州市商业银行调查数据来看，商业银行对纺织业的货款主要用于弥补流动资金短缺。苏州的纤维改性、合成等研究与应用能力不足，无法满足高档服装服饰面料的需求，随着服装档次升级加快，苏州市服装业发展对外部原料市场的依赖性将快速提升，市场竞争力将继续衰退。

（五）品牌影响力有限，纺织服务业能力滞后

近年来，苏州龙头纺织业企业的品牌运作意识和能力逐渐增强，尝试转型成为集产品研发、加工制造和品牌销售为一体的综合服务企业。但是有品牌不等于有品牌资产。目前，除羽绒服外，苏州纺织产业品牌总体缺乏市场影响力。新品牌未成熟，但老品牌已初现衰退迹象，某些知名品牌的市场占有率甚至在 5 年内下降了一半以上。纺织产品品牌市场影响力尚待提高，纺织服务业能力较为有限。苏州目前尚未形成具有一定社会影响力的流行趋势研究与发布机构、时尚杂志和专业媒体，也缺乏专业的渠道、品牌、物流、供应链规划咨询机构，往往需要上海、北京、深圳、厦门等地的纺织业服务企业完成相关业务，这些都制约了苏州行业影响力的提升。虽然苏州建立了比较完善的准政府纺织制造服务机构体系，但各类公共技术服务平台、大专院校及研发机构、行业协会（商会）对纺织服装产业升级的帮助十分有限。

三、苏州纺织业高质量发展建议

2018 年，在错综复杂的宏观环境下，我国纺织服装行业总体运行基本保持在正常区间，但贸易环境的不确定性已经引发市场主体的担忧情绪，出现采购商暂缓下单或向中国以外区域转移订单的现象。国内市场方面，支撑消费需求加快增长的基础减弱。总体来看，2019 年，我国纺织行业运行压力将较 2018 年有所加大，出口形势不确定性增强，因此，苏州推动行业高质量发展的内在需求更为迫切。

（一）严格执行节能环保标准，实现绿色织造和包容性增长

在淘汰落后生产工艺技术及高耗能、高污染设备方面，应注意存量调整和流量调整相结合、制度建设和技术创新相结合、激励和约束相结合，处理好节能环保与发展的关系，按照节水、节能、节地的要求，实现包容性增长，在严格控制排污、能耗的基础上，将有限的资源用于支持产业向高端化发展。加强各部门的协调机制，制定科学的产业政策、投资政策、信贷政策，鼓励企业节能降耗。首先，制定严格的清洁生产准入标准，从源头上削减污染。银行应严格执行环保授信“一票否决制”，限制对高耗能、高污染生产线的信贷投资，改善资本流量结构。其次，严格按照国家产业结构调整政策和太湖流域环保新标准等有关规定，淘汰落后生产工艺技术及高耗能、高污染设备，通过差别水价和电价、差异化用地政策和信贷政策、引进高技术人才等途径，鼓励企业淘汰能耗高、污染重的产能，加大技改力度，调整存量结构。大力支持企业全面推行节能新技术、新工艺、新设备和综合循环利用方面的技术改进，实现技术降耗。最后，鼓励企业通过国内外权威机构有关纺织产品的绿色认证和清洁生产认证，特别是印染行业，应重视欧美发达国家的环保及生态技术标准，开发使用新型染化料和助剂，达到绿色环保、节能减排的效果。

（二）支持企业进行自主创新和技术改造，提升产品创新能力

（1）引导产业集聚区的行业技术联盟和公共技术服务最大限度发挥其服务作用，及时有效地将各级政府出台的奖励扶持、科技优惠等政策通过讲座与培训等方式告知相关企业。（2）积极鼓励、引导和帮助纺织业企业争取国家、江苏省技术创新和技术改造等重大科技项目并充分利用企业研发费加计扣除、购置生产性设备抵扣增值税等优惠政策以及财政预算资金和税收优惠

等政策，引导企业自主创新。（3）继续通过纺织产业技术改造专项资金对相关项目给予重点扶持，提升金融资本、产业资本和技术发明高效融合的动力，鼓励大企业发挥融资和产业化优势，按照市场模式建立紧密的“产学研用”相结合的研发机制，加强新材料、新工艺等关键技术的研发和产业化。（4）鼓励和引导本地创意设计、品牌渠道规划、纺织金融等价值链高端环节的发展，特别是对大师原创设计工作室进行技术先进型服务企业认定，给予纺织产品产业化服务重点立项资助。（5）强化咨询业对纺织产业的服务，促进企业在诊断评估、咨询策划、市场调查、品牌运作、渠道规划等领域的发展，提高企业管理水平和市场营销能力。

（三）促进品牌资产和渠道网络建设，提高纺织业企业的市场营销能力

（1）加大专项资金对纺织产业品牌发展的支持力度，对获得省级以上品牌的企业给予相应奖励，对知名品牌企业在技术改造、关键急需技术引进、科研立项、金融信贷等方面给予优先扶持。（2）鼓励企业利用各类展会举办产品发布会和纺织服装主题展会，利用平面及网络媒体加大对外推广力度，提升对国内潮流的引领地位，扩大区域品牌整体影响力；鼓励和支持国内外的名企、名牌、名师、名模来苏州展示交流并落户发展，用品牌引导市场，以市场带动产业，提高整个行业的档次和水平。（3）完善技术标准，促进产业用纺织品发展。提高产业用纺织品比重，引导和鼓励纺织业企业积极协同汽车、医疗、装备、造船航空航天等行业制定相关技术标准，加强产业间的对接合作；政府和国企优先采购符合技术标准和质量规定的本地产品，提高纺织产品在高新技术项目中的配套能力，扩大市场份额。（4）支持有条件的企业建立独立的电子商务平台或联合第三方电子商务服务企业开展电子商务应用，鼓励企业通过营销模式的创新，缩短产品流通周期，降低产品营销成本，增强对终端市场的控制能力和反应速度。

（四）鼓励企业实施并购和联盟战略，发挥产业链协同效应

鼓励品牌优势企业抓住产业调整机遇实行跨地区并购，发挥品牌和资本优势整合资源，寻找新的生存发展空间。鼓励企业实施品牌战略，将研发、设计、销售部门放在苏州，适度转移生产部门，发展总部经济。支持骨干企业通过国内外纵向并购和战略联盟，实施产业链一体化战略，向产业链上下游延伸。一方面，化纤和纺织业应重点提高纺织原料的生产配套能力。其一，加快 PX、MEG、CPL 等化纤原料建设，提高化纤料自给率；其二，加大对麻

竹等非棉天然纤维及新溶剂粘胶、聚乳酸等再生资源纤维产业的并购和联盟，实现原料结构多元化；其三，积极在棉花、桑蚕种植大省（区）和劳动力资源丰富的省份创办生产基地；其四，回收并开发利用废旧聚酯及再生纤维，提高天然及再生资源类纤维的使用比重，发展循环经济。另一方面，纺织服装、服饰行业则应在稳定发展生产优势的基础上，向面辅料生产、研发设计、会展、广告策划、媒体杂志、规划咨询以及其他配套环节延伸，鼓励有条件的纺织业企业“走出去”，并购具有技术、市场、品牌、渠道等资源的境外企业，或结成战略联盟，大力推进品牌国际化经营。

（作者单位：苏州市发展规划研究院）

推动苏州金融业高质量发展的几点建议

成涛林

近日，习近平总书记在中央政治局第十三次集体学习会上深刻阐明了金融与经济的关系，就深化金融供给侧结构性改革、增强金融服务实体经济能力、防范化解金融风险等提出了明确要求，为推动我国金融业高质量发展提供了重要遵循原则。苏州金融业经过早期的从无到有，到近几年的飞速发展，目前已经形成了比较完善的金融体系和较大规模的体量，取得了显著成绩，但仍然存在一些短板。为此，本文就如何推动苏州金融业高质量发展提出如下建议：

一、深入推进金融供给侧结构性改革

2015 年 11 月 10 日，习近平总书记首次提出“供给侧结构性改革”这个新概念。党的十九大报告把深化供给侧结构性改革作为贯彻新发展理念、建设现代化经济体系的重要举措。金融供给侧结构性改革这一提法是习近平总书记在此次集体学习会上首次提出的。由此可见，当前金融领域同样也存在供给侧结构性问题。深化金融供给侧结构性改革，进一步提升金融配置效率，是建设现代化经济体系，实现金融业高质量发展的必然要求。一是着力推动企业上市。虽然目前苏州各类上市公司数量均位居全国大中城市前列，已经有一定量的积累，但与深圳等城市相比，无论是公司市值，还是知名度，均有较大差距。例如，截至 2019 年 2 月底，深圳上市公司总市值已达到 10.2 万亿元，相当于 1.5 个上海、2 个杭州、4.5 个广州、8.5 个南京、13.5 个成都、15 个武汉、16.5 个重庆的上市公司总市值。要抢抓国家建设规范、透明、开放、有活力、有韧性的资本市场机遇，动态调整和拓展市、县（区）两级拟上市企业动态名录，强化与中介机构协作，分级、分类细化支持政策，持续推动企业上市孵化培育，使更多企业上市和新三板挂牌，提高利用多层次资本市场的融资效率。要根据证监会发布的科创板上市规则，抓紧研究落实相关对接政策，推动更多科创型企业前往上市。鼓励上市企业合理利用增发等再融资工具做强做优，努力在资本市场上涌现出更多知名度高、影响力大的“旗舰型”“航母型”巨无霸上市公司。二是着力引进金融机构。近年来，苏州金融业机构和类别不断增加，截至 2018 年年底，全市金融机构总数达 859 家，其中持牌机构 424 家，初步形成了以银行、证券、保险等传统金融为主体，担保再担保、典当、商业保理、小贷、融资租赁、股权投资、金融中介等新型金融业态相结合的基本架构。要以工业园区金鸡湖商务区为载体，加大力度开展金融招商活动，进一步引进全国性股份制银行、有特色的城市商业银行、外资银行、各类证券公司、担保公司等金融和准金融机构在苏州设立区域总部，持续丰富金融业态，打造在全国具有一定影响力的金融集聚区。三是着力推进间接融资。间接融资是解决企业发展资金需求的重要途径之一。近年来，为解决融资难、融资贵的问题，苏州出台了一些创新政策举措，取得了明显成效，但问题尚未得到根本性解决，要进一步完善多层次、广覆盖、有差异的银行体系，有效提升全市综合金融服务平台功能，支持银行紧紧围绕企业资金需求，推动惠普金融、科技金融、绿色金融创新发展，积极开发个性化、差异化、定制化金融产品，提高服务企业的精准度。

二、增强服务实体经济的能力

实体经济是经济发展的坚实基础，是一国经济的立身之本。金融是实体经济的命脉，对实体经济的发展存在“阈值效应”，金融只有为实体经济服务，与实体经济相匹配，才能促进自身高质量发展。一是强化考核激励制度设计。前些年，由于体制机制方面的原因，很多商业银行出现了“不敢贷、不愿贷”的问题。要制定出台银行机构服务实体经济考核评价办法，支持银行梳理授信服务全流程，厘清各环节责任，健全尽职免责和容错纠错机制，持续完善考核制度，引导银行将更多的信贷资源投向实体经济领域，有效满足实体经济的合理融资需求。要全面、科学、客观地评价银行服务实体经济发展的情况，并对成效显著的银行机构给予工作费用补贴、加大财政性存款投放等奖励，进一步激励银行坚守服务实体经济的宗旨。二是加大对制造业的信贷投入。苏州是全国数一数二的制造业大市，规模以上工业总产值连续多年位居全国大中城市前列。2018 年，全市本外币制造业贷款余额占贷款余

额比重为18%，位列全省第四，与制造业大市的地位不匹配。要持续实施金融支持制造业示范项目建设，以点带面引导银行机构加大对制造业领域的信贷投入，有效提升制造业贷款占比，助推制造业高质量发展。三是有效缓解民营企业融资困难。民营经济是苏州经济增长的“主力军”、科技创新的“主动力”和就业创业的“主渠道”。要不断完善政策性融资担保体系，合理分担贷款风险，引导银行机构利用资金面趋于宽松的有利条件，加大对民营企业和中小微企业的信贷投入。四是强化科技与金融的深度融合。科技创新离不开金融的大力支持。要完善省、市、县三级联动机制，鼓励引导银行、保险、创投、担保、小贷、租赁等金融机构积极开发科技金融产品，尽量满足科创型企业的多样化融资需求。大力发展风投、创投，扩大天使投资引导资金规模，引导更多社会资本设立种子基金、天使基金。五是加大对乡村振兴的支持。乡村振兴是党的十九大做出的重大决策部署，也是新时代做好“三农”工作的总抓手。要健全政策性农业信贷担保费率补助和以奖代补机制，大力推进农业信贷担保业务网络建设，鼓励金融机构加大对乡村振兴的信贷支持。要发挥财政资金“四两拨千斤”的作用，做强、做优城乡一体化基金，引导各类金融资本和社会资本投向乡村振兴，努力实现共赢、共享。

三、切实防范重点领域与重点行业金融风险

防范化解金融风险，是实现金融业高质量发展的重要保障。要抓住关键环节，做好重点领域和重点行业的风险防范和处置。一是紧盯互联网金融风险。近年来的非法集资案绝大部分由互联网金融引发，其中表现最为突出的是一些P2P网贷平台犯罪，引发了一些影响社会稳定的事件。虽然2018年以来苏州互联网金融从业机构的数量和业务规模持续“双双”下降，但形势仍然不容乐观。要更大力度开展互联网金融风险专治整治，建立健全长效机制，将整治工作推向深入。二是紧盯房地产行业风险。当前，房地产领域贷款余额及增量占比仍然偏高，存在“脱实转虚”的倾向。要合理控制房地产贷款占比，对房地产贷款增量占比过高的银行机构，及时通过监管约谈、现场核查等方式，督促其保持房地产信贷业务平稳发展。严禁房地产开发企业、房地产中介机构、小额贷款公司违规提供“首付贷”等购房融资产品或服务，严控个人消费贷款违规进入房地产市场。三是紧盯重点行业企业。近年来，苏州先后发生多起企业重大债务风险事件，引发了一些不良社会影响。要密

切关注企业债券违约及股票质押风险，用好质押纾困基金，依托国有专业投融资平台，按照市场化原则帮助企业纾困解难。持续强化对钢铁、船舶、纺织、新能源等重点行业的风险监测，科学研判风险形势，努力做到防患于未然。四是紧盯地方政府隐性债务风险。地方隐性债务风险是金融风险的重要组成部分。要在全面核实甄别政府隐性债务底数的基础上，认真落实地方隐性债务化解方案，并将化债成效纳入党政领导班子考核体系。根据情况停建、缓建一批政府投资项目，严禁各地通过 PPP、政府购买服务等途径新增任何形式的隐性债务。五是紧盯金融机构制度建设。要重点围绕金融机构负责人和中高级管理人员，强化金融机构内部控制制度建设，不断弥补制度短板，扎牢制度的“笼子”，强化制度执行刚性，严格落实责任追究，让制度防火墙防“火”，真正做到“管住人、管住钱”。

四、不断优化金融生态环境

良好的金融生态环境对促进金融支持经济增长、实现经济金融良性互动具有重要意义，金融高质量发展离不开良好的金融生态环境。一是加大宣传力度。通过日常宣传与集中宣传相结合，推动宣传教育活动进机关、进企业、进学校、进社区、进家庭，加强对社会公众的金融知识普及和金融风险警示教育，不断提高风险意识和识别能力。二是强化协作监管。建立健全以地方金融监管部门为主体、其他监管部门协同配合的金融风险处置机制，用好“大数据监测预警平台”，加强对重大风险的集中分析和协同管理，努力将金融风险消灭在萌芽状态。三是加强诚信建设。诚信建设是金融生态环境的重要环节，要深化市民信用评价产品“桂花分”的应用领域和范围，加大苏州企业的征信归集力度，与此同时加大联合奖惩力度，让守信者一路畅通，让失信者寸步难行。四是突出金融人才引育。金融业高质量发展离不开高质量的金融人才。要以全球化的大视野，抓住海外人才加速回流的历史机遇，以企业为主体、以项目为载体，打破国籍和身份制约，在基金投资、金融科技、风险分析、精算、金融监管等领域加大引进培育力度。五是优化政府服务。各类金融机构本质上也是企业，它们也需要政府的优质高效服务。各级政府部门要努力构建“亲”“清”的新型政商关系，积极作为，靠前服务，尽最大努力帮助解决金融机构发展所面临的困难、问题及诉求，全力当好“店小二”和“后勤部长”。

（作者系苏州市人民政府研究室科研处处长、经济学博士）

关于苏州建设自主可控先进制造业体系的调研报告

中共苏州市委党校课题组

当前，工业特别是制造业仍然是保持世界强国地位的重要基础，制造业领域的国际竞争日益激烈。美、德、日、英等老牌制造业强国已经开始重新审视工业革命——美国实施了“先进制造业国家战略计划”，德国提出了“工业4.0”，日本开展了“工业复兴计划”，英国推行了“工业2050战略”。我国制定了《中国制造2025规划纲要》（以下简称“《中国制造2025》”），江苏省委十三届四次全会也明确提出：“中国制造看江苏，建设自主可控的先进制造业体系，我们必须有所作为。”因此，苏州如何有所作为？如何把制造业大市变成制造业强市？如何建设自主可控先进制造业体系？带着这些问题，本课题组对全市各板块的工信部门和典型企业进行了专题调研。

一、自主可控是先进制造业体系的核心要义

《中国制造2025》是中国完成从制造业大国向制造业强国转变的第一个十年行动纲领，但其指标体系并没有对自主可控做统一界定，导致实务部门和企业对自主可控的理解不到位，甚至没有引起足够重视。而我们认为，建设先进制造业体系必须充分理解和准确把握自主可控。自主可控是指在技术和产业发展上可以自己做主，不受制于人，实现所有权的主导和话语权的把控。具体而言，自主是指关键领域、重点产业、规模企业的关键技术、关键产品、关键环节不受制于人，尤其不受制于国外。核心特征就是要拥有一批原创性自主知识产权与占据全球价值链的关键性节点。一般来说，产业技术对国外的依赖度要低于30%，即技术的自给率达到70%以上。可控从供给角度来说，是指国产供货商拥有备份能力，不怕国外的技术封锁和服务封锁；从需求角度来说，是指产业链形成控制力，虽然需求在外，但产业的集群生

产形成了特定零部件制造的“隐形巨人”，掌握核心生产技术和工艺。

另外，把握自主可控还需要注意以下三个问题。一是自主可控的主体是国家。建设自主可控的先进制造业体系是国家战略，要全国上下一盘棋。苏州是国家战略的积极参与者，要根据自身优势和条件，在关键技术、关键环节、关键产业上有所突破和发展，推动苏州特色的产业链向中高端攀升。二是自主可控是国际竞争力的前提和基础。产业体系真正具有国际竞争力，必须以实现自主可控能力为前提，没有自主可控能力的产业，即使借助要素的比较优势可以实现一时的高效生产，也并不具有真正的国际竞争力。三是自主可控必须在更加开放的基础上实现协同合作。强调自主可控并非要把自己封闭起来，而是要以“我”为主，整合国内外一切可以利用的要素与资源，包括充分利用国外先进技术成果，在更加开放的环境中去加快建设。任何一个国家、地区、企业的自身力量都是有限的，只有通过开放合作，特别是区域之间的开放合作与协同发展，才能有效解决各种难题。

二、构建自主可控先进制造业体系的难点分析

2019 年 8 月，赛迪顾问智能装备与智能制造产业研究中心对我国 126 个重点城市的先进制造业发展水平进行了综合评价。结果显示，苏州位列第五（上海、深圳、北京、广州、苏州、武汉、杭州、成都、南京、宁波），被媒体广泛称赞。但我们必须看到，苏州制造业在自主可控方面还存在备份能力不够、自主创新能力不足、产业链整合能力不强、协同创新带动力不大等问题。

（一）“灰犀牛”现象的风险蔓延，凸显备份能力不够

自 2018 年美国掀起的贸易战以来，引发的“灰犀牛”现象着实蔓延到了实体经济。一些美企、日韩企回迁或外迁的动作加快，一些与美国有业务往来的企业把生产线部分或全部转移出中国大陆。这次制造业者的撤离，必将对正在升级的制造业产生不利影响。调研获悉，苏州的电子信息产业受到了冲击，部分核心芯片以及晶圆等重点原材料供应短缺，国产供应商的备份能力不够等问题凸显出来。在苏州的仁宝、纬创、世硕等龙头企业均表示会将产线外迁，昱鑫科技下游客户 80% 的产能将转移至东南亚国家。另外，此次美国启动的限制中国投资购买美国公司技术的投资限制条款，不仅使得依托产业并购基金引进重大项目的可能性趋于零，而且还扰乱了产业集聚的秩序和速度。

（二）关键核心技术掌握不多，自主创新能力不足

近年来，美方对我国企业和产业的“围堵”“封锁”扰乱了国际集成电路产业的正常秩序，打乱了正常的国际分工体系，降低了资源配置效率和产业发展速度，破坏了世界集成电路产业的平稳发展。同时，中国芯片产业薄弱、关键技术的“命门”落在别国手里等问题也暴露出来。目前，苏州企业关键核心技术对外依存度很高，普遍缺乏自主可控技术的根本原因就是自主创新能力不足。2018 年，苏州全社会研发投入占 GDP 比重为 2.82%，仅为深圳（4.2%）的 2/3。2018 年，只有 11 家企业进入中国制造 500 强，离“十三五”规划确定的 2020 年预期目标值（20 家）有较大差距。另外，隐形冠军、专精特新中小企业、制造业创新中心等一批创新载体体量还不够大。

（三）核心企业以外企居多，产业链整合能力不强

现代制造业的竞争已由产品之间的竞争转为产业链之间的竞争。苏州产业规模很大，截至 2018 年年底，规模以上工业产值达到 3.31 万亿元，居全国第二、全省第一。但大多数产业链上的核心企业均为外资企业，本土企业主要充当产业链的配套与供应商等角色，在整个产业链上缺乏整合能力、引领能力和话语能力。

（四）基础研究能力偏弱，协同创新带动力不大

简单地说，“协同”就是具有“1 + 1 > 2”的效应。协同创新的关键是形成以大学、企业、研究机构为核心要素，以政府、金融机构、中介组织、创新平台、非营利性组织等为辅助要素的多元主体协同互动的创新模式，通过知识创造主体和技术创新主体间的深入合作和资源整合，产生系统叠加的非线性效用。苏州目前的基础研究能力还偏弱，原始性创新能力与集聚高端创新要素的能力也不足。因此，企业、政府、大学、研究机构、中介机构和用户等大跨度的协同创新带动力不明显，产学研合作大多还停留在技术转让、合作开发和委托开发等较低层次上。

三、建设自主可控先进制造业体系的路径与对策

苏州建立自主可控先进制造业体系就是要不断探索其实现路径。本课题组认为，只有从产业、技术、市场、人才、政策五个方面同时发力，才能形成自主可控的合力。

（一）产业路径是推动自主可控的基础

放眼世界，谁拥有中高端的产业集群，谁就拥有自主可控的话语权，如美国硅谷的信息技术产业集群、德国法兰克福的化工产业集群、日本丰田城的汽车及零部件产业集群都拥有高端产业集群，并在各自领域实现了自主可控。苏州要对标国内外产业集群发达地区，积极谋划产业布局，推动产业集群化发展。

首先，通过打造“13 +”超千亿级先进制造业产业集群，引领产业发展。苏州要对照全省 13 个先进制造业集群总体布局，立足苏州产业特色，重点围绕新一代显示、高端装备、纳米技术应用等 13 个重点领域展开布局，做大做强产业集群，形成清晰的产业发展方向和创新引领方向。力争到 2025 年培育超千亿级先进制造业产业集群“13 +”、市级特色产业基地“200 +”，实现全市工业产值的“90% +”，集中在各类开发区内，新兴产业产值占规模以上工业总产值比重达到“60% +”。

其次，按照“错位发展 + 链条协同”的原则，布局各具特色的区域产业高地。产业布局不是简单的扎堆抱团，而是构建一个立体的产业生态系统、一个紧密联系的产业发展共同体，各个系统形成合力，推动制造业在全球产业价值链中找到新的定位。苏州各板块要借势“腾笼换凤”，立足各区域的功能定位、产业基础和比较优势，按照“错位发展 + 链条协同”的原则，建设富有区域特色的制造业创新高地。要继续发挥苏州工业园区、苏州高新区、昆山高新区、常熟高新区等区域的引领作用，力争到 2025 年，把昆山打造成 2 ~5 个千亿级和 10 ~20 个百亿级的电子信息、装备制造产业高地；把常熟打造成高端装备制造、汽车及零部件、纺织服装产业的高地，把太仓“德企之乡”打造成“德国制造之乡”，把工业园区建成纳米应用和生物医药技术高地，把张家港建成氢能产业技术高地，把苏州高新区建成医疗器械技术高地，把吴江建成先进功能纤维技术高地。

（二）技术路径是推动自主可控的关键

“德国制造”从劣质到优质的“逆袭”靠的就是技术创新，其中，掌握一批自主知识产权的关键核心技术（装备）是“德国制造”的核心标志。《中国制造 2025》提出：到 2020 年，40% 的核心基础零部件、关键基础材料实现自主保障，受制于人的局面逐步缓解；到 2025 年，70% 的核心基础零部件、关键基础材料实现自主保障。苏州作为制造业大市，如何在关键领域、

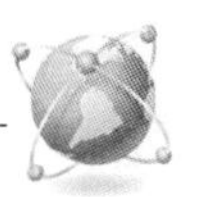

重点产业、规模企业的关键技术、关键产品、关键环节上实现突破，是今后几年发展的重中之重。

首先，努力在新兴芯片制造上实现突破，掌握关乎“命门”的关键技术。目前我国的芯片严重依赖进口，有近90%的芯片依赖进口或由在华外企生产，而国产芯片只占国内需求的8%左右。2013年以来，中国每年进口超过2 000亿美元的芯片，美中贸易战之前的2017年更是达到了2 601亿美元，远远超过了我国原油的进口花费。中国芯片产业的薄弱、对进口芯片的严重依赖，不仅使得中国耗费了大量的外汇储备，而且还存在有钱也买不到芯片的尴尬与风险。因此，如何避免被别人抓住“命门”，不单是某个企业的问题，而是全中国的事情。苏州要借助移动智能终端、云计算、物联网、大数据等新业态的快速发展以及芯片制造技术的变革，在新兴芯片制造上实现突破。

其次，努力培育“1 000 +”智能制造示范工厂（车间），掌握“卡脖子”的关键环节。打造自主可控先进制造业体系，离不开智能制造的技术支撑。苏州要加快发展以人机智能交互、柔性敏捷生产为特征的智能制造方式，鼓励企业推广应用工业机器人，大力实施“万台机器人上岗”行动。推进重点行业智能化改造，创建示范智能工厂（车间）。力争到2025年，全市工业企业智能设计覆盖面达到70%以上，智能生产达到85%以上，智能管理达到99%以上。培育国家级两化融合贯标企业“100 +”，创建省级两化融合示范企业“200 +”、省级制造业“双创”示范平台“10 +”、省级智能制造示范工厂“10 +”、各级示范智能车间（工厂）“1 000 +”，切实提升智能制造普及率，为自主可控夯实基础。

（三）市场路径是推动自主可控的动力

可控从供给侧来说，就是拥有一批专注于细分市场、创新能力强、市场占有率高、掌握关键核心技术、质量效益优良的“专精特新”中小企业。它们具备了国产供货商的备份能力，不怕技术封锁，不怕服务封锁，不受上下游价值链的控制和制约，掌握话语权。可控从需求侧来说，尽管需求在外，但产业集群生产形成了特定零部件制造的“隐形冠军”，占有较大的市场份额，通过深度融入全球产业链、价值链，形成“你中有我、我中有你”的关系，在市场价值链的需求端实现可控。

首先，培育“专精特新”中小企业，提高供给端的控制力。在产业链全球化的背景下，没有哪个国家能够独立完成所有的产业链环节。任何产品的

产业链形成都需要市场的推动。中国拥有全球最大的产业链市场，具有别国不具备的产品开发及迭代优势。作为制造业大市，苏州要更大范围、更深层次地融入全球产业生态体系，加强实施“专精特新”中小企业培育计划，让一个个“小巨人”日渐成为“巨无霸”。力争到 2025 年培育具有自主品牌的标志性企业（集团）50 +，销售利润率普遍在 10% 以上、拥有多项发明专利和专有技术、关键性能指标处于同类产品领先水平、产品市场占有率位居国内前列的“专精特新”小巨人示范企业 200 +，具备国产供货商的备份能力，在供给端做到可控。

其次，培育“隐形冠军”，提高需求端的控制力。德国制造业的发展离不开大批具有发展活力的“隐形冠军”。这些“隐形冠军”传承德国追求完美、严谨的精神，走精细化、高品质发展路线，在制造业细分领域深度耕耘，工艺和技术精湛，较难被其他国家模仿，长期在细分市场保持全球领先地位。如德国豪耐公司生产的高速香烟机器占全球市场 90% 左右的份额；海曼公司的设备在超过 150 个国家用于检查毒品、武器、爆炸物。苏州要学习借鉴德国的经验做法，加强对“隐形冠军”企业的扶持力度，力争到 2025 年培养一批行业地位突出、产品市场占有份额大、在整个产业链上深度融合、对市场发展走势有重要的话语权、对需求端有一定影响力的“隐形冠军”企业。

（四）人才路径是推动自主可控的支撑

制造业的竞争归根结底是人才的竞争，人才是产业竞争力的核心要素。苏州在建设自主可控先进制造业体系上，对人才的渴求愈加迫切。《中国制造业高质量发展人才白皮书》显示，2018 年苏州制造业人才占比 5.54%，全国排名第四，仅为排名第一的上海（15.06%）的 1/3。苏州的制造业人才净流入率为 0.58%，全国排名第六，与排名第一的宁波（7.56%）相差 7 个百分点。面对制造业人才的供给不足，苏州应推动人才发展与产业发展的深度融合，形成“人才紧跟产业走，产业依靠人才兴”的协同创新带动局面。

首先，依靠协同创新带动基础研究，实现“变道超车”跨越式发展。协同创新作为一种全新的创新组织模式，能充分调动企业、大学、科研机构等各类创新主体的积极性和创造性，对于加快不同领域、不同行业以及各环节之间的技术融合与扩散尤为重要。苏州要采用创新集群政策，将政府、企业界、学术界以及其他社会力量全部纳入创新网络，形成一个包含大型跨国企业、初创企业、高校、研究机构以及投资机构在内的全产业链协调创新体系，

实现研发与需求的紧密结合。

其次，加大“高精尖”研发人才引育，实现巨人肩上的创新。在研发人才和高技能人才引育的规模和速度上持续发力，突出“高精尖缺”导向，提高人才供给质量。高端人才引育工作的关键在于留住人才。苏州要用薪留人，进一步完善创新创业的分配激励机制，落实科技人员科研成果转化的股权、期权激励和奖励等收益分配政策，特别是对紧缺人才在个人所得税方面可以有适当的减免和优惠政策。用配套留人，把教育、医疗等生活配套做好，减轻人才生活的后顾之忧；用产业生态留人，整个产业要建立起有足够吸引力的产业生态，让人才能够找到充分发挥其聪明才智的广阔舞台。

（五）政策路径是推动自主可控的保障

发展自主可控的产业和技术亟须政府给予多方面的政策保障。充分发挥“集中力量办大事”的制度优势，抓重大、抓尖端、抓基础，不断攻克高精尖难题。特别要在关键领域、“卡脖子”的地方下大功夫、花大力气，取得一系列标志性科技成就。

首先，要强化财政扶持。把提升原始创新能力摆在更加突出的位置，建立稳定持续的财政扶持制度。加大财政对基础研究的支持力度，引领核心技术攻关。设立自主可控专项扶持财政资金，探索政府与社会资本相结合，建立多种支持先进制造业向自主可控升级的产业基金。

其次，强化金融扶持。积极推进科技信贷、创业投资、科技保险、知识产权质押等工作，引导全社会资本要素向自主可控先进制造业体系汇聚，为发展自主可控产业提供雄厚的资金保障。引导金融机构创新贷款方式，为“专精特新”中小企业量身定制信贷产品，加快贷款审批速度，以实实在在的举措加强对中小企业的信贷支持，帮助中小企业缓解融资难问题。

（课题组成员：戴新、肖锐、朱琳；执笔人：肖锐、朱琳）

第三编

区域协调与扎实推进长三角一体化

苏州全面融入长三角一体化发展的思路与举措

中共苏州市委党校课题组

推动长三角区域一体化发展是习近平总书记亲自谋划、亲自部署和亲自推动的国家战略。日前，中共中央、国务院印发《长江三角洲区域一体化发展规划纲要》（以下简称《纲要》），这是长三角区域一体化发展的任务书、时间表和路线图。江苏省委书记、江苏省人大常委会主任娄勤俭从“世界、未来、全局”的高度阐述了江苏作为长三角重要一员的历史使命和责任担当。苏州与上海“地缘相连、人缘相亲、经济相融、文化相通”，是江苏全面融入长三角一体化、接轨上海的桥头堡和主阵地。11 月 5 日，江苏省委常委、苏州市委书记蓝绍敏在苏州市推进长三角区域一体化工作领导小组会议暨长三角一体化工作推进会上强调：要以习近平新时代中国特色社会主义思想为指导，认真学习贯彻总书记对长三角一体化发展的系列重要指示批示精神，深入落实江苏省委十三届六次全会部署要求，抢抓机遇，真抓实干，勇立潮头，创新作为，以敢于探索、敢于突破的奋进姿态，种好一体化示范区这块“试验田”，形成一个“强磁场”，以高质量发展走在前列的务实业绩，为长三角一体化发展做出新的更大贡献。因此，如何在上级要求与自身实际的结合点上，高质量谋划苏州对接落实《纲要》的思路和举措显得至关重要。

一、《纲要》为苏州提供的红利（机遇）清单

一体化意义下的长三角，不仅是地理意义上的长三角，也不仅是行政意义上的长三角，更是主动适应百年未有之大变局，把握重要战略机遇期发展的“改革开放空间”战略布局的长三角。对苏州而言，长三角区域一体化是实现苏州第三次历史性飞跃发展的重大机遇。《纲要》中与苏州有关联的大体有以下几个方面：

（一）在规划范围方面

《纲要》把“一市三省”细化为六个圈层：第一圈层是一市三省全域。第二圈层是长三角 27 个城市。第三圈层是 6 个都市圈，分别是上海、南京、杭州、合肥、苏锡常、宁波都市圈。第四圈层是上海—苏州—嘉兴，以上海引领苏州、嘉兴一体化发展。第五圈层包含两个部分：一是以上海市青浦区、江苏省苏州市吴江区、浙江省嘉善县为长三角生态绿色一体化发展示范区，二是以上海港等地区为中国（上海）自由贸易实验区新片区。第六圈层是上海市青浦区朱家角镇、金泽镇，苏州市吴江区黎里镇、浙江省嘉善县西塘镇、姚庄镇等 5 个乡镇作为先行启动区。

（二）在战略定位方面

《纲要》强调要提升服务上海的功能，发挥龙头作用，苏浙皖各扬所长，发挥比较优势。苏州作为江苏全面融入长三角一体化的桥头堡，要借上海全面落实中央重大决策之势，借长三角全面推进新一轮一体化之势，努力在精准对接、机制融入、高效互动上融入上海，服务上海，接受上海辐射。

（三）在推动形成区域协调发展新格局方面

一是推动省际毗邻区域协同发展，提出支持虹桥—昆山—相城、嘉定—昆山—太仓等省际毗邻区域开展深度合作；二是共建省际产业合作园区，推广上海临港、苏州工业园区合作开发管理模式，提升合作园区开发建设和管理水平。

（四）在加强协同创新产业体系建设方面

依托优势产业和创新型领军企业，创建南京、杭州、合肥、宁波、苏州等综合性国家产业创新中心。

（五）在提升基础设施互联、互通水平方面

一是共建轨道上的长三角；二是打造虹桥国际机场枢纽；三是协同推进港口航道建设；四是在强化生态环境共保联治方面，建设长三角生态绿色一体化发展示范区；五是建立污染赔偿机制。

（六）在推进更高水平协同开放方面

加快上海、南京、杭州、合肥、宁波、苏州、无锡、义乌的跨境电子商务综合实验区建设，构建跨境电商枢纽，合力打造全球数字贸易高地。

（七）在新平台、新载体搭建方面

增设上海自贸试验区新片区，设立科创板、G60 科创走廊，提升上海虹桥商务区服务功能。

二、苏州在长三角一体化中的角色定位

当前，苏州融入长三角一体化发展已从“蓝图设计”步入“施工落实”的提速关键期。江苏省委常委、苏州市委书记蓝绍敏在苏州市推进长三角区域一体化工作领导小组会议暨长三角一体化工作推进会讲话中指出，长三角一体化是苏州应对风险挑战的“定盘星”和实现转型升级的“助推器”，要把推进一体化作为苏州改革开放再出发的着力点和集聚整合全球创新资源要素，增强核心竞争力的重要载体，提升苏州在国家战略中的发展地位，奋力展现长三角一体化发展中的“苏州作为”。这就要求苏州要将自身发展置于一体化的大格局中去考量，找准苏州在长三角一体化发展中的角色定位。

（一）打造长三角科技创新的策源地

近年来，苏州认真贯彻中央、省委关于科技创新的决策部署，科技事业取得长足进步，区域创新能力连续多年位居全国前列，创新生态成效明显：一是区域创新布局不断优化，二是创新企业集群持续壮大，三是重大创新平台加速集聚，四是创新人才活力加速迸发。从长三角三省一市 2018 年的创新指数来看，上海 67.68、江苏 87.89、浙江 63.44、安徽 31.72，江苏位居第一位。据 3 月 25 日公布的《苏南国家自主创新示范区创新指数研究报告 2018》数据显示：2017 年各设区市创新指数从高到低依次为苏州（162.93）、南京（153.30）、镇江（146.94）、无锡（144.54）、常州（143.88），比 2016 年分别提高了 31.60、15.35、7.25、20.31、16.37；与 2016 年排序情况相比，苏州由第三提升至第一；2017 年各设区市对苏南指数增长的贡献率从高到低依次为苏州（40.55%）、南京（29.66%）、无锡（14.20%）、常州（9.88%）、镇江（5.72%），苏州、无锡贡献率分别比 2016 年提高了 5.19、0.72 个百分点，南京、镇江、常州贡献率分别比 2016 年下降了 3.66、2.24、0.03 个百分点。

（二）推动长三角高质量发展的标杆地

长三角高质量一体化发展的重要体现是在产业上。高质量的产业项目是

苏州参与和推动长三角一体化发展的有力支撑，龙头型、旗舰型项目更是赢得竞争优势、占据有利地位的关键所在。苏州在电子信息、装备制造、新材料等新兴产业领域已形成了从制造加工到设计研发与全球价值链的无缝对接。工业园区坚持以创新引领转型升级，生物医药、纳米技术应用、人工智能产业已初具规模，2018 年分别实现产值 780 亿元、650 亿元、250 亿元，同比增长 27%、30%、38%，高新技术产业产值占规模以上工业产值比重达到 70% 以上。相城高铁新城加快集聚大数据、科技金融等新兴产业，新经济发展势头迅猛，新动能加速集聚成长，目前已引进各类企业 500 多家，中兴、紫光等相关旗舰型项目先后落地，其中涉及大数据产业的企业 100 多家。相城区全力打造全国领先的大数据、智能驾驶、金融科技、工业互联网、先进材料等“五大产业高地”，一批前景好、技术强、价值高的项目研发产业集群正在这里崛起。

（三）引领长三角率先基本实现现代化的示范地

为全国发展探路是党中央和习近平总书记对江苏的一贯要求。苏州作为全省、全国的经济先发地区和改革开放前沿阵地，承载着总书记“勾画现代化目标”的嘱托和江苏省委赋予的勇当“两个标杆”的使命，无论是区位优势还是经济发展水平，无论是新兴产业的发展还是现代化的路径探索，无论是现代化探索发展成效还是完成现代化指标体系，苏州凭着对自身所处发展阶段的清醒判断，始终在国家现代化整体战略构想的框架内，根据国家每一阶段的总体规划和战略部署，结合市情探索现代化建设新路，现代化发展的规模和质量都走在全国前列，这为全国的高水平全面小康社会建设和基本实现现代化进行了先行探索，提供了先期实践经验。换句话说，苏州具备了在更高起点、更高标准、更高水平上先行探索建设社会主义现代化示范区的坚实基础。

（四）探索长三角一体化发展的试验地

从省域范围内来看，苏南地区一体化程度比较高，特别是苏州、无锡、常州地区已经形成了连绵 150 千米的都市区。苏州是江苏省融入长三角一体化发展的桥头堡和主阵地，正积极探索苏州、无锡、常州三地特色产业互补共生、重大设施互联共享、绿色生态互促共保的有效途径。

从苏州市域内来看，持续放大太仓、昆山、吴江的临沪优势，以更加宽广的全域视野，主动作为，乘势而上，稳中求进推动跨区域融合发展，以局

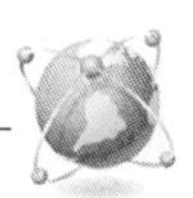

部一体化示范带动更大范围一体化，合力下好抢抓国家战略机遇的“先手棋”。

从长三角区域来看，有生态绿色一体化示范区和上海自贸区新片区，为苏州融入大上海都市圈，加强省际合作，在产业发展、互联互通、创新协同等方面加大了一体化的探索步伐，也为苏州开展更高水平的一体化打开了空间，提供了契机。

（五）推动长三角改革开放的前沿地

一直以来，苏州走在改革开放的前沿。20 世纪 90 年代起，苏州抓住发展外向型经济的重要机遇，大力引进外资，尤其是作为全国产城融合典范的苏州工业园区，经过 25 年的建设，跻身世界一流高科技园区，引领了苏州经济的腾飞。开放是苏州的最大优势。改革开放以来，苏州成功实现了“农转工”“内转外”“量转质”的嬗变，从单一的公有制经济逐步转向国资、民资、外资“三足鼎立”，以现代服务业为主体、战略性新兴产业为引领、先进制造业为支撑的现代产业体系初步形成。截至 2017 年年底，苏州已累计注册外资 2 200 亿美元、实际运营外资企业 1.7 万家、实际使用外资超过 1 250 亿美元，实际使用外资规模始终保持全国前列、全省第一；苏州拥有总部企业 122 家、跨国公司功能性机构 105 家；“走出去”网络在不断扩大，“一带一路”建设成为苏州对外经贸合作的新机遇和新空间。

三、苏州全面融入长三角一体化发展的主攻方向和重点举措

基于苏州在长三角的角色定位，围绕“一体化”和“高质量”两个关键词，苏州全面融入长三角一体化要系统性谋划，规律性把握，努力在全方位接轨上海的前提下，突出重点，各有侧重，形成特色。

（一）高位定位和规划城市功能

苏州要努力在长三角一体化发展国家战略中勇立潮头，争当排头兵，落实到具体行动上就是要廓清一个发展定位，即把全面融入长三角一体化发展国家战略作为苏州的首位战略。面对长三角一体化发展重大机遇，立足苏州所处的发展阶段和历史方位，科学谋划面向“十四五”规划和更长远未来的苏州发展战略定位和重大布局，谋划具有前瞻性、操作性的思路举措。把贯彻落实《〈长江三角洲区域一体化发展规划纲要〉苏州行动计划》与实施“十二项三年行动计划”紧密结合起来，与推进“一带一路”交汇点建设和

推进长江经济带高质量发展结合起来，与落实“六稳”工作要求结合起来，全力把苏州打造成为国际化大都市和长三角世界级城市群的重要中心城市。同时，苏州全面融入长三角一体化发展，不仅是指领域上的全面性，更要求区域上的整体性，没有各板块的全面融入就不会有苏州的整体融入。因此，遵循《〈长江三角洲区域一体化发展规划纲要〉苏州行动计划》要求，各板块应根据自身的实际，明确融入长三角的重点领域、重点方向，并在跨区域的资源、要素、项目等统筹上形成整体合力。

（二）高标准建设交通基础设施

融入长三角，交通基础设施是保证。历史表明，交通是一个区域经济繁荣的重要先导条件，苏州经济不断发展壮大的历史也充分说明了这一点。近20年来，苏州经济在全国领先地位的形成就与苏州交通优势紧密相关，但随着高铁和高速网络的建成、更多国际航线的开通、内陆开放格局的形成、更多综合保税区与自贸区的设立，全国交通格局与交通节点已发生了重要变化，苏州交通区位相对优势已明显下降。面对交通强国建设和智能交通跨越发展的机遇期，苏州必须立足长三角一体化发展需要，把握未来交通科技发展趋势和苏州经济社会发展需要，完善苏州交通体系，提升交通功能，以完善的交通体系和强有力的服务功能打造新时代长三角交通枢纽。要重点打通省际断头路，共建轨道上的长三角，要积极构建“丰”字形快速铁路网，争取在苏州北站设置动车所。在吴江汾湖建设十字并站苏州高铁南站，将苏州打造成为国家高铁客运枢纽、长三角核心区城际铁路网枢纽；要整合提升港口资源，争取将太仓港港口支线铁路纳入省以上重大基础设施项目。苏州要瞄准建设国际化大都市的目标要求，大格局加快现代交通体系建设，提升交通能级，打造长三角地区的高铁枢纽站和国际港口群。

（三）高质量构建现代产业体系

要融入长三角一体化发展，苏州必须在现代产业体系的布局和构建上拿出新思路，谋划新举措，展现新作为。一方面，要借力合作创新。例如：借力上海建设全球科创中心，建设具有全球影响力的产业科技创新高地，打造自主可控的先导产业创新集聚区；借力上海建设国际金融中心，特别是设立科创板，建设长三角金融副中心，增强金融服务实体经济能力；借力上海建设国际贸易中心，举办进博会，实施大虹桥战略等，打造商产融合的产业集群；借力上海建设国际经济中心，特别是建设自贸试验区新片区和打造“上

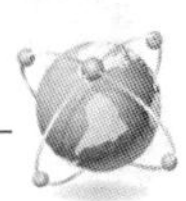

海制造”品牌，推动制造业和现代服务业融合发展；借力上海建设国际航运中心，打造虹桥国际开放枢纽等，加快发展枢纽经济；等等。另一方面，要凸显特色创新。要发挥苏州制造业强的优势，走出一条“科技＋产业”“互联网＋实体经济”的新路，实现在更大范围内的创新链与产业链深度融合，切实为制造业高质量发展赋能；要发挥开发区优势，通过推进开放与创新、创新与产业、产业与城市“三大融合”，着力提升经济密度、创新浓度、开放程度，输出开发管理模式，与长三角后发地区共建、共享飞地经济。

（四）高品质优化营商环境

优化营商环境是苏州接轨上海、融入长三角一体化发展的重要保障。要对照最高标准、最好水平，持续推进政府“放管服”改革，全面建设以政务服务“一网通办”为重要标志的智慧政府，进一步激发市场活力和社会创造力。福布斯中国发布的2018中国大陆最佳商业城市榜中，苏州位列第8位，还有上升空间。在这一过程中，苏州应持续对标长三角各城市营商环境发展动态，客观评价苏州营商环境的优势与不足，善于学习，主动创新，确保优势。可借鉴上海革命性流程再造的实干精神，建立以法制化、国际化、便利化为特点的普适性营商环境，建立产业链整体优化的特色优势环境，打造长三角最优营商环境城市。打造高品质营商环境，要做到与上海“两个无差别、三个更好”，真正让投资者感到“不是上海，就在上海”。

（五）高水平保障公共服务供给

长三角高质量一体化最终要落实为让“长三角人”共享一体化高质量的美好生活。推动民生“一卡通”建设，构建苏州与长三角主要城市在交通、医保、养老、文旅等多领域的民生“一卡通”。在教育利民上，共同制定长三角区域教育一体化发展规划，重点打造长三角高水平大学联盟，联手长三角其他城市，在苏州创办国际合作学校，推动教育合作。在医疗惠民上，重点推进长三角异地就医门诊直接结算，推动跨区域医疗联合体发展，协同扩大优质医疗资源供给，支持跨省共建医院，建设一批医疗项目和养老项目。在文化育民上，以社会主义核心价值观为理论指导，将苏州吴地文化的传统美德发扬光大，共同打造江南文化，共筑文化发展高地。

（六）高效率加快科技创新速度

当今世界，科技创新已经成为提高综合国力的关键支撑，成为社会生产

方式和生活方式变革进步的强大引领。苏州在全面融入长三角一体化的过程中要瞄准世界科技前沿，把握技术变革的趋势和规律，着力加强未来技术的前瞻布局，加强对重大原创技术、颠覆性技术、自主可控技术的顶层设计，更多地听到“苏州声音”。加快在关键领域的技术创新步伐，积极抢占未来发展制高点，高效率加快科技创新速度，特别是对于生物医药、纳米技术应用、人工智能、新一代集成电路等产业的技术要加快科技创新速度，持续不断加强重大科技创新载体建设。以纳米技术为例，在科技创新的过程中可以发挥工业园区纳米真空互联实验站的作用，吸引更多需要依托真空互联实验站的机构、重大科技团队和企业共同参与进来，力争把纳米真空互联实验站建设成为国际上最先进的纳米器件与材料综合研究系统和公共实验平台，为国家战略高技术提供重要支撑，并成为引领纳米科技的重要基地。

（课题组成员：方伟、刘小红、王涛；执笔人：刘小红）

长三角区域一体化与苏州发展

陈 雯

苏州是一个创新的城市。在“十一五”规划中，苏州作为全国市县规划改革试点城市首次在全国提出了“空间功能分区”，由此影响到国家发展和改革委员会提出“主体功能区”的战略和制度。在长三角区域一体化的推进过程中，苏州应该有更多开放创新的作为。

一、长三角区域一体化发展中苏州面临的机遇和挑战

长三角区域一体化和京津冀协同发展、长江经济带发展、粤港澳大湾区建设、黄河流域生态保护与高质量发展共同成为国家重大战略。2019 年 5 月 13 日，中共中央政治局审议的《长江三角洲区域一体化发展规划纲要》（以下简称《规划纲要》）中指出，长三角一体化发展要紧扣“一体化”和“高质量”两个关键词，打造“一极三区一高地”，成为全国发展强劲活跃增长极、全国高质量发展样板区，率先实现现代化引领区、区域一体化发展示范区以及新时代改革开放新高地，是长三角区域一体化总的战略定位。在长三角区域一体化规划中，贯穿着创新、协调、绿色、开放和共享五大发展理念，这正是长三角区域一体化、高质量发展的核心体现。在《规划纲要》的引领下，在长三角一体化具体的进程中，苏州面临着怎样的机遇和挑战？

苏州在长三角区域一体化进程中的机会颇多。苏州拥有更优越的进一步融入上海、承载更多经济和人口发展的机会。按照主体功能区战略，并不是每个地方都能成为工业化和城镇化地区。2019 年 8 月，中央财经委员会第五次会议指出，要增强中心城市和城市群等经济发展优势区域的经济和人口承载能力。苏州的资源承载力较强，发展潜力较大，同时又是上海大都市圈的紧密伙伴城市，在一体化进程中有机会，也有能力承载更多的经济和人口。现在，苏州与上海的一体化发展无疑走在江苏省前列。创新链与产业链融合

升级给予了苏州更大的发展空间。长江三角洲的各城市存在科学研究、技术研发和产品生产、市场化等方面的合作，每个城市都面临着很好的升级机遇，关键就在于各个城市能否找准自身定位，是否有决心、毅力和能力去升级发展。

同时，苏州面临的挑战更是不容忽视。第一个挑战是空间极化。一体化发展规划中，上海起龙头带动作用。上海对于苏州的作用是虹吸还是扩散？当前上海具有较大政策红利优势，而且教育、医疗等公共资源通常集中在大城市和省会城市，这种城市公共服务差距的拉大是导致大量的人口、经济、资源向大城市集聚的重要原因。因此，上海有着非常好的先发优势和福利条件，对于苏州的虹吸作用也是看得到的。第二个压力和挑战来自地区竞争。上海自贸区新片区和虹桥国际开放枢纽重大政策载体对长三角空间要素流动的影响是巨大的，对苏州无疑也有挤压影响。上海自贸区新片区通过减税降费助力制造业，实施境外人才个人所得税税负差额补贴等，这种情形下苏州能否争取到大型的制造业？另外，虹桥国际开放枢纽对苏州服务业及总部经济的袭夺也是前所未有的。第三是自身发展能力不足的挑战。长三角作为世界级城市群，GDP 总量和人均 GDP 同其他城市群相比有很大差距；长三角面积跟日本差不多，人口和日、德合计差不多，但科技创新力却无法和这两个国家比肩。2018 年，长三角及三省一市的发明专利产出量不高，实用新型专利和外观设计专利比例高，很多数据都表明企业在重金购买国外专利，这说明长三角目前的创新能力仍无法支撑产业发展。第四个是由经济下行与环境风险依然较大的双重压力带来的绿色发展的挑战：对待发展过程中的污染问题，用简单粗暴关闭的方法解决不了根本问题。如何寻求经济与环境的双赢？如何让生态资源转化为经济价值，让生态环境的绿色创新成为推动产业高质量、生活高质量的引擎？这是苏州需要破解的命题。

二、苏州发展的机会与可能

正视在长三角一体化进程中面临的挑战和危机，寻求出路和对策，是苏州凤凰涅槃、开放能够再出发的必由之路。

首先，从“世界工厂”向全球新崛起的创新型制造中心转变。苏州给世人的印象仍然停留在“世界工厂”的地位。我国加快长三角一体化，编制长三角一体化规划，其中一个重要目的就是要通过一体化联合，提升竞争能力，

能够参与国际竞争，而靠世界工厂是没办法在国际竞争的。苏州要将自身定位于技术创新应用的产业创新中心，这就要在技术创新制度体系改革上学深圳；要提升政府招商人员的知识架构，使其能理解新产业的内涵；要改变政府政绩考核体系，不唯投资，要关注市场；等等。

其次，紧扣人才需求，打造幸福宜居新天堂。创新的核心在人才。如何吸引人才？用人才政策还是人才计划？这都不是应有的重点。吸引人才也应该是一个市场问题。想要吸引怎样的人才，就需要看到这些人才的需求点在哪里，进而配置人才需求的供给侧。一方面，苏州在历史上就有园林式的休闲生活，这样的格局能否恢复、能否再来，要看有无这样的天堂生活环境。另一方面，未来要吸引年轻的创新、创意人才，需要的是一个时尚宜居的新天堂，可以学习上海的精致生活和纽约、伦敦、东京的街区创意。当前苏州工业园区邻里中心的模式干净便捷，但是没有街区的概念，这种空间模式是否是人才真正喜欢的宜居环境仍有待研究。

最后，实现生态品质的经济化。如何实现生态品质的经济化，实现绿水青山变为金山银山对苏州来说是一个新课题，是与原来工业化、城镇化思路完全不一样的新方式和新路径。生态经济化不能只依靠投资，更重要的是要靠生态保护下来的生态技术和知识创新，靠百姓参与和创造力，靠生活、生产创意的市场拓展。只有不唯投资，不唯量的扩张，摆脱对原来路径的依赖，寻求凤凰涅槃的创新，苏州才能在长三角一体化中实现华丽转身。

（作者系中国科学院南京地理与湖泊研究所二级研究员、博士生导师）

关于长三角一体化发展示范区建设的几点认识

任新建

最近结束的上海、浙江“两会”不约而同地提出了一个新概念——打造长三角一体化发展示范区（以下简称“一体化示范区”）。上海《政府工作报告》提出，全力实施长三角一体化发展国家战略，合力推进长三角一体化发展示范区建设。浙江《政府工作报告》提出，制定浙江推进长三角一体化发展行动纲要，共同打造长三角一体化发展示范区。这一各界期待已久的长三角版“雄安新区”基于什么背景？要解决什么问题？要实现什么目标？本文基于公开资料，尝试从国家战略要求以及长三角一体化发展趋势等角度，对一体化示范区做一些展望和分析。

一、一体化示范区是国家推进区域一体化发展的重大战略考量

作为中国最具活力的城市群之一，长三角城市群早在改革开放初期就已自发启动一体化进程。20 世纪 80 年代初，上海就出现了“周末工程师”。每逢周末，这些“周末工程师”就从上海国有工厂出来，到苏州、无锡、常州地区的乡镇企业进行技术指导，参与产品研发。如今的江苏阳光集团、雅戈尔等大企业在创业之初均受过上海师傅的点拨。

1982 年，国务院决定成立上海经济区，这可以看作是长三角一体化的最早尝试。上海经济区一开始仅包括沪、苏、锡、常、通五市，后来迅速扩大到苏浙沪“两省一市”。之后，安徽、江西、福建等省陆续加入进来，范围扩大到五省一市。这一时期，由于上海经济处于转型期，经济体量和在全国的地位不断下降，上海经济区的尝试并不算太成功。但这一时期也恰好是江浙地区乡镇企业的大发展时期，上海经济区无心插柳柳成荫，对江浙地区的发展和长三角一体化起到了很大的推动作用。

1990年浦东开发开放，上海进入大发展阶段，在长三角的龙头带动地位逐步确立。为加强地区间的协调，长三角地区开始有意识地建立联系沟通机制，如苏浙沪省（市）长座谈会、长三角市长协调会等。尽管这种联系机制带有自发性质，且务虚层面较多，但也意味着长三角一体化开始向制度化安排迈进。

2000年以来，随着中国“入世”，国际制造业加快向长三角地区转移，长三角在吸引外资方面的优势地位凸显，全球制造业基地逐步形成，长三角区域协同发展的态势逐步明确，推动长三角一体化发展开始上升到国家层面。

近10年来，国务院和国家有关部委先后出台《关于进一步推进长江三角洲改革开放和经济社会发展的指导意见》（2008年）、《长江三角洲地区区域规划》（2010年）、《长江三角洲城市群发展规划》（2016年）、《长三角一体化发展行动纲要》（2019年）等一系列重要文件，不断完善长三角一体化的顶层设计和制度安排，推动长三角一体化进入快车道。

2017年，《上海市城市总体规划（2017—2035年）》正式发布，提出上海要与长三角城市群一道，共同代表国家在更高层次、更广领域参与国际竞争与合作。

因此，建设一体化示范区并非心血来潮，而是中央深刻把握城市群建设规律和区域一体化发展趋势，着眼于深入推进长三角一体化发展，打造世界级城市群的重大战略考量，也是长三角地区近40年来持之以恒推进一体化发展的最新体现。

二、一体化示范区是不是第二个雄安新区？

从相似性上看，一体化示范区和雄安新区分别作为长三角一体化和京津冀协同发展的关键载体，都承载着重大的历史使命，都被视为破解区域融合协调发展的重要举措。但一体化示范区不是第二个雄安新区，二者在基础、导向、目标、定位等方面存在着根本性的差异。

首先，二者的资源禀赋不同。雄安新区选址于号称“华北明珠”的河北省白洋淀地区，位于京津冀内陆腹地，产业基础基本一片空白，现有开发程度较低，资源环境承载能力较强，这有利于在一片白纸上规划蓝图，高起点打造生态新城。可以说，底子薄、起点低、空间大、生态好是雄安新区选址于此的最主要考虑。

一体化示范区位于整体发展水平较高的长三角地区，从目前上海、浙江均重点提及此事来看，示范区具有明显的跨省域特点。相比雄安新区，一体化示范区无疑具备更加扎实的产业基础、更加便利的交通基础、更加广阔的市场腹地，更具江南水乡特色。迥异的发展基础和资源禀赋也决定了一体化示范区和雄安新区的侧重点不同，承载的历史使命不同。

其次，破解的问题瓶颈不同。雄安新区着眼于推进非首都功能疏解，这也是京津冀协同发展的“牛鼻子”。在京津冀、长三角、粤港澳全国三大经济区中，京津冀地区的发展最不均衡，且北京的城市功能高度集聚，资源高度集中，城市资源环境已过度承载，而河北的整体发展水平相对滞后，更有“环北京贫困带”的说法。在中央的大力推动下，北京很多含金量高的非首都功能机构，如高校、央企、科研院所、金融机构、医院等，也都在疏解范围之内。可以预料，雄安新区未来的能级将非常之高。

一体化示范区则着眼于破解长三角一体化的瓶颈问题。经过近 40 年的发展，长三角一体化已经达到较高水平，但仍然面临一系列亟待破解的瓶颈问题，如产业体系和重大项目的跨区域优化布局、重大科技创新的跨区域协作攻关、人才等要素资源的跨区域自由流动等，制约了协同效应的充分发挥。因此，一体化示范区在跨区域，特别是跨省域的制度创新方面责任重大，要率先形成一批制度创新成果和先行先试经验，并向整个长三角地区复制、推广，为全国其他地区推进区域一体化发展提供经验借鉴。

第三，集聚的产业要素不同。雄安新区在一张白纸上高起点规划蓝图，对于产业和要素的集聚要求比较高。根据《河北雄安新区规划纲要》，雄安新区将重点发展高端高新产业，包括新一代信息技术、生物医药和生命健康、节能环保、高端新材料高技术产业，以及金融、科创、商务、智慧产业、数字经济、现代物流、电子商务等高端现代服务业。至于高端高新产业发展所需要的高素质人才、技术、资金等要素，则通过吸引高校、科研院所、金融机构，建设高水平的公共服务设施来实现。

一体化示范区地处经济发达、产业能级较高的长三角核心区域，对产业和要素集聚的要求也同样不低，甚至更高。未来示范区的产业要能够引领带动长三角产业升级，代表国家参与国际产业前沿的竞争与合作。因此，国际化和前瞻性是一体化示范区产业集聚的重要导向，包括量子通信、北斗导航、集成电路、航空航天等国家重大战略性产业，以及 5G 通信、人工智能、基因

工程等国际领先的前沿产业。当然，高端产业发展所需的高端、国际化人才与高水平公共服务也必不可少。

第四，发展的目标定位不同。根据《河北雄安新区规划纲要》，雄安新区的目标是在京津冀现有版图之中高起点全新规划建设一座现代化新城。衡量其成功的标准是打造成为京津冀世界级城市群的重要一极。一体化示范区的目标是为区域融合发展开展制度创新，破除体制机制瓶颈。衡量其成功的标准是能否有效破解跨区域融合发展的体制机制瓶颈、能否产生一大批这方面的制度创新成果。

当然，二者的目标导向也有相似之处。比如，都要成为高质量发展的全国样板，建设过程中都要高度重视科技创新驱动、生态环境保护和综合功能提升，都要对所在区域的发展起到引领、示范和带动作用。

三、一体化示范区重在制度创新

打造一体化示范区，首要目的是解决当前长三角一体化的短板。那么，究竟哪些短板需要通过专设示范区的方式来解决呢?

首先，是产业协同的短板。长三角地区的产业同构现象明显，不同城市的产业结构、体量占比、空间布局、关联方式高度相似。根据华略智库研究，苏浙沪 16 个主要城市中有 14 个城市将电子信息制造业作为主导产业，产业同质性竞争极其激烈。如何破解产业同质化的难题、推进重点产业在整个长三角合理布局，是长期以来长三角各城市一直在努力尝试解决的。比如，上海加快产业结构调整，每年淘汰劣势产能 1 000 多项，推动龙头企业“走出去”在长三角优化布局，与长三角部分城市建立产业合作园区，发展飞地经济等。最近几年崛起的 G60 科创走廊，也是各方在尝试通过跨省域的产业走廊推进产业集聚布局、协同发展。

一体化示范区的设立，将首次从跨省域的角度来整体思考产业在长三角的优化布局。在示范区内，要发展的重点产业布局在哪个省、哪个县市，将服务服从于产业发展整体需要，从而实现更深层次的产业协同，构建起长三角新的产业生态体系。当然，良性竞争依然是必须的，这也是持续激发长三角发展活力和产业效率的需要。

其次，是协同治理的短板。我国的行政区划设置使政府治理的边界和权力责任变得清晰。但在区域发展一体化越来越深入的今天，跨越边界的协同

治理越来越重要。虽然长三角地区已经建立了三省一市主要领导座谈会、市长联席会、各类交流会、洽谈会等合作机制，但在协同治理方面仍然面临诸多短板，如公共服务资源的优化配置、科技创新的联合攻关、跨区域污染的联合治理等。因此，如何通过示范区的一体化管理更好地实现跨区域协同治理，促进长三角地区逐步实现公共服务均等化、资源配置最优化、区域治理一体化是实现城市群同城化、一体化的关键之举。

第三，是要素资源流动的短板。行政壁垒的分割，以及各省市对自身发展的追求，往往导致要素资源自由流动的困难。比如，人才的流动往往受到户籍、社保等方面的制约；技术的流动往往受到人才、资金、市场的制约。长三角一体化的目标是要建立统一的大市场，需要不断打破阻碍要素资源流动的体制机制壁垒。设立一体化示范区，在统一的管理体制下，有助于进一步消除资源要素顺畅流动的障碍，为长三角统一大市场的建设做出示范。

四、一体化示范区要打造成标杆和样板

与雄安新区一样，国家设立长三角一体化示范区，也是从空间载体的角度探索推进区域一体化和更高质量发展的实践。因此，示范区也必须成为区域一体化发展的先行者、探索者，成为可复制、可推广的标杆和样板。在这里，对一体化示范区怎么建、怎么干，我们也做一些大胆预测：

高起点规划。规划先行，长三角一体化上升为国家战略，意味着要从国家层面出台长三角一体化发展的规划纲要。一体化示范区也必然要高起点规划，对标世界级城市群的核心区，在目标定位、主导产业、基础设施、科技创新、政府治理、生态保护等方面进行系统性、前瞻性的规划。特别是在示范区所要承载的重大创新突破、先行先试改革事项方面，更要缜密筹划，顶层设计。

高标准设施。在充分预测未来长远发展和人口集聚的前提下，一体化示范区必须要有高标准、高质量、前瞻性的基础设施体系，包括道路、地下管网、通信设施等。特别是隐蔽型、不可见的基础设施往往更加重要，也更需要前瞻性建设。比如，地下管廊的目标设计要有不低于 100 年使用期的长远目标。

高活力创新。一体化示范区要有强大的创新活力，让各类技术、各种思想、各样创意竞相迸发，努力成为长三角最具创新活力的区域。特别是着力

营造鼓励创新、宽容失败的氛围，要大力弘扬崇尚科学、尊重企业家的风气，让一体化示范区成为创新创业型人才的乐土。

高能级产业。一体化示范区要瞄准世界科技前沿、长三角有优势基础的高能级产业进行重点培育布局。一方面，在长三角构建完整的产业体系，引领长三角产业加快升级；另一方面，代表国家参与全球高端产业竞争。特别是要重点在人工智能、集成电路、通信网络、生命健康、环保科技、新材料、生态农业等产业领域加快发展，构建世界一流的产业体系。

高水平治理。一体化示范区的跨区域特点决定了在治理机制方面需要加快创新，包括建立跨区域协调机制，及时解决利益分享和成本分摊问题；用物联网、人工智能、5G 通信等先进的技术手段做好区域治理；在投融资、土地管理、招商、人才引进、生态治理等方面创新体制机制，打造高水平治理的示范区。

高品质生态。一体化示范区属于典型的江南水乡，生态基底较好，率先践行生态文明理念、打造高品质生态标杆是必然要求。为此，示范区要在水环境治理、生态修复、生态功能提升、生态污染预警防治方面走在长三角前列，特别是要加强跨区域的生态协同治理，为整个长三角区域的生态联防联控与协同治理提供借鉴。可考虑整体建设示范区江南水乡国家公园，将生态保护、人文历史、经济发展有机融合，实现人与自然和谐共生。

高品质生活。所有的发展都是为了人，让示范区的百姓过上更好的生活是一体化示范区建设的出发点和落脚点。高品质生活包括优美的生态环境、高质量的公共服务、精细的城市管理、充分的就业、丰富多彩的文化生活，最终是为了增强老百姓的幸福感。

跨省域的一体化示范区是区域一体化的全新探索，本身就是重大的制度创新。我们有理由期待，示范区必将成为加速长三角一体化、打造世界级城市群的重要抓手，成为区域一体化领域体制机制改革和重大制度创新突破的载体，成为我国高质量发展、高品质生活的区域样板。

（作者系上海华略智库创始人、主任）

念好一体化示范区建设的“四字诀”

邓运华

建设一体化发展示范区是长三角一体化发展国家战略的“先手棋”和突破口，示范区建设作为重中之重，既是吴江汾湖在国家战略中的政治责任和中心任务，也是吴江汾湖之于苏州发展体现更多作为的重要方面。奋力打造示范区发展样板，关键在于用好“第一人称”，念好“融”字诀，聚力“一体化”，加快构建开放合作新格局；聚力“高质量”，加快打造现代产业新体系；聚力“两山论”，加快树立生态优势转化新标杆，全力推动吴江汾湖高质量发展快上新台阶。

一是“融”字为要，加快先行启动区建设。先行启动区是示范区建设的“先手棋”，必须举吴江全区之力推动先行启动区建设。立足跨区域和市域一体化，成立区长三角一体化发展领导小组、长三角地区合作与发展办公室，选派干部赴示范区工作专班，出台定向支持汾湖先行启动区建设的 11 条政策及 12 项组织保障举措。全力支持自贸区苏州片区汾湖联动创新区建设。组建苏州市融湖投资发展有限公司，实体化开展相关资产收购和资本运作。汾湖高新区作为先行启动区的吴江板块，要强化使命担当，绘好发展蓝图，加快推进水乡客厅、高铁科创新城和高能智能装备产业园建设，努力再创一个高质量发展新汾湖。

二是“强”字为本，加速重点项目建设。以示范区成立一周年现场会为关键节点，紧扣“六个重大”，坚持以项目化带动一体化的工作理念，建立重点工作每周例会制和工作专班，做实改革创新、工程建设、项目招引三个指挥部常态化驻点攻坚。重点加快恒力国际新材料产业园、亨通长三角科大亨芯研究院、中车绿地长三角智慧绿色制造协同创新示范区、京东智能产业园区等启动区 22 个重点项目建设。集聚一股劲，快干一百天，对英诺赛科、康

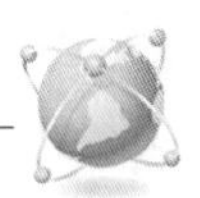

力大道东延、元荡美丽乡村群、环元荡岸线贯通先导段等项目要抓紧施工，全速冲刺，确保2020年10月底前取得可观可感的成效，体现吴江汾湖发展速度。

三是“绿”字为底，改善城乡人居环境。生态绿色是吴江在青吴嘉三地中最鲜明的底色和优势。站在国家战略的高度和胸怀“C位”发展的气度，深刻理解示范区“生态绿色”的内涵要求，按照“世界级滨水人居文明典范”的发展定位，大力实施太浦河“蓝带计划”，保护好太湖、京杭大运河、元荡、汾湖等重要河湖生态体系，筑牢生态基底，厚植生态优势。科学规划吴江汾湖产业方向和城市功能，大力发展好数字经济、总部经济、创新经济、湖区经济和服务经济，围绕自然生态圈，布局创新生态链，构建人文生活圈，在有风景的地方培育新经济，全力将生态优势转化为经济社会发展的持久优势。

四是“立”字为先，加大对上争取力度。示范区、先行启动区建设没有可借鉴复制的样本，在不打破行政区划的前提下，更好地做好战略协同、制度创新和项目推进，需要树立先立后破、不破不立的思想。要用好“第一人称”，加大对重大课题的调查研究，充分向上反映吴江、汾湖的诉求，在高位协调机制、政策创新集成、国土空间资源、财力人力保障等方面争取更多的上级支持。

（作者系汾湖高新技术产业开发区党工委委员、纪工委书记）

完善沪苏互联互通交通体系
促进长三角一体化高质量发展

王世文　郝良峰

长三角一体化发展战略是新时代苏州经济发展的重要机遇，其对苏州当前发展的战略意义和影响均胜于当年的浦东开发区建设。要实现 2019 年《苏州市政府工作报告》中“积极主动融入长三角世界级城市群建设，努力打造独具魅力的国际化大都市”的发展目标，就阶段性任务而言，还需从“完善我国改革开放空间新布局”战略高度出发，优先布局沪苏互联互通综合交通运输体系，加快区域交通枢纽城市建设，尽快形成交通运输一体化工作的战略性、基础性、服务性支持，以引领沪苏高质量一体化发展。

一、互联互通交通体系对一体化发展的意义

根据空间经济理论，交通基础设施可以降低区域间交易成本，提高贸易和投资的可能性与要素流通效率。《长江三角洲一体化发展三年行动计划（2018—2020 年)》（下文简称《三年行动计划》）提出了六大发展目标，其首要目标就是基本建成枢纽型、功能性、网络化的基础设施体系，明确了“构建设施互联互通、管理协同合作、服务共享共赢现代化综合交通体系”的任务书、路线图和时间表。针对长三角交通互联互通建设，各地区均采取了具体措施。上海提出推进“省际对接道路贯通、市场体系建设等一批重点合作项目取得新进展”。浙江省提出加快推进嘉兴全面接轨上海，牵头抓好世界级港口集群建设重点工作，在《浙江省政府工作报告》中，“扎实推进大通道建设”部分提出“加快构建多元立体、无缝对接、便捷高效的现代综合交通体系”。在 2019 年《江苏省政府工作报告中》提出了“积极融入长三角一体化，主动与国家层面对接，加强谋划，大力实施《三年行动计划》”的发展目标，并提出“大力发展枢纽经济，以交通基础设施的互联互通促进区域更高质量一体化发展”。

二、优先完善沪苏互联互通交通体系的建议

城市群是区域一体化发展的重要载体，而发达的交通运输体系则是实现商品和生产要素流通的基础。抢抓历史机遇，苏州应战略性把握交通强国建设的黄金期，以需求、问题和目标为导向，加快落实交通重点项目规划、存量项目挖潜和保障措施优化等具体工作。

（一）把握一体化发展对交通需求的内在规律，建设人民满意的交通运输体系

沪苏地域相邻，经济文化联系紧密，对交通运力的需求不断增强。近年来，国内主流交通服务机构和部分学者对沪苏跨市人口流动问题进行了密切关注。2016 年“滴滴平台”大数据分析结果显示，苏州和杭州是与上海联系最紧密的城市。百度对 2016 年长三角城市群出行数据的统计结果显示，沪苏两市出行总量在长三角城市群中具有绝对优势。而学界“关于长三角地区跨城通勤的研究”的调查结果也表明，苏州居民是前往上海工作人群中最主要的来源，花桥前往上海中心城区工作的人数甚至高于奉贤、南汇和青浦三地。

以上滴滴、百度和学者的研究尽管可见一斑，但并不能全面反映沪苏客流和物流发展现状，需要更加系统地把握一体化发展对交通需求的内在规律和未来趋势。为实现对交通基础设施项目的前瞻性与主动性预判，苏州可以考虑设立“长三角一体化发展交通研究所”类似机构，对沪苏以及长三角其他地区交通需求规律与趋势进行科学系统的研究，以目的、结果、问题和需求为导向，提出交通工程项目的建设方案，通过统筹规划引领沪苏交通系统互联互通发展，通过项目落地推动交通强国示范区建设。

（二）把握新时代交通体系变革趋势，加快建设综合交通运输体系

目前，苏州在交通运输综合体系建设方面的工作已经卓有成效，而且随着市场需求的演化和交通基础设施技术的演进，苏州交通运输事业发展的格局也发生了新的变化。根据《苏州市 2016 年度交通经济运行分析》报告，苏州交通基础设施投资呈现总量下降和投资结构多元化的特点，铁路项目的投资占比逐年上升，成为投资的重点。从投资结构上看，2017 年苏州市铁路投资占比高达 61. 32%。随着沪通铁路二期、沿江城际铁路等项目的推进，预计铁路投资在“十三五”“十四五”期间会持续成为苏州市交通建设的重点。

然而，就沪苏互联互通发展需要而言，苏州交通运输综合体系建设尚存

在一定短板，主要表现在对沪苏互联互通交通运输体系并无清晰系统的战略主张，也缺少沪苏在该领域的深入合作机制与战略共识，在铁路、航港、高速、航空和公交一体化发展方面还存在制度缺口。在港口合作方面，尽管太仓港和上港集团之间早有深度合作，但《三年行动计划》对太仓港发展几无提及，不利于苏州通江达海优势在未来一体化战略中的发挥。同时，沪苏公交一体化和高速收费一体化进程严重滞后，对交通效率发挥和市民出行体验带来了明显不利的影响。民用机场一直是苏州现代交通综合体系和枢纽型城市建设的短板，机场建设在苏州具有市场规模优势，也具有打造长三角综合交通枢纽的区位优势。苏州还需着眼长三角一体化国家战略和完善改革开放空间新布局发展需要，尽快形成机场建设可行方案，取得各方认可。此外，苏州还需主动接轨上海，借助信息化、大数据、智能化技术，提出高起点具体合作项目，打造长三角跨地区多式联运发展示范区。

（三）把握大项目建设和科学运营规律，完善互联互通交通体系保障措施

三分谋划，七分落实。组织保障是实现沪苏交通体系的关键与核心。当前，苏州在现代综合交通体系建设的主体、人才、经验和融资方面还存在结构性短缺，对沪苏互联互通和苏州交通枢纽建设形成了明显制约。为有效解决交通体系建设中的难题，苏州还需加强以下保障措施建设：（1）由交通、发改、规划、土地、交警等部门设立交通一体化领导小组及办公室，定期会晤并主动对接长三角一体化工作办公室，形成信息有效沟通机制；（2）通过兼并重组和完善治理机制，加大对交通运输投资、建设、经营市场主体的培育，并择机建立沪苏两地合作公司，联合进行交通投资与运营，实现从项目一体化向市场一体化转变；（3）积极争取国家专项建设基金，成立市属交通一体化专项基金，探索建立社会资本参与交通基础设施建设与运营合作机制，积极引进社会资本和推广政府与社会资本合作（PPP）模式；（4）将交通建设和运营高层次人才列为苏州市紧缺人才，完善国资薪酬考核激励体系，加大对交通运输领军人才的引入与培育；（5）坚持系统推进，以构建综合交通基础设施网络体系为引领方向，积极完善交通运输装备体系，构建交通运输服务体系、创新发展体系、现代治理体系和安全发展体系，实现交通网络体系协同发展。

（四）把握城市交通体系优化布局方向，充分释放存量交通资源潜在价值

在重视交通工程大项目和新项目建设的同时，也要高度重视对现有存量

项目的优化提升。以苏州绕城高速为例，其建成以来对实现苏州“五区二市”联网畅通和快速过境发挥了重要作用。但在当前长三角高质量一体化发展时期，还需抢抓机遇，继续挖潜优化苏州绕城高速，其潜力释放将对实现沪苏物理空间一体化和绕城高速公司市场竞争力提升具有积极作用。为助力沪苏交通体系互联互通，可以关注以下三个方面：

一是取消淀山湖实体收费站，率先建立苏沪一体化收费新模式。因苏沪两地高速车流结构和利益不同，苏州和上海分别采取按重量和按车型计费标准，这也成为跨界实体收费站取消的最大制约因素。建议地方利益服从区域共同利益，有关各方应进行充分沟通协商，按照国内惯例统一收费标准，考虑双方损益和外部收益。二是优化绕城北线辐射功能，统筹苏州全域发展新需求。前瞻性统筹考虑长三角一体化背景下苏州经济社会发展需要，优化绕城北线同上海外环高速和上海绕城高速的互联互通。除考虑智能化收费系统建设之外，应进一步考虑太仓港区域、苏南沿江铁路和未来一体化项目建设等需要，使绕城北线主动对接上海城市规划。三是挖掘服务区资源潜力，打造区域旅游发展新动力。作为环太湖地区“二环六射”高速公路网中的“一环二射”，苏州绕城拥有太湖服务区、阳北服务区和石牌服务区，其中太湖服务区、阳北服务区分别位于风景宜人的太湖和阳澄湖之滨，地理优势得天独厚。建议苏州交通和旅游部门加强合作，精心谋划，积极争取，在上述两个服务区新增高速出入口功能。此外，淀山湖实体收费站撤销后也可考虑积极扩容，满足未来车流量增长的需要。

（王世文系苏州科技大学商学院教授、城市发展智库副院长，郝良峰系苏州科技大学商学院讲师）

第四编

人文环境与城市软实力提升

高度城市化背景下苏州农村乡风文明建设建议

潘福能

改革开放40多年来，苏州的城镇化和城市化发展迅速，走在了全国前列，在高度城市化背景下，苏州的乡村振兴和乡风文明建设也有着不同于传统农村区域的特点和路径。

一、苏州农村乡风文明建设存在的问题

苏州在农村精神文明建设和乡风文明建设中遇到的问题既有高度城市化区域遇到的共性问题，又有自身在发展中产生和带来的一些问题。这些问题主要是：

（一）村庄大量消失

苏州的高度城市化是城乡高度一体化的城市化，外资、内资资本高度渗透，农业特别是农村的生存空间越来越小。出于集约发展和土地高效利用的需要，苏州对村庄进行了大规模合并，此举被称为“三集中”（即居住向社区集中、企业向园区集中、土地向规模经营集中）。村庄的大量消失势必造成美丽乡村“见景不见人”，“乡愁”无处安放。这种做法在经济上是合算的，但在生态、文化上并不“划算”，乡村独特的价值被低估，会导致人文关怀的缺失。

（二）乡村文化发展的不平衡

苏州的村庄大约有四类。第一类是像张家港市南丰镇永联村那样有强大工业产业的居住区域，农业只是附属产业，村民大多是本地人，经济上有股份联系着，实际上就是小城市，党组织和村委会强大有力，公共服务设施档次高、质量好，村民村庄意识和认同感很强，这是乡风文明建设的优等生。第二类是旅游产业发展很好的村庄。这类村庄的传统文化和田园风光保留较

好，村民的认同感强，村貌和村风好，是乡风文明建设中的中等生。第三类是经济、文化、自然、组织条件较好的村庄，如正在建设中的美丽乡村。全市累计已建成三星级康居乡村 1 140 个（含美丽村庄示范点 100 个）。虽然文化的建设和乡风文明没有列入考核体系，但这些村的经济基础较好，村干部有较强的管理能力，上级政府重视乡风文明建设，是乡风文明建设中的合格生。第四类是边缘化村落，经济薄弱（集体经济收入 200 万元以下）、投入少、人心散、环境差，是乡风文明建设中的短板。

（三）外来流动人口很少被纳入社区文化活动和乡风文明建设中

苏州经济高速发展，带来了大量的外来人口，一些县（市）区，尤其是乡镇中，外来人口已经超过本地人口，他们在村庄里租住，成了村庄里新的居民。但他们游离于体系之外，在上级关于村庄的各种考核达标活动中，他们往往被排斥在外。社区文化活动主要是面向本地居民开办的，外来流动人口很少被纳入在内。

（四）乡风文明建设中存在形式主义和最后一公里问题

2013 年，苏州建成了全国第一批公共文化服务体系示范区，此后不断地完善、扩充、巩固、提升能力，但是这种政府主导的文化建设在实际操作中难免出现重领导轻群众、重形式轻内容、重数据轻实效、重建设轻管理的情况。乡镇党委、政府为村民们“设计好”的乡风文明并不一定能很好地符合农民的需要并能得到他们的认同，有着不同程度的形式主义存在。

二、高度城市化地区要建设内生性的乡风文明

在高度城市化区域，农村不仅与城市经济文化联系更为紧密，而且在居住形态上也更加趋同城市。但农村毕竟还是农村，如果忽视了农村特点和农村社会建设和文化建设，忽视了农村内生性发展，简单地将城市治理和文化建设的思路和逻辑移植到农村，乡风文明建设就会发生“水土不服”。当前良好乡风的内生性建设主要应在以下几个方面下功夫：

（一）稳定农民队伍，扩展村民的范畴

没有农民，没有村民，也就没有农村，所谓乡村文明建设也因为失去对象而变成“无源之水、无本之木”。高度城市化区域内各级领导要摒弃简单的经济思维，从生态、文化的高度认识农业、农民、农村，认识到保护农业、

农民、农村对城市可持续发展的重大意义。因此，要在城市发展规划和城市发展实践中因地制宜地保留农业、农民和农村，并按照现代化和科学化的要求提高各自发展的能力和水平。在鼓励工商资本下乡发展现代农业的同时，还应尽可能地让当地农民参与生产和管理。要注重对“小农户”的保护和扶植，对那些在传统农业条件下能够继续生存或者更好发展的特种农业要给予更为优惠的扶植政策。要鼓励乡、镇、村更好地组织当地农民从事绿化、保洁、农家乐、家庭旅馆、养老服务等事业，尽可能地创造工作机会让农民有事可做。为克服农业从业者年龄偏大、后继乏人的现象，要用政策引导更多的中青年成为职业经理人、专业技术人才，加入现代农民队伍里来。

要改变农村就是农民的家园这样一种狭隘的观念，树立农村是所有住在农村的从业者、创业者乃至住客的共同家园的观念。高度城市化地区农村乡风文明建设如果简单地把自己的对象局限在农民身上是不可持续的。所以，村民的范畴要拓展，乡风文明建设的对象也要拓展，要确立“居住者共同体”这一观念。重点是三个群体：一个是外来人员群体，这个群体有不确定性，但外来人员和本地村民两个群体的互动与和谐将是乡风文明建设长久的课题；另外一个是创业者群体，他们是外来人员中一个特殊的群体，由于外来资本需要同本地资源、人员、文化进行结合，他们在经济、社会、文化中会更加主动，对乡风文明的影响也更大；第三个群体是根在农村的中青年，他们在村里有家产、有老人，但本人的生活和工作都在城市，算得上半个村里人，村里的事务同他们利益相关，村里的情况他们比较熟悉，乡风文明建设不能忽略他们。

（二）发挥关键群体的作用

关键群体是指乡风文明建设的组织者、乡风文明建设的推动者与志愿者群体，以及乡风文明建设重大影响者乡贤群体。在现阶段，要推动农村乡风文明建设，需要乡村组织的大力引领和相关群体的大力推动。

要有接地气的村支委和村委会。现在苏州的村支委大多实行的是“两推一选”，即由全体党员直接选举委员候选人，由村民代表对候选人投信任票，再由党员大会推选出党支部委员。村民委员会成员由村民大会或村民小组提名，严格按照选举程序，并接受村民和社会各界监督，由此产生的村干部人选才能积极参与并带动村庄的发展、治理和乡风文明建设。大学生村官则更要尽快融入乡村、融入群众。

要科学设计乡风文明建设的岗位，充分发挥志愿者在乡风文明建设中的作用。苏州自 2014 年推行了乡风文明岗，岗位种类在不断增加和完善。要加强针对性，特别是针对有代表性、突出性的问题设岗，宁可少些也不要面面俱到，切实提高实效性。根据“人人提供服务，人人享受服务”原则，不仅使不同类型的志愿者交叉享受到各项服务，也要使每个志愿者在服务中得到精神和物质的鼓励。如扩大“志愿者、积分制”的实现方式，可以换奖品，可以变为文明评比的积分，可以变为享受各种社区服务的票据，也可以变为个人信用的积分。突出的一个问题是高度城市化区域志愿岗设置对外来人员的重视不够，志愿者队伍中外来人员比重太小而且参与热情也不高，应切实和逐步解决。此外，加强志愿者的培训是一项必要的、基础性的工作，要抓实、抓好。

要重视发挥社会贤达也就是乡贤的作用，使他们成为参与公共事务管理的“智囊团”、助推村级经济发展的创业致富“导师团”、协调邻里纠纷的“老娘舅”、扶贫济困的慈善公益“志愿队”等。在浙江绍兴等农村，一村或一乡的企业主们组成商会，协助村里组织公共事务或者排解某些纠纷，特别是外来务工人员与本村村民的矛盾和纠纷，由于他们手里的资源多，解决问题的办法和途径也多，已经成为处理村庄事务和乡风文明建设的好帮手。这一做法值得学习和借鉴。

要注重先富群体的示范作用，这部分人群对乡村风气的影响力，特别是对年轻人的生活和消费习惯影响极大，镇、村干部对他们要多加引导，发挥他们在回报家乡、乐善好施、婚姻家庭、合理消费等方面的正面引导作用。

（三）强化制度的规范性和约束性

在现代社会，乡风文明建设的一个重要基础就是制度的规范性和约束性。

首先，要科学制定和完善村规民约。村规民约要真正发挥巨大的作用，必须要针对百姓日常生活中遇到的具体问题，如家庭不和、好吃懒做、乱倒垃圾、铺张浪费、邻里关系、赌博高利贷，这样才接地气、有成效。要针对最为迫切、最为严重的问题聚焦几个方面，比如说制定“八项准则”“十不规范”。每年年底要对村民违反村规民约行为做出评判，并制定相应的奖惩机制。

其次，要完善乡风文明建设的考核机制。乡风文明建设考核机制的建设和完善，重点要放在如何科学、全面、真实地反映群众的评价上，并把这种

评价的结果作为考核村、镇干部的乡风文明建设成绩进而评价其整体工作业绩的依据。

最后、建立健全群众参与乡风文明建设的机制。要让更多的村民参与村庄的管理和公共事业的建设，充分听取他们的意见诉求，利用好他们的聪明才智，凡是涉及居民、社员切身利益的各类问题，均由集体讨论决定；要做好基础性工作，如对开展的每一次活动都进行记录，依据所耗费的时间、复杂程度等给予一定的积分、精神奖励或物质补偿，提高参与的积极性和获得感，体现出参与和不参与的区别；要在星级文明户和单项文明户评选中给予一定的精神和物质奖励，或者通过一定的渠道和方式提高其信用等级，帮助其在贷款、就业等方面获得更多的优惠和方便；要通过“好房东”“好租户”“好新村（乡）民”的评选使外来居民逐步参与到本地的乡风文明建设中。

（作者单位：中共苏州市委党校）

乡村振兴大背景下乡村遗产保护和利用的思考与建议

汪长根

党的十九大提出的“乡村振兴战略”是新时代贯彻新发展理念、建设现代经济体系的六大任务之一。在这个大背景下，如何把握乡村振兴与乡村遗产保护和利用之间的辩证关系？这是必须解决的重要课题。

一、关于乡村和乡村遗产的基本内涵

乡村是指城市建成区以外的广袤区域。所谓“遗产”，可以从两个层面去理解。一是特指，就是指联合国教科文组织、相关国际组织所界定的文化遗产、自然遗产、文化和自然双遗产、人类口述和非物质文化遗产代表作，以及其他门类遗产。二是泛指，广义的文化遗产应包括一切具有重要价值的优秀历史文化遗产和自然遗产，甚至包括这一代人献给下一代人、体现当代水准的代表作。

广义的乡村遗产泛指建成区以外的物质与非物质、特指与泛指的文化或自然遗产，如：传统自然村落、民居建筑、河流、湿地、湖荡、植被、生产生活设施等，以及有典型意义的乡村生活场景、种植业类型、耕作技艺等；农业文化遗产、湿地遗产、农业水利灌溉遗产等；已经列入各级文物保护单位名录、控制性保护名录的项目以及具有较高价值的不可移动文物；其他能突出体现典型乡村传统风貌特征的文化记忆、文化形式、文化载体等。

二、充分认识在乡村振兴大背景下乡村遗产保护和利用的极端重要性

乡村遗产是中华文化的根，是不可再生的文化资源。乡村振兴战略作为解决我国社会主要矛盾的关键，不仅体现在物质层面，也涵盖了精神文化层

面。对曾经生养、孕育人类的乡村，我们要有一颗敬畏之心，把乡村遗产保护好、传承好、利用好，留住根基，维持尊严，延年益寿，流芳后人，这是一种使命和担当。

随着城乡现代化的快速推进，建成区域不断扩大，乡村区域大幅度减少和乡村遗产损毁严重，一部分自然村落面临消亡或已经消亡，一部分老建筑被拆除或倒塌，亟须修复抢救。经济可以振兴，文化遗产却无法重建。

在乡村振兴大背景下，积极有效地保护乡村遗产，说到底，就是让人们在回望历史、唤醒乡情、体验乡味中安居乐业，使乡村成为城乡广大人民体验分享乡村美好生活的“田园之梦”。

三、努力探索具有自身特色、可持续发展的保护与利用新路子

（一）把乡村遗产保护与利用纳入实施乡村振兴战略的总体布局

我们正处在高质量发展的新时代。苏州作为经济社会发展的先行地区，一方面，城市化进程越快，城市融合程度越高，越要保持清醒的头脑，对乡村遗产抢救与保护的力度越要加强。另一方面，在城市化进程加快、城乡融合的视域下，乡村既是广大农民、农村工作者赖以生存、生活、生产的广阔天地，是食品安全、生态安全保障的主阵地，也是城市人心仪和向往的旅游、度假、休闲、体验胜地，必须把乡村遗产保护与利用纳入乡村振兴整体布局。特别是通过创新乡村经济业态，活化乡村旅游，推进文旅融合，发掘发现、做优做特乡村文化和自然遗产保护利用项目，优化遗产资源，将遗产的潜在价值转化为现实价值，使乡村遗产、文化旅游成为推动乡村经济繁荣、产业转型、环境保护提升、文化建设、社会治理的重要抓手，进而促进乡村和整个区域可协调发展，满足人民群众追求美好生活的新期待。

（二）坚持保护性开发和开发性保护有机结合，创新乡村遗产保护与利用的可持续发展之路

遵循文化和自然遗产价值保护规律与市场经济运行规律是乡村遗产可持续保护与利用的根本出路。

许多乡村遗产本来就是文化旅游景观，但它的生存范围不仅是一个“景点”，还是一个“景区”，甚至是一种全域旅游的景区。按照依法、分级分类等原则，有效地整合、优化各方面的资源，包括布局功能、彰显特色、整治环境、完善基础设施等，才能让遗产“活起来”，最大限度地体现其应有的价

值，充分发挥乡村遗产的效应。适度开发、有限开发是一种“活态保护”，是最佳的选择。

伴随着现代科学技术的发展，新技术、新材料、新工艺层出不穷，只有坚持传统性思维和创新性思维的融合、坚持正确的历史观，才能最大限度地学习、借鉴、吸收、利用现代科技成果，在“创新性保护”中帮助乡村遗产实现延年益寿和永续传承。

人民群众对美好生活的向往呈现多样化和与时俱进的趋势。保护性开发和开发性保护说到底是尊重文化和自然遗产保护的规律，尊重乡村遗产的多重价值，尊重人民群众对不同样式美好生活追求的选择，最大限度地帮助最大多数人民群众普及对文化和自然遗产的理解、热爱和体验。增强对文化和自然遗产、祖国优秀传统的认同感和自豪感。

遗产保护与利用应具有明确的指向，开发是途径，关键和目的在于保护。

（1）以建设“特色田园乡村”为有效抓手，以点带面实现乡村振兴战略，保护与利用好乡村遗产。

“特色”就是指特色产业、特色生态、特色文化；“田园”就是田园风光、田园建筑、田园生活；“乡村”就是美丽乡村、宜居乡村、活力乡村。目标是“生态优、村庄美、产业特、农民富、集体强、乡风好”。“产业、生态、文化”“特色、田园、乡村”相得益彰、相映生辉，乡村遗产应成为发展各要素的核心支撑点。

朝着这一方向和目标，使“特色田园乡村”成为新时代乡村振兴与乡村遗产保护深度融合的一种模板，以点带面，全面结果。

（2）以积极申报全球重要农业文化遗产为契机，实现乡村遗产保护与利用的新突破。

据调研，我市具有多处可供申报的全球重要农业文化遗产和世界水利灌溉工程遗产，这是苏州文化遗产大家族中不可或缺的重要组成部分，也是苏州作为世界文化遗产典范城市不可或缺的重要组成部分。目前，可先以东山、西山茶果间作农业系统、“水八仙”栽培系统等代表性项目为抓手，积极申报全球重要农业文化遗产名录，或申报列入中国重要农业文化遗产清单。要像当年苏州古典园林和中国大运河苏州点段申报列入世界遗产名录一样，加强领导，统一思想，形成共识，落实责任，精准发力。

可以预料，全球重要农业文化遗产项目一旦申报成功，必将有力助推乡

村振兴战略的实施，助推乡村文化遗产的保护与传承，助推农业品牌战略的实施，提升农业品牌影响力，为苏州乡村振兴与遗产保护事业做出新贡献。

（3）加快破解影响古建筑和传统民居抢救、修复、保护与利用的瓶颈障碍。

乡村间古镇、古村落、古建筑和传统保留村落、民居的抢救、修缮、保护与利用是乡村遗产保护与利用工作的重中之重，是保持乡愁、乡味、乡土气息和保护乡村优秀文化传统的基本载体，也是实施乡村振兴战略进程中必须破解的难点。

从目前情况看，我市古镇保护与利用总体程度比较好，利用也有一些亮点，但还不够平衡。面广量大的传统自然村落、传统建筑、传统民居的保护现状并不乐观。究其原因是多方面的：财力支撑不到位、政策法规不到位、改革创新不到位、工作推进不到位。有些地方的古村落和传统村落列入国家级、省级保护名录已经多年，但不仅没有得到更有效地修缮，反而愈加破败，令人惋惜。

乡村遗产保护的重点是乡村传统建筑，乡村振兴既要做“锦上添花”的事，更要做“雪中送炭”的事，应列出一批影响保护、修复和利用的瓶颈障碍的负面清单，采取有效措施予以真落实。

（作者系亚太遗产中心古建筑保护联盟主席、苏州市委原副秘书长）

浙江良渚古城遗址申遗成功的经验及其对苏州的启示

汪长根　周苏宁

2019 年 7 月 6 日，在联合国教科文组织世界遗产大会上，良渚古城遗址成功列入《世界遗产名录》。良渚古城遗址与苏州良渚文化遗址所在地同属良渚文化中心地区。应该指出，苏州对良渚文化遗址的发现、发掘、研究的起步并不晚。杭州地区的良渚文化遗址考古自 20 世纪 30 年代开始，经过几十年的研究，特别是近 40 年的不懈努力，最终确定了“五千年文明的曙光”这一意义非凡的重大成果，并成功申遗。苏州良渚文化遗址考古也有 40 年经历，在 20 世纪 80 年代逐步取得重大成果，吴县草鞋山、东山三山岛、昆山绰墩与少卿山、吴江梅堰和桃源广福村、苏州越城都有重要发现，特别是草鞋山考古，发现了距今 6 000 年前马家浜文化遗址，进一步佐证了“长江中下游也是中华文明的发源地之一”的学说，可谓“苏州良渚文化功不可没”。

一、浙江良渚古城遗址申遗的成功经验

同样是良渚文化，为什么这一世界遗产名录落地杭州？通过比较分析、深入探讨、理性审视，就能发现，任何事情都有其偶然性，也有其必然性。从现象看，其中一些因素是苏州达不到的，比如国家行为、高层重视、古城遗址在良渚等，似乎都被杭州占了。但从内在因素看，与杭州对标，苏州确有不少差距。比如，对良渚文化的认识、保护和利用力度，苏州是见事早，发力不够大，起步不算晚，起点不够高，研究人员不算少，但散而小，没有形成合力。就事论事多，对良渚文化的保护和利用还缺乏高屋建瓴的视野和气魄，缺乏对文化软实力的充分理解和尊重，尤其在处理文化遗产保护、发掘、利用与经济社会发展关系上还没有充分看到良渚文化可以释放的巨大潜力和价值。而杭州不一样，我们曾做过专门考察，他们的做法有几点给我们

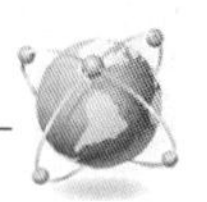

留下了深刻的印象。

（一）顶层设计，整体布局

杭州对文化遗产的保护和利用有一整套完善的决策规划部署。应该看到，杭州与苏州相比，历史文化资源方面并不占多少优势。在 1997 年苏州古典园林入遗后一段时间，杭州申遗状况还远远落后于苏州。然而，21 世纪以来，杭州明显加强了工作力度。一方面，他们对杭州域内具有地标特征的西湖、大运河、良渚、钱塘江、南宋遗址等物质文化遗产以及以民间手工艺为代表的非物质文化遗产进行全面梳理；另一方面，他们强化顶层设计，进行整体规划布局，并建立了相应的班子，有部署、有重点、扎实有序地推进文化遗产保护利用和申遗工作，取得了明显的成效。2011 年，杭州西湖列入《世界遗产名录》；2012 年，“全球创意城市 · 国际工艺与民间艺术之都”申报成功；2014 年，“中国大运河”申遗成功，杭州进入名录的有 11 个点、段；2019 年，“良渚古城遗址”申遗成功。目前，杭州还在加强对钱塘江文化遗址、西溪湿地文化遗址、宋城遗址等的保护研究和开发利用工作。杭州市委、市政府提出的建设“世界文化名城”的优势逐步显现。

（二）建立强有力的决策咨询机构

2009 年，杭州市委、市政府专门设立了“杭州国际城市学研究中心”（杭州研究院），其目标是围绕中央实施新型城镇化战略和建设中国特色新型智库两大战略决策，树立打造国际特征、中国特点、杭州特色的城市学学派和打造“国内领先、世界一流”的城市学智库的目标。其中，城市学包括七大研究平台：城市流动人口、城市交通、城市教育、历史文化名城保护、城市生态环境、城市医疗卫生、城市土地（住房）；杭州学包括七个分支学科：西湖学、西溪学、运河（河道）学、钱塘江学、湘湖（白马湖）学、良渚（余杭）学、南宋学。首任理事长为浙江省原省委常委、杭州市委书记王国平。该中心所拥有的包括编制、人才在内的超一流的软、硬件环境，超常规的运行体制和机制，创新、前瞻、务实、管用的高质量研究成果，以及中心与高层，国际组织，国家级、省、市级单位，知名机构畅通的信息交流管道，促进研究成果转化和助推地方经济社会发展的影响力，都让人刮目相看。引用浙江省委常委、杭州市委书记周江勇的一句话：杭州发展能取得今天这样的局面，杭州国际城市学研究中心发挥了重要作用。该中心承担了杭州大量具有重大影响力的智库作用，是杭州真正的优质智库，良渚的申遗成功就是一例。

（三）世界遗产保护与城市发展相得益彰、高度融合

纵观杭州的学术研究，近十几年来，从来不是就事论事，不是就保护说保护、就发展说发展，而是把两者紧密结合起来，用开放的视野、发展的思维、世界的眼光看待杭州的保护和利用。比如，西湖申遗成功后，杭州在全国率先取消西湖门票，一时引起全国热议。结果证明，杭州的这一决策是从大杭州的发展来看西湖遗产综合效应，带动了整个城市社会、文化、生态、经济的发展，在全国领先一大步。又如，杭州不仅将良渚古城遗址作为一处考古遗址、一个考古公园，更是把它作为杭州历史文化、中国历史文化的标志来看待，成为全世界瞩目的五千年历史文化所在地，成为杭州“国际化城市”的新地标。还有大运河、西溪湿地、宋城遗址保护等，都是最大限度与城市发展结合起来，最大限度争取政府、社会的支持和理解。

（四）保护和利用工作持续深入

自 20 世纪 30 年代考古发现良渚遗址以来，除战争等不可逆转的因素外，杭州对其的保护研究和开发利用工作一直在持续进行，不断深入，不断提高。杭州的特点是，发现一处古迹或研究一项历史文化，就不断深挖，一以贯之，与国内外机构和专家学者通力合作，把学术水平不断提高到国内顶尖、国际一流；同时与本地的文化建设紧密结合，高品位、高品质、高水平讲好“杭州故事”，文化设施高质量到位。比如，考古发现龙泉瓷古窑后，就建成“南宋官窑博物馆”；研究龙井茶历史文化和技艺，就建成“中国茶叶博物馆”；研究弘扬丝绸文化，就建成世界最大的丝绸博物馆；考古发现良渚文化后，就建成“良渚文化博物馆”，还有很多博物馆、艺术馆都是高起点、大手笔。然后，又通过这些政府主导的文博机构，把历史文化保护研究工作推向更高水平，实现了良性循环。

二、浙江申遗的成功经验对苏州的启示

有鉴于浙江的成功经验，我们在讨论苏州良渚文化问题时，一定不要单纯地看作仅是一个学术研讨，更要思考良渚古城申遗意味着什么？在良渚古城申遗的背后和未来，我们应该向人家学习些什么？我们应该怎么做？这也是一个目标值和行动力的问题。结合苏州实际，本文提出以下几点思考和建议。

（一）在不断提升研究水平上下功夫

研究苏州的良渚文化，首先要充分挖掘它的深刻内涵和深远影响，凸显它的历史价值和文化价值，在学术和学理的层面把它讲深讲透。这就给我们提出了一个问题：如何进一步提高我们的学术水平？如何把分散的研究力量、研究成果进一步优化整合？不容否认，目前苏州历史文化的研究水平有点停滞不前，不进则退，古城、古典园林、古镇古村落、传统手工艺、香山帮营造技艺、昆曲、丝绸等基本如此。比如在古典园林方面，现在很多文章和提法都是10年甚至20年前的研究成果，甚至还不如20年前的水平，远远落后于国内学术发展的步伐。参考一下故宫博物院、浙江文物考古研究所，就可以发现，我们在良渚研究上的差距还是很大的。如何聚力？如何整合？如何深入？专业的部门和人如何说好、做好专业事？在这些方面还有很多工作要做。

（二）跳出良渚，做好大文章

苏州最重要的文化品牌应是“世界遗产典范城市”，这是一篇关系到苏州全域遗产保护的大文章。苏州遗产包括物质、非物质遗产，有古典园林、大运河、丝绸之路、工业遗址、农业遗产、水利工程灌溉遗产、湿地、记忆档案、民间手工艺以及昆曲、古琴、宋锦、蚕桑丝织技艺（缂丝）、营造技艺、端午节，还有大量国家级、省市级文保、非遗等，要以良渚古城列入世界遗产名录为机遇，全面加强苏州全域遗产保护工作，站在世界文化的高度，有组织、有系统地开展研究，让苏州真正成为典范，成为标杆，显示出品牌的光芒。

（三）强化文化与旅游的融合

学术研究不应是学问人的“自娱自乐”，尤其是苏州城市的能级有限，学术研究还应当更多地借助市内外高等院校、科研机构和社会的力量，落到实处。作为地方学者，我们要扬长避短，坚持科学态度，把握科学规律，要跳出经院式学术研究的思路，按照“让文物活起来”的理念，扩大文博旅系统的深度合作，这是必须思考的另一个问题。苏州文旅融合的资源非常富有，文旅不仅是一个行业，更是一个产业。但“活起来”的业态又相对“贫困”，自以为是、小富则安、“小家之气”相当浓厚，妨碍了有深度、有高度的文旅融合。这方面还有很多工作要做，须在体制、机制、思想上先解决问题，才

可能让苏州丰富的遗产资源活起来。

（四）统筹规划，扎实推进

以良渚文化保护为切入点，按照市委书记蓝绍敏强调的“工作项目化，项目目标化，目标责任化，责任节点化”的要求，树立“大苏州、大文化、大发展”的目标，抓住古城、古镇、古村落、古建筑以及苏州其他类型的文化遗产，选择和排出若干重点工作、重点项目，按照近、中、远期的时序，进行安排规划，扎扎实实，一着不让地抓下去，抓出成效。

（五）建立体制和人才的保障机制

学习杭州经验，整合苏州智库和人才资源，改变以往小而散、各自为政的状况，把体制优势变成体制强势，让人才宝库成为人才动能，建立和健全具有影响力的顶层智库，成为思想策源发动机，真正使苏州这块历史悠久、人文荟萃、藏龙卧虎的宝地，在新时代产生巨大的经济、文化和社会效益。

（作者单位：亚太世界遗产中心古建筑保护联盟、苏州世界遗产与古建筑保护研究会）

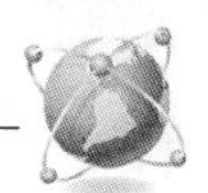

中美“脱钩论”背景下苏州应加大力度吸引海外人才

朱 琳

近日，习近平总书记在科学家座谈会上指出：“要面向世界汇聚一流人才，吸引海外高端人才，为海外科学家在华工作提供具有国际竞争力和吸引力的环境条件。”这为我们增强科技创新能力、开展人才引进工作明确了努力方向。当前，美国一些政客宣扬中美“脱钩论”，妄图人为切断资金流、技术流、产品流、产业流、人才流。在人文交流领域，美国2020年已撤销超过1 000名中国留学生及研究人员的签证，对中国留学生在美国机场离境时开展严查，北得克萨斯州大学还驱逐了15名中国公派留学生。美国的这一极端做法在一定程度上也为国内吸引海外人才回国创业创造了良好条件。

据职场社交平台“脉脉”的统计显示，海外人才归国就业热情在持续升温。2019年11月至2020年4月，海外人才新增注册“脉脉”的人数持续走高，半年增长率为213%。2019年5月1日至2020年4月30日，海外人才流入排名前十的城市分别是北京、上海、深圳、杭州、广州、成都、苏州、南京、西安和厦门，苏州排名第七。当前，苏州正在以“六个围绕”的产业发展思路打造生物医药“一号产业”，推进材料科学姑苏实验室建设，重点打造十条产业链并推行“链长制”，因此迫切需要高端人才支持，而海外高端人才恰恰是高端人才的重要来源之一。因此，苏州应加大力度吸引海外人才归国，以服务苏州的经济社会高质量发展。

为吸引海外高端人才回国创业，上海、南京、青岛、佛山等地采取了专门的政策措施。上海在2020年8月底发布“4+1”海外人才新政，包括《进一步支持留学人员来沪创业的实施办法》《上海市海外人才居住证管理办法》及实施细则、《关于做好优秀外籍高校毕业生来沪工作等有关事项的通知》《上海留学人员创业园管理办法》及临港配套出台的《中国（上海）自由贸

易试验区临港新片区支持留学人员创新创业若干措施》等。其中，《上海市海外人才居住证管理办法》明确，持证人可在居留许可、工作许可、创办企业、社会保险、行政机关聘用、公积金、子女教育、资格评定考试和登记、人才发展专项资金、通关便利、来沪定居、永久居留、金融服务、驾驶证照办理、非营业性客车额度拍卖、评选表彰、政务服务等17个方面享受权益，在临港新片区、张江科学城和虹桥商务区等区域工作的外籍留学人员可直接办理最长有效期为10年的长期居住证。7月，临港新片区的首个归国留学人员组织——上海市欧美同学会（上海市留学人员联合会）临港新片区分会成立。

针对“345”海外高层次人才引进计划，南京在2020年5月进一步发布了实施细则，对入选“急需紧缺外国专家引进计划”的，给予用人单位最长3年、每年每人最高60万元的引才补贴；对入选“海外高端创新团队集聚计划”的，给予用人单位500万元项目资助；对入选“海外专家工作室柔性引才计划”的，给予用人单位30万元启动经费，另加连续3年每年最高30万元的柔性引才经费。重点支持生物医药等五大地标产业引进海外高层次人才。南京江北新区（自贸片区）于2020年4月发布《关于促进自贸区人才发展、优化升级“创业江北”人才计划十策实施办法》，要求加大对海外留学生的引进力度，将境外名校支持范围扩大到世界名校500强，给予每人最高4万元的一次性生活补贴。给予高端人才子女连续3年每年最高10万元学费补助和外籍高端人才配偶就业岗位协调。

青岛在2020年6月出台的《关于加快中国—上海合作组织地方经贸合作示范区、中国（山东）自由贸易试验区青岛片区人才集聚发展的若干政策措施（试行）》明确规定：全职引进上合组织国家和“一带一路”沿线国家新材料、生物医药等优势领域的尖端科研人才，可获500万元安家费；柔性引进的人才可连续3年享受在青纳税劳动收入30%的奖励。尖端人才领衔的团队项目可获最高1亿元的综合资助。打造“青年驿站”，为来“两区”求职的应届和毕业1年以内的高校毕业生，提供7天免费住宿服务。

佛山南海区在2020年4月举办“海外人才归南海——2020‘疫’路同行招聘季”，启动海外留学生人才引进专项行动。5月，发布《佛山市南海区人才认定评定办法》，其中规定，对受疫情影响，尚未拿到毕业证或学业中断的学子，可根据其专业能力、工作经验和研究成果，通过“专家专业评审”“企业自主认定”等方式，确定人才类别，符合条件的可享受配套人才扶持政策。

南海区还与智联招聘携手，在南海企业人才招聘平台上增设了“海外招聘”版块，将“海外招聘”版块与社会招聘、校园招聘版块并列，为企业与海外留学生搭建便捷安全、精准对接平台。

与上述城市的做法相比，苏州在吸引海外高端人才方面还存在一些不足。（1）引才政策的针对性和精准性不够。海外高端人才分为外籍专家、尚未取得外籍的长期在海外工作或定居的人才、外籍华人、中国籍留学生等多种类型，但目前我市政策更多考虑外籍专家这一类型的海外人才，对海外留学人员考虑不够。面临中美贸易摩擦、疫情全球蔓延、构建“双循环”新发展格局等新形势，我市针对海外留学生群体的专门政策措施不多，相比之下，上海等地已在吸引海外留学人才归国创业方面加大了力度。（2）奖补措施竞争力不强。例如，苏州对重大创新团队给予最高 5 000 万元项目资助，而青岛自贸片区对尖端人才领衔的团队项目给予最高 1 亿元资助；青岛对海外留学人员来青求职可提供 7 天免费住宿，而苏州目前没有类似措施。

面对各地争先吸引海外人才的形势，苏州应加大力度吸引海外人才来苏创业。（1）制订更有针对性的引才政策，对海外人才分类施策。首先，学习借鉴上海等地的做法，研究制订关于进一步吸引留学人员回国创业的政策措施，抢抓海外高端人才加速回流的历史机遇。其次，建议加强与海外留学生组织、华人团体、协会商会的联系和沟通，对海外优秀留学生、优秀华人华侨、优秀科研人员情况进行深入了解，瞄准我市当前重点建设十条产业链的需求，列出重点引进海外人才清单。再次，细化不同类型海外人才的特殊工作生活需求，比如刚毕业的海外博士后，在国外实验室已经工作 5 年以上，有一定工作经验，回国创业后更为关心住房和子女教育等问题；50 岁以上的掌握先进技术的海外人才往往不太受子女教育问题困扰，拥有较好的经济基础和住房购买力，比较关心医疗保障问题，因才施策方能更有效吸引人才。（2）以“苏州最舒心”营商服务品牌吸引人才。吸引人才的方法与手段有多种，不必只局限于加大奖励补贴这一种方法，应结合实际情况，开阔引才思路，创新引才手段。其中，用一流的服务环境吸引人才创新创业是重要的引才手段之一，也是我市的发展优势所在。要进一步发挥高层次人才一站式服务的中心作用，在海外人才服务的每一件小事、每一个细节上体现招才引智的诚意和决心，以“不要我觉得、只要你觉得”的服务理念，在政策咨询、项目申报、融资对接、业务办理等方面为人才提供高效、舒心、公平的服务，

帮助人才及时解决好安居落户、子女入学、医疗保障等后顾之忧，做好后续跟踪服务。（3）加大海外人才招引工作的宣传力度。做大用好人才创新合作专享图，集中展示苏州在服务海外人才，特别是政策支持、便利服务、生态营造等方面的成果，展示创新创业空间、人才创新平台、人才服务生态等方面的重要地理信息。借鉴杭州的做法，制作全球引才宣传片在全球发布，重点向世界展示苏州的人才生态环境和创新创业氛围，吸引海外人才来苏发展。利用国际人才交流大会的机会，借助友好城市的力量向全世界推介苏州招引海外人才的工作成效并发布人才需求。

（作者单位：中共苏州市委党校）

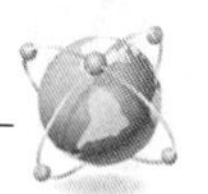

增强苏州城市魅力
构筑人才宜居高地

石庆龄

在经济高速发展转变为高质量发展的今天，创新已成为主要动力，而创新的根本在于人才，正所谓科技是第一生产力、创新是第一驱动力、人才是第一资源。苏州正在构建特色产业创新体系，不仅需要专业型人才、复合型人才为创新发展提供支持，也需要大量年轻人才为城市未来发展储备力量。因此，苏州应进一步优化城市资源配置，提升城市品牌，增强城市魅力，以建设现代化国际大都市为抓手，加快构建人才宜居宜业高地，吸引更多人才来苏创业就业。

一、苏州人才吸引力需要进一步增强

人口与人才，前者强调数量，后者强调质量。近年来，苏州的人口吸引力较强，外来人口无论规模还是占比均在全国名列前茅，但在人才吸引力方面，虽然近年来引进了较多的“大院大所”，各类科研人才有所集聚，但吸引力仍有提升空间。

（一）苏州人口吸引力与其经济发展水平基本一致

百度地图《慧眼》基于海量位置和交通数据自 2017 年一季度开始发布《中国城市活力研究报告》，其中城市常住人口吸引力指数是评估城市吸引力的核心指标，即该城市新流入常住人口与全国所有城市新流入常住人口均值的比值（这里的常住人口是指在一个城市驻留超过 2 个月的人口）。2017—2019 年，苏州在城市人口吸引力排行中的位次比较稳定，最高第五，最低第十，其中有五个季度排在第六，中位数也是第六，这与苏州经济总量在全国城市中排名第七的地位基本相符。

（二）苏州高校毕业生留存率有待进一步提升

在2019年新一线城市研究所发布的《城市商业魅力排行榜》中，苏州本地高校应届毕业生留存率为63.6%，在新一线城市中排名第七，算上北上广深排在了第11位，低于北京（71.3%）、成都（76.2%）、昆明（64.6%）等城市。以苏州大学、上海大学、深圳大学3所地方大学为例，根据3所高校的《2018年毕业生就业质量报告》，深圳大学6 361名应届本科毕业生（本市生源占38.3%），当年就业4 679人，其中在深圳市内就业占比高达87.2%；上海大学4 590名应届本科毕业生（本市生源占34.4%），当年就业2 006人，其中在上海市内就业占比高达80.9%；苏州大学6 461名应届本科毕业生，当年就业4 419人，其中在苏州市内就业占比仅为38.3%。

（三）苏州对应届海归人才的吸引力有待增强

在吸引海外应届毕业生方面，受益于城市发展加快和人才政策提振，新一线城市对海归人才的吸引力持续增长。根据新一线城市研究所发布的数据，在2019年应届海归人才分布最多的15城市中，新一线城市占据了10个名额。其中杭州的魅力持续提升，选择杭州的海归人才占比达6.7%，在新一线城市中排名第一，在全国范围内排名第四，仅次于上海、北京和深圳，甚至高于选择广州的海归人才占比（4.8%）。选择苏州的应届海归人才占比为1.4%，在全国城市中排名第11，低于杭州、西安、天津等城市，但也要看到，在这15个城市中，仅有苏州为地级市，其中14个城市均为直辖市、省会城市或者副省级城市。

二、影响城市人才吸引力的主要因素

影响城市人才吸引力的主要因素有就业岗位、发展机会和宜居环境三个方面。吸引人才与留住人才的根本在于城市产业的发展、工作机会的提供；而人才作为“人”，又是具有社会性的群体，其生存和发展与该地的政策、公共服务、配套的文化娱乐设施等也息息相关。

从就业岗位和发展机会来看，以苏州、杭州、深圳3市为例，2017年年底，苏州、杭州、深圳3市从业人员分别为691.6万人、681.1万人、943.3万人，3市从业人员占常住人口的比重分别为64.7%、71.9%、75.3%，深圳较苏州约高出10个百分点；从市场主体来看，2018年年底，苏州、杭州、深圳3市市场主体（含企业和个体户）分别为156万户、110.5万户、311.9万户，

深圳约为苏州的两倍。可以看出，深圳市场容量明显更大，提供的就业机会更多，更容易成为人才集聚地。从宜居环境来看，苏州人文荟萃、水网纵横、生态优美，但受制于城市能级，高等院校、医疗设施尚显不足，商业机构、交通设施易受上海“虹吸”影响。如同为长三角地区，根据复旦大学医院管理研究所发布的《2019 中国医院排行榜》，在综合排名前 100 强医院中上海拥有 10 所，杭州有 5 所，苏州仅有 1 所。

三、提升苏州人才吸引力的对策建议

近年来，各地均认识到人才对城市发展的重要性，纷纷采取措施加大人才吸引力度，如放低人才落户门槛、提供各类公租住房、打响城市发展品牌等。面对城市人才竞争，苏州要立足自身发展需要，以增强城市魅力来构筑人才宜居、宜业高地。

（一）增强城市产业魅力

2018 年，工业和信息化部赛迪研究院发布了《2018 年城市产业竞争力指数白皮书》，以产业竞争力为导向，从规模实力、产业密度、创新能力、绿色发展、营商环境等维度筛选了 10 个指标，对各城市的产业竞争力进行了评估，综合评析了全国 4 个直辖市及 294 个地级市的发展情况。苏州依托制造业的雄厚基础，在近 300 个城市中产业竞争力排名第五，仅次于北、上、广、深。但我们也要看到，苏州虽然工业体系较为健全，生产性服务业精细化程度较高，但在新兴产业容量、产量、质量上还有不足，要进一步加强营商环境建设，提升产业包容度、清晰度、创新度，增强产业魅力，为各类人才来苏就业、创业提供更为广阔的空间。

（二）增强城市商业魅力

新一线城市研究所发布的《城市商业魅力排行榜》显示，苏州的商圈总实力位列第七，便利店数量未进入前十，服装店数量位列第五，超市数量位列第七。根据阿里巴巴 2018 年全年数据统计，苏州在线上店铺最多的 10 个非一线城市中位列第五，次于杭州、金华、泉州、东莞。可见，苏州的商圈实力、超市数量与经济发展基本一致，线上店铺略有不足，便利店数量低于苏州经济发展排名。因此，苏州要优化商业设施，避免各类综合性商圈同质竞争、近距离竞争，加大便利性商业设施布局，让居民生活更具多样性，让城市更有活力。比如应积极鼓励便利店、社区菜场在各居民小区选址开店，

鼓励苏州工业园区等探索邻里共享菜场模式，优先聘用本小区居民作为生鲜超市员工。

（三）增强城市消费魅力

依托大运河等水路通道，苏州在古代尤其在明清时期是我国重要的生产基地、商贸重地和消费城市。改革开放以来，苏州已成为工业大市，但还远未成为消费大市。现代城市人的生活方式早已从传统的衣食住行升级到更为丰富的物质和文化层面。在《城市商业魅力排行榜》中，2019 年苏州生活方式多样性指数较 2018 年下降三位，位居新一线城市第八位，其中休闲文化场所（博物馆、书店、电影院）数量在新一线城市中排名第五，而运动场馆丰富度排名第七，咖啡馆增速未进入前十。苏州要以自贸片区建设为契机，丰富商品消费品种；要以国际化大都市建设为目标，规划中高端文教卫体设施，为传统艺术注入古今融合元素，培育并引进音乐会、芭蕾舞、创意节等文化消费项目，进一步吸引全球人才来苏长驻。

（四）增强城市文化魅力

苏州是一座具有 2 500 多年历史文化的名城，丝绸文化、江南文化、吴地文化与现代城市文化交相辉映，形成了“双面绣”，但近年来，苏州在工业化和城市化进程中如何打出“文化名片”还在探索之中。在“中外城市竞争力研究会 2018 中国文化竞争力十佳城市排名”与中国传媒大学《中国城市文化竞争力研究报告》中，苏州均未进入前十，文化竞争力与北京、杭州、南京、西安、洛阳、广州、深圳等城市相比有较大差距。城市文化是一种“身份认同”，苏州要通过凝聚文化共识、加强文化传播、打响文化品牌、增强文化软实力、提升文化归属感来吸引人才并留住人才。

（五）增强城市生态魅力

苏州湖泊众多，水网密布，四角山水环绕，自然禀赋优良，生态本底条件优越。在中国社会科学院城市与竞争力研究中心“2018 年中国城市可持续竞争力指数排名”中，苏州排名在北京、上海、广州、深圳、杭州、南京、成都之后，列第八位。2006 年，苏州获得联合国人居环境奖；2008 年，张家港获得联合国人居奖荣誉奖。改革开放以来，随着城市化进程的推进，苏州正由农业型生态环境逐步迈向城市建成型生态环境，同时也面临着人口膨胀的压力、资源缺乏的制约、生态失衡的挑战。苏州在全方位提升城市承载力

和资源集聚力的同时，应加强对生态的传承保护，建设生态涵养发展实验区，将苏州段大运河文化带建设成为世界运河文化中“最璀璨的明珠”，建设好长江苏州段生态屏障，改善东太湖水质，不断彰显江南水乡特色，以更加宜居优美的生态环境吸引人才。

（作者单位：苏州市发展规划研究院）

关于进一步提升科技人才工作竞争力的建议

王世文　郑作龙

2020年，“开放再出发30条”首当其冲扭住人才“第一要素”，《政府工作报告》也对“实施万名高端人才集聚计划，加大创新创业人才引育力度……”等工作进行了部署。但在全国人才工作改革加速深化和各地招才引智力度不断升级的背景下，苏州也面临如何适应政策新机遇、市场新变革和发展新需求的新课题。从统计数据看，苏州还面临人才环比增速趋缓的挑战。要完成市委、市政府确定的工作目标，苏州需要把握人才供求新规律，以满足社会主义现代化需求为对标，以建设全球人才集聚高地为目标，以改革创新与有效落实为重点，实施补短板与强长项滚动计划，优化人才生态系统体系。特别是需要保持战略定力，着力围绕四大先导产业，加快建设“实体经济、科技创新、现代金融、人力资源协同发展的产业体系”，优化人才生态系统，为率先培育具有国际竞争力的产业集群提供智力保障。在具体策略上，一方面，苏州要以“改革红利”激发“人才红利”，以目标格局和政策力度构建顶层设计优势。另一方面，还要以“组织能力”发挥“人才红利”，加速人才市场体系、人才管理技术、合力工作机制、离岸创新基地、绩效考核评估等协同发力，以更为有效的落实政策和创新创业活力打造行动效率优势。

一、苏州人才工作面临的新课题

自2016年《关于深化人才发展体制机制改革的意见》出台以来，“构建科学规范、开放包容、运行高效的人才发展治理体系，形成具有国际竞争力的人才制度优势”已成为新时代人才工作的发展方向。之后《关于分类推进人才评价机制改革的指导意见》《关于促进劳动力和人才社会性流动体制机制改革的意见》《关于扩大高校和科研院所科研相关自主权的若干意见》等文件

相继出台，全国人才工作改革加速全面深化。

围绕政策机遇，各地人才工作步入新发展阶段，对人才制度创新与生态机制的建设愈益重视。以2020年地方政府工作报告为例，上海提出“加快建设国际人才高地”，对人才工程、引进政策、集聚制度、市场服务、流动机制、分类评价机制等工作进行了部署。北京提出加快国际人才社区建设，持续营造“类海外”环境，更大力度地实施国际人才创新改革政策，在国际人才密集区设立离岸孵化基地，建立国际科技合作平台。深圳市提出“打造国际人才集聚高地”，聚焦国际人才评价、服务保障体系、出入境管理制度、创办科技型企业、技术移民等管理创新举措。具体政策方面，各地的管理创新工作也加速落地实施。例如，2020年1月，上海市出台了《临港新片区支持人才发展若干措施》，48条具体举措促进人才集聚与执业。3月初，浙江省湖州市推出“人才新政4.0版”，提出集聚世界各地人才，建设人才治理现代化和人才生态最优化城市。

各项改革意见文件的出台为人才工作提供了新起点，打造具有国际竞争力的人才制度优势已成为当前工作重心。面对人才改革新课题，苏州和其他城市处于同一起点，原有的政策和经验优势不再如前。与此同时，围绕国家战略实施，部分城市还承担了特定领域人才工作的先行先试任务。新政策的密集出台，以及各地人才支持与改革力度的升级，对苏州具有复杂影响，应该全面衡量把握。尽管苏州的人才工作富有成效，但趋势仍不容乐观。2013年到2019年期间，苏州人才总量和高层次人才环比增速连续下滑，其中，高层次人才环比增速从17.54%下降到9.84%，累计下降率达43.90%。另根据猎聘网数据，苏州当前中高端人才为净流出，滑落出城市排名前20位之列。见微知著，人才流动趋势对未来具有重要预警意义，还应予以高度重视。

二、以目标格局和政策力度构建顶层设计优势

苏州须转换人才工作格局观，念好“快”“有”两字诀，以深化改革率先落实全国人才新政策，做到普适政策快落实、示范政策争取有，以制度创新提升人才国际竞争力，以“改革红利”激发“人才红利”。

（一）提升人才国际竞争比较优势，战略性探索全球人才中心发展路径

2019年，苏州规模以上工业总产值3.36万亿元，理应在国家战略“培育若干世界级先进制造业集群”中有所担当，在“产业迈向全球价值链中高端”

方面率先突破。功以才成，建设自主可控制造业体系和迈向全球价值链中高端，培育产业全球竞争力还需着力提升人才的国际竞争力，树立国际化人才发展观，集聚世界级高层次人才培育。在“十四五”有关发展规划中，苏州的人才工作要确定全球人才中心发展定位，明确提升人才国际竞争比较优势的具体目标和策略。

（二）以先导产业原创优势培育为目标，加快建设人力资源与实体经济、科技创新、现代金融协同发展的产业体系

聚才当以“用”为本，以提升产业创驱动力为目标。先导产业发展对前瞻性基础研究和引领性原创成果具有较强依赖性，需要深度参与先导产业领域世界前沿科技创新活动。创新发展需要以一定人才密度和人才与其他要素的化合裂变为前提，需要畅通政策链、人才链、创新链和产业链。才尽其有，不仅须关注引才政策，还须打造人才优势向产业优势的转化机制。实现人才对先导产业发展的支持，须贯彻巩固、增强、提升、畅通方针，率先建立人力资源与实体经济、科技创新、现代金融协同发展的产业机制。以有机协同打造创新成果产业化全球优势，创造价值实现与自我发展的最优环境，以“事业聚才”构筑人才最强吸引力。

（三）创新人才培育政策，提升人才供给能力

人才短缺是全球长期普遍存在的现象，本地人才供给有效体系建设既是苏州应有的责任，也是特色化专业人才定制培养的需要。一方面，苏州应提质增效名城名校与大院大所有关工作，并借鉴深圳经验，完善苏州高等教育发展顶层设计，实施高等教育跨越发展支持计划。还可借鉴杭州西湖大学的经验，深化社会资本与境内外高水平大学、科研机构合作机制，鼓励共建特色一流大学或新型研究机构。另一方面，优化在苏高校学科体系和培养模式，深化政产学研合作机制创新。苏州可结合四大先导产业发展，设立专项教育基金，支持相关新专业建设，鼓励相关硕士、博士研究方向与学科的设立。苏州还可鼓励在苏高校创新培养模式，建立前沿理论、前沿技术与新产业紧密结合的培养方案，深化创新创业工作，创建紧缺专业在职人员学历与职业教育工作。此外，还应大力支持“双一流大学”和“双高计划”建设，予以有竞争力的资金支持，鼓励大力引进与培育高层次人才。

三、以落实执行力和创新创业活跃度培育组织能力优势

人才工作离不开组织能力的保障。培育强有力的组织能力，提升政策落实执行力，实现人尽其才，有利于形成苏州对全球人才的内生吸引力。政策可以复制，但组织能力的提升还需自我打磨修炼。

（一）强化人才市场体系建设

苏州应深化人力资源市场体系建设，大力推进与国际人才市场的接轨，当前应重点加强中介组织建设，推动专业化、国际化和科技化的人才市场服务体系建立，扶持人力资本服务产业发展。这方面，可借鉴参考上海的相关经验。例如，通过打造浦东国际人才港，吸引万宝盛华、猎聘网和 CDP 集团等知名人力资源服务机构入驻，培育猎头、招聘、测评、培训、薪酬和评价人力资源全产业链。再如，通过市场化模式设立临港外服人力资源有限公司，以公司化运作机制推进人才工作国际化发展，构建全周期国际化人才服务体系。此外，浙江嘉善抢抓区域经济一体化发展机遇，建设长三角人才创新园的探索也值得关注。

（二）强化管理技术优化升级

苏州的人才工作富有成效，积累了宝贵经验，应对其进行总结，上升到操作规范层面。在这一过程中，苏州可借助先进技术和管理工具，进行革命性流程优化，建立最有效的人才工作流程与方案。其中，尤其需要强化大数据与人工智能在人才工作中的运用。现代技术在人才管理领域的运用需要突破事前宣传与事后统计的局限，深化对数据的挖掘和运用，以更主动、更专业的招才引智系统建设与科技资源共享功能为发展重点。例如，可委托苏州图书馆牵头，建立先导产业全球人才与前沿成果数据库，对全球高端人才分布与研究成果进行跟踪，提供高效的情报咨询服务，并开展学术交流。人才管理部门可围绕重点发展产业，精准搜寻技术链和产业链关键环节国际前沿发展信息，多途径推动国内外产业间的合作。围绕先导产业发展，还可以考虑建立公共创新网络平台和企业开放创新平台，推动全球智力资源的集成协同利用，提升创新创业的活跃度与成效。

（三）强化人才工作合力机制

人才工作既涉及多个政府部门，又需要供求单位和人才中介组织的参与。

保持全球人才集聚优势，应健全政府部门之间、政府部门和市场主体之间的高效运行机制，打造人才工作。发展先导产业，培育世界级先进制造业集群，必须提升相关产业的基础能力和产业链现代化水平。贯彻落实十九届四中全会精神，提升产业基础能力和产业链现代化水平，离不开国际水平的科技领军人才和高水平创新团队的培育。英雄需有用武之地，大事业才能吸引具有国际水平的科技领军人才的集聚，才能产生引领性原创成果。围绕先导产业关键核心技术攻关，苏州还需聚焦服务国家重大科技战略，积极争取“十四五”国家重大科技基础设施项目，加快国家工程技术研发中心建设，主动对接国家重点研发计划。但是，要拿到这样一手好牌，不是一个部门或机构能够实现的，需要有关部门整合国内外大院大所和企业开展协作与联合攻关。同样，如何深度融入长三角一体化国家战略，主动深化与央企、上海各类研发中心、国际研发总部的合作，也需要各方齐心协力，才能不负历史机遇。

（四）强化人才国际发展策略

培育世界级先进制造业集群，要坚持人才工作国际化发展原则，积极探索全球人才集聚中心建设路径。坚持开放聚才与用才一直是苏州发展的重点，“国际精英创业周”和“海鸥计划”在国内外的认知度已然形成。近年来，国家关于外国人居留、就业、创业和签证的管理制度不断深化，《北京加强全国科技创新中心建设总体方案》《中国（上海）自由贸易试验区临港新片区总体方案》《深圳建设中国特色社会主义先行示范区的意见》赋予这些城市人才工作某方面的创新政策，特别是实行更开放的境外人才引进、出入和工作制度。作为中科协离岸创新创业基地试点城市，苏州经过 3 年实践，已从“框架性”合作进入“项目化”合作关键发展阶段，对融合海外人才联络、吸引全球人才和利用海外智力具有较大潜力。面对政策机遇，如何更好地发挥离岸创新创业基地的功能，还需深化改革，有效落实外籍人员创业国民待遇，探索海外项目团队出入境、就业、交流、结汇和通关等便利措施。

（五）强化工作绩效考核评估

人才竞争力包括人才环境、人才吸引、人才培养、人才保留、劳动技能、全球知识技能等多个方面。人才工作考核是一个系统过程，特别是随着数据管理技术的进步，其对把脉人才工作短板、强项和效率水平的价值不断提升，对人才工作动态优化具有重要意义。2015 年，杭州市就提出要“加大评估考核力度”，要求“引入第三方专业评价机构，对人才政策执行情况进行跟

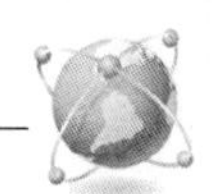

踪……”。苏州可以借鉴国内外先进经验，强化人才工作绩效考核，及时把握人才工作最缺什么、什么措施有效、哪些措施是花架子等重要信息。以“应该做什么、怎么做最有效”替代“能做什么、做了什么”的工作思维范式，优化苏州人才工作滚动计划。

（作者王世文系苏州专家咨询团成员、苏州科技大学城市发展智库研究员，郑作龙系苏州科技大学城市发展智库研究员）

赋予“园区经验”新时代内涵

沈卫奇

站在苏州开放再出发的新起点，赋予“借鉴、创新、圆融、共赢”园区经验新的时代内涵，汇聚向上生长的澎拜动力，对于建设世界一流高科技园区、打造新时代改革开放高地、争当现代国际大都市引领示范区具有特别重要的意义。

坚持国际标准、世界眼光，在更高水平的开放中开新局。新一轮扩大开放的重点是服务开放、贸易开放和规则开放。要以苏州自贸片区建设为契机，用好高端制造业、现代服务业扩大开放政策，重点抓好功能性总部、外资金融机构的集聚工作，支持企业参与国际国内经济双循环体系建设，鼓励企业参与全球产业链、价值链重构，推动产业高端化转型，向“微笑曲线”两端延伸。同时，高标准对接国际经贸规则，以企业需求为导向，加强制度集成创新，营造国际化、法治化、便利化营商环境。积极响应“一带一路”倡议与“长三角一体化”战略，“高质量引进来”与“高水平走出去”相结合，创新制度设计，发展飞地经济，打造具有标杆意义的合作共建项目，推动“有限园区”“无限园区”两个园区比翼齐飞，在服务国家战略中展现园区担当。

坚持前瞻布局，超前谋划，在更大力度创新中攀新高。创新是区域竞争与合作的主战场，是城市未来的新赛道。要保持战略定力，以“功成不必在我”的情怀和“功成必定有我”的信念，向着一个方向奔跑，咬定一个目标拼搏，坚持以“亩均”论英雄、创新论英雄、生态论英雄，坚决对不符合产业发展导向、效益产出不达标准、生态环境不友好的项目说“不”。围绕产业链布局创新链，以创新链引领产业链，精准绘制产业图谱、技术图谱、人才图谱、资源图谱，努力汇聚和配置国际高端创新资源要素，推动开放和创新的深度融合，多层次深化国际国内科技创新合作，加大重大科技基础设施布

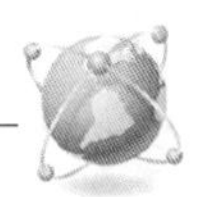

局，加快在国际创新策源地建设能力中心与创新中心，加强关键核心技术攻坚突破，加速战略性新兴产业成长，让创新型经济成为推动高质量发展的主导力量。

坚持刀刃向内、自我革命，在更深层次改革中探新路。开发区的核心竞争力是体制机制创新。要以思想再解放推动开放再出发、目标再攀高，实事求是、因地制宜探索开发区与行政区融合发展的管理体制，积极争取更大的经济社会管理授权，深化职员制、招商管理体制等改革，适时推动功能区、街道二次改革，建立优化协同高效的运行机制。用好绩效考核指挥棒，让干部能上能下、收入能多能少、人员能进能出，给奔跑减负，为发展加油。深刻总结战“疫”成功经验，顺应时代发展潮流，加快数字化、智慧化赋能，探索建立云管理、云服务新模式，塑造一批云审批、云商务、云党建、云人才品牌，致力打造具有现代化治理能力的“云政府”。

（作者系苏州工业园区工委管委会研究室主任）

与时俱进弘扬张家港精神
聚焦聚力“三标杆一率先”

邵军民

江苏省委常委、苏州市委书记蓝绍敏勾画的“十全十美”苏州蓝图中对张家港明确定位了“三个转”，即“思想观念要往新里转，产业结构要往高里转，城市建设要往优里转”，非常精准地为张家港的下一步发展指明了方向。为此，张家港市委提出了聚焦聚力“三标杆一率先”的发展目标定位，开展了新时代“三超一争”。

首先，提升“三个能级”，推动经济高质量发展。（1）提升先进制造业能级。实施智能工业“双百”工程，加快培育新能源汽车、氢能、化合物半导体、高性能材料、智能装备“五大战略性新兴产业”，引进光束汽车、中车氢能、LCD 偏光片等重大项目，形成新的千亿、百亿级新兴产业集群。（2）提升创新生态能级。依托高新区、高铁新城等创新载体，放大苏州氢能产业创新中心等新兴研发机构的创新优势，加快打造长三角地区具有较强影响力的“创新策源地”。（3）提升绿色发展能级。大力度推进沿江环境整治，清退沿江低端落后产能，整建制关停东沙化工园，投入 37. 6 亿元打造“张家港湾”，在转型发展中扛起“长江大保护”的张家港担当。

其次，实现“三个高”，提升城乡一体化水平。（1）实现高品位城乡建设。推动张家港形成“一核双副四中心”大格局，沪苏通铁路开通、过江通道增加将成为长三角一体化发展的节点。继续加速推进高铁新城、滨江新城、快速环路建设，持续提升城乡品质。（2）实现高标准公共服务。全面深化社会领域体制机制改革创新，主攻基础教育优质均衡、区域医共体建设等民生项目，实现城乡公共服务普惠化、均等化。（3）实现高质量生活水平。持续做大村级经济，在全域加大美丽乡村、特色田园乡村建设力度，侧重提升“极少数”“末尾数”的生产生活水平，让“有一种幸福，叫作身在张家港”

得到广泛认同。

最后，打造“三个最”，塑立新时代文明标杆。（1）打造最具精气神的城市。深入落实“三项机制”，健全完善激励干部干事创业的体制机制，营造更加浓厚的拼抢氛围。（2）打造最具安全感的城市。全面推进综合执法改革，实施安全防控智能化、城市管理精细化、社会服务便捷化“三大工程”，确保公众安全感、法治建设满意度领衔同类城市。（3）打造最具美誉度的城市。大力弘扬“一把手抓两手，两手抓两手硬”的优良传统，确保高标准实现全国文明城市“六连冠”。

要实现“三标杆一率先”目标任务，必须与时俱进弘扬张家港精神，下一步更大力度重点推进三项工作：

一是激扬精气神。按照再创一个火红年代新要求，赋予张家港精神新内涵，在全市上下推动张家港精神再弘扬、再实践、再创新。让“三超一争”的亲历者再燃激情，永葆情怀；让张家港的后来者传承薪火，不辱使命；让张家港的企业家攀高比强，永不满足；让张家港的市民敬业奉献，挚爱港城。

二是强力补短板。针对多年来钢铁一业独大的偏重结构，大力度推进新兴产业引进培育，加力支持传统支柱产业提档升级。针对载体空间不足、产业集聚形态不够的问题，优化“三区一园”总体布局，大力度打造特色园区，提升热力指数。以用户思维、客户体验为导向，推出营商环境“一去三提升”系列举措，进一步做优服务品牌和营商环境。

三是聚击突破口。坚定不移贯彻“项目为王、招商第一”理念，加快编制“产业招商指引”，布局以新能源、新材料、数字经济为核心的“3 + N”新兴产业，开展精准化、精细化招商，推动“大招商、大突破”。抓实“项目提速年”工作主线，加快推进重大项目落地和旗舰型项目建设，为经济高质量发展加注新动能。

（作者系张家港市委常委、统战部部长，张家港经济技术开发区管委会主任）

补齐人才发展短板
助力苏州高质量发展

石庆龄

《中共中央关于制定国民经济和社会发展第十四个五年规划和二〇三五年远景目标的建议》提出了“十四五”时期经济社会发展和改革开放的 12 项重点任务，包括科技创新、产业发展等。坚持创新在我国现代化建设全局中的核心地位，须深入实施科教兴国战略、人才强国战略、创新驱动发展战略。人才是科技创新最积极、最活跃的因素，要不断发挥科技创新人才在构建以国内大循环为主体、国内国际双循环相互促进的新发展格局中的优势作用。加快建设现代化经济体系，既离不开高精尖人才的创新引领与带动，也离不开技术技能人才的支撑。

一、发展情况

随着苏州人才新政从 1.0 版本更新到 4.0 版本，人才政策体系不断巩固，人才发展模式不断健全，创新创业生态不断优化，苏州市人才总量有所增长，整体质量不断提高，结构明显优化，区域分布更趋平衡。

（一）人才总量保持增长

截至 2019 年年底，苏州市人才总量达到 293.44 万人，较 2018 年年末增加 16.96 万人，增幅为 6.1%，每万名常住人口中拥有人才数由 2015 年年末的2 149人增至 2019 年年末的 2 730 人，增幅为 27%。2019 年，苏州市新增高技能人才 7.12 万人（2018 年新增 2.81 万人，2017 年新增 2.44 万人，2016 年新增 3.24 万人），高技能人才累计达到 64.8 万人，较 2015 年年末增长了 31.7%。2019 年年末，高技能人才占技能劳动者比例达 34.3%，每万名劳动者中高技能人才数达 936 人。一大批接受高等教育、具备创新能力的中高端人才正在迅速增加，这种新型人口红利也被称之为“工程师红利”，成为引领

苏州经济发展的新引擎。

（二）人才质量不断提高

进入劳动力市场的人才质量明显提升。2019 年，苏州市新增高层次人才 2.49 万人，累计达 26.98 万人，较 2015 年增长 51.6%。苏州市各领域专业技术人员人数从 2015 年的 149.6 万人增至 2019 年的 203.5 万人，占苏州市就业总量的比重从 21.6% 升至 29.4%，年均提高 2 个百分点，为苏州市经济社会发展和转型提供了强大支撑。潜在人才质量亦有所提高。普通高等学校（包括普通本科高等学校、普通高等职业学校、普通高等专科学校）在校生人数从 2015 年的 21.5 万人增加到了 2019 年的 24.9 万人，其中研究生在校生人数从 2015 年 1.2 万人增至 2019 年 1.7 万人，累计增幅为 42%。

（三）人才结构有所优化

人才结构主要包括人才的职称结构、学历结构、行业分布等，合理的人才结构将有助于产业的优化升级与创新。职称结构中，2019 年苏州专业技术人员中，高级职称人员占比为 5.2%，较 2015 年增加了 0.2 个百分点。学历结构中，2019 年苏州专业技术人员中，研究生占比 6.3%，较 2015 年增加 1 个百分点，大学生和大学专科生占比保持稳定。行业分布中，2019 年规模以上制造业企业中研究与试验发展人员共有 20.7 万人，较 2015 年增长了 49.5%；其中，苏州规模以上工业企业总产值排名前十的行业中，2019 年研发人数占制造业研发人数的比重较 2015 年上升了 1.1 个百分点。

（四）人才区域分布更趋平衡

在规模以上工业企业科技活动人员情况方面，2019 年，苏州工业园区的研发与试验发展人员在全市占比为 15.8%，昆山占比 23%。这一方面印证了工业园区、昆山等板块规模以上工业企业科技活动较为活跃，另一方面也说明了科技活动的活跃需要一定数量的研发人员的支撑。两者互为支撑，互为基础，形成良性循环，不断推进企业转型改造升级，推动经济社会高质量发展。

二、存在问题

总体而言，苏州人才发展状况较好，但对比其他先进城市以及苏州产业发展的实际需求，苏州在产业人才职称结构、研发人才行业分布、薪资待遇以及发展空间上依然存在一些短板。

（一）中高级职称人才占比下降

2019 年，苏州企业专业技术人员中，高、中、初级及以下的人员比重分别为 3.9∶21.3∶74.8，其中初级专业技术人才占比较重。与 2015 年年末相比，2019 年，中、高级职称人才占比 25.2%，较 2015 年的 26.7% 有所下降，其中高级职称占比上升，而中级职称占比下降，一定程度上说明了企业引进与培育高级人才的积极性与成效，但中级人才队伍的补充略显滞后。从企业类型看，民营企业中，高级职称人才占比明显下降。2019 年，民营企业中，高级以上专业技术人员占比为 22.6%，与 2015 年相比下降了 4.5 个百分点，其中高级职称占比略有上升，但中级职称占比明显下降。尤其值得注意的是，民营企业本科及以上学历人才占比较 2015 年下降 0.7 个百分点。与之形成鲜明对比的是，国有企业中本科及以上学历人才占比较 2015 年上升 6.8 个百分点，外资及港澳台资企业较 2015 年上升 2.2 个百分点。

（二）与先进制造业相关行业的研发人才增速有限

规模以上先进制造业相关行业研发人才增速低于规模以上制造业研发人才平均增速。《苏州市 2020 年重点产业紧缺专业人才需求目录》（以下简称《目录》）公布了六类先进制造业紧缺人才，分别是新一代信息技术、高端装备制造、新材料、软件和集成电路、新能源和节能环保、医疗器械和生物医药。以国民经济行业分类（2017 年分类标准）来看，有六类行业与之息息相关，2019 年这六类行业规模以上工业企业研发人员在规模以上制造业占比 43.5%，较 2015 年有所下降。铁路、船舶、航空航天和其他运输设备制造业，电气机械和器材制造业，其行业研发人员增速低于规模以上制造业平均增速，化学纤维制造业研发人员数较 2015 年有所减少。

（三）人才薪酬待遇优势弱化

智联招聘发布的《2020 年秋季中国雇主需求与白领人才供给报告》显示，2020 年秋季求职期苏州平均薪酬为 8 582 元，低于智联招聘监测的全国 38 个主要城市平均招聘薪酬（8 688 元/月），排名第 12，较 2019 年秋季求职期（排名第 11）下降了 1 位，较 2020 年夏季求职期排名上升 1 位。近 5 年来，苏州城镇非私营企业在岗职工平均工资除了低于上海外，同时也低于省内的南京，邻省的杭州和宁波等城市，其中苏州与宁波平均工资最为接近，

三产结构也较为相似。从行业看，2015 年，宁波制造业在岗职工平均工资低于苏州，但 3 年的增速高于苏州近 10 个百分点，到 2018 年，宁波与苏州的差距从 2015 年的近 9 000 元缩小至 5 000 元；在交通运输、仓储和邮政业，住宿和餐饮业这两个行业上，苏州在岗职工平均工资既无基数优势也无增速优势，到 2018 年，苏州与宁波的差距扩大至 1.2 万元；苏州科学研究和技术服务业在岗职工 2015 年平均工资略高于宁波，但增速远低于宁波，到 2018 年，宁波超苏州近 2 万元；苏州居民服务和其他服务业在岗职工 2015 年平均工资较宁波高出 1 万元，但苏州增速缓慢，到 2018 年，宁波超苏州 1 万元。

（四）人才培育效果有限

在产业人才培育方面，苏州存在重使用、轻培养的倾向。《目录》显示，调研企业认为人才不足排名靠前的原因为符合岗位要求的人才少、本地专业对口的人才少，分别占调研企业总数的 58%、45%。一方面，高校培育有待提升，专业供给与产业需求错位。苏州现有大学与国内知名高校研究院的分校区等高校资源和全国综合经济实力较为领先的城市相比仍较薄弱。从数量上看，2019 年，苏州普通高等学校数量（26 所）和每万人在校大学生人数（231 人）远低于 2018 年南京（53 所、855 人）、杭州（40 所、506 人）等新一线城市。总体而言，目前苏州的高校专业设置与人才培养相对滞后于产业的前沿发展需要。另一方面，企业培养人才的力度不够。苏州的绝大部分企业有人才培训计划，但人才培训方面缺乏体系建设，缺乏专业课程，培训效果难以达到企业预期。企业在人才引进方面做了诸多努力，通过各种渠道与方式引进人才，不少企业不惜花费高于市场平均薪酬水平的重金招揽人才，但由于担心花重金培养人才后可能面临人才掌握技术后跳槽的风险，在人才培养方面的投入远低于招聘投入。

三、对策建议

苏州应多措并举、多管齐下，打通人才需求与人才政策的双向渠道，创新人才引进方式，营造优良人才发展环境，发挥人才载体的支撑作用，协调处理人口与人才吸纳平衡点，突破人才发展瓶颈，提高人才综合竞争力。

（一）打通人才需求和人才政策的双向渠道

（1）加强所需人才分析。着重研究产业急需紧缺人才缺口规模，引导各板块在市域一盘棋前提下，以产业特色为基础，补充或细化人才需求子目录。

（2）强化人才需求分析。畅通人才需求的政策化通道，增强对人才在工作上、生活上需求的认识，不断提升人才的工作环境、生活环境，解决人才难留的痛点和堵点，并将人才需求转化为对应的政策与服务。（3）加强人才对政策的了解。畅通人才政策的需求化通道，增加政策的共享性和针对性，并根据相应政策主动对接和服务人才。不断更新并充分利用人才创新合作专享图，汇聚苏州全市范围内创新创业空间、人才创业平台、人才服务生态等信息，助力海内外各界人才掌握苏州最强创新创业生态资源。

（二）创新人才引进方式

（1）招商与招才相结合。在招商引资中突出招才引智，鼓励企业成立地区总部和研发机构，通过招才引智带进更多的信息、项目和资本，通过招商引资和引进项目，为吸纳产业人才增加更多新载体，同时，“双招双引”需兼顾长期发展与短期需求相融合。（2）刚性与柔性引才相结合。进一步健全人才引进政策体系，努力构建引进人才的有效平台，优化引才服务。鼓励各企业转变用才观念，以岗位聘用、项目聘用、任务聘用、人才租赁等灵活用人方式借用人才。市域一盘棋与板块特色化相结合。《目录》对苏州各板块重点产业引育专业人才具有重要指导作用，但各板块产业存在较大差异，应考虑引导各板块在产业选择或链条分工错位合作的基础上，组团引进相关人才。

（三）营造优良的人才发展环境

（1）营造良好的政策环境。在深入研究人才引进、培育和发展面临的新情况与新问题基础上，使人才政策更具针对性和实效性，确保人才政策落到实处。同时，完善相应的社会保障、住房和子女教育等政策，增加人才黏性，使人才引得进、留得住。（2）畅通人才发展渠道。加大创新创业人才团队选拔资助力度，进一步向企业一线和青年科技人才倾斜。改革人才评价政策。畅通人才晋升渠道，在重视高层次人才引进和培育的同时，储备和建设中级专业技术人才队伍，优化人才结构。建立市场化、社会化人才评价机制，落实创新主体对创新人才的最终评价权。（3）营造良好的用人环境。创新用人机制和分配机制，使各类人才潜能在公平竞争中得到充分发挥。建立和完善人才激励机制，加快科技人员收入分配制度改革，强化对科技成果的奖励措施，提高知识和智力作为生产要素参与分配的比例。

（四）发挥人才载体的支撑作用

（1）发挥在苏高校和科研院所的人才培育作用。加大对在苏高校的投入，

在学科建设、科学研究上对接苏州经济发展，使其成为培养人才队伍和科研成果创新的舞台。顺应产业转型升级对高级技工人才的需求，积极探索定向培养机制，依托苏州并辐射长三角周边的高校院所、企业和社会机构，加强高素质、专长型和复合型的“订单式”技工人才培养。（2）优化人才创新创业生态服务。加强苏州市双创中心建设，为人才来苏州创新创业提供全方位的服务，通过资金、人才、创新、政策、产业等核心要素互通互联，优化创新创业生态，实现高新技术企业科技人才项目孵化区、高端创新创业资源交流集聚区和先进产业技术研究成果对接区的“三位一体”。（3）搭建金融服务和技术服务平台。培育科技企业孵化器、技术服务（交易）中介、投资与担保等机构，通过优势互补、高效合作推动产学研向深度和广度发展。完善人才创投联盟，搭建交流平台，促进人才与资本的高效对接，共同构建共融、共享、共赢的人才金融格局。

（五）协调处理人口和人才吸纳平衡点

城市发展不仅需要高层次、高技能等高端人才，也需要普通应用技术型人才和为各类人才提供衣食住行等基本服务的相关人才。现代社会是一个有机体，通过社会分工，各类人群在这个有机体中处于不同岗位，承担不同职责，以保证整个社会能够正常运转，这就意味着各种技能存在互补性。高科技和金融业离不开餐饮、保洁、安保、快递等服务业的支撑保障。因此，在引进高端人才的同时，应考虑高端人才和配套服务人才的配比，合理规划人口规模、结构以及代际发展水平，同时通过人口和人才政策的合理配套衔接，最大限度发挥各领域不同层次群体的贡献效率。

（作者单位：苏州市发展规划研究院）

一以贯之打造历史文化名城“硬核”

张文彪

苏州古城承载着 2 500 多年的历史文化，是苏州城市的重要标志，同样传承着这些历久弥新、催人奋进的城市基因。近年来，我们遵循古城保护的客观规律与特点，统筹做好整体保护、产业转型、环境治理、民生改善等工作，实现了古城风貌形态、发展业态、人文生态的和谐统一。当前，苏州市委明确提出要规划建设“现代国际大都市、美丽幸福新天堂”，如何整体保护古城，传承历史文脉，提升区域能级，既是建设“现代国际大都市、美丽幸福新天堂”的关键环节，也是为全国古城保护工作树立标杆、探索新路的重要课题。江苏省委常委、苏州市委书记蓝绍敏曾明确提出“有文化的地方就一定有新经济”。我们用系统思维、创新理念和开放视野持续为千年古城注入生活的活力、生产的活力、生命的活力，一以贯之打造历史文化名城“硬核”。

首先，突出顶层设计，实现古城保护新突破。推动古城保护各项举措良性互动、相辅相成，加快将点上的“盆景”集合成面上的“风景”。（1）持续加强制度集成。发挥《苏州国家历史文化名城保护条例》的引领作用，在地下空间利用等方面出台一批具有突破性的配套政策，争取更多具有探索性、创新性、引领性的试点在古城先行先试。（2）持续加强项目攻坚。按照“苏式生活体验区”定位，集中力量完成平江片区保护修缮、七里山塘全线贯通、虎丘综合改造等重点工程，为古城的整体保护与更新提供更为成熟的工作样本。（3）持续加强技术创新。依托古城保护和管理大数据中心二期建设，加快实现全要素资源的数字化集聚，推动古城的管理运营水平再提升。

其次，突出产业升级，推动古城能级新提升。聚焦特色，聚焦产出，着力提高产业集聚密度和发展能级。（1）大力集聚优势产业。紧扣四大产业功能区发展布局，加快产业园的改造升级步伐，做大产业规模。以“一中心、一公司、一基金”为抓手，加快北部经济区的一体化创新发展进程，抓紧布

局数字经济、人工智能等战略性新兴产业，形成区域新的增长极。(2）大力引培龙头企业。用好全区投资热力图，加速引进和培育总部经济，招引一批具有市场主导权和行业话语权的优质企业。强化“一企一策”扶持和“一企一事”会办，加强对重点、领军、税源、成长性等四类企业的关心关怀，加快培育壮大企业步伐。(3）大力建设重点商圈。抢抓“姑苏八点半”夜经济品牌的引领辐射作用，推动传统商圈和特色街区提档升级，塑造一批夜间消费场景和集聚区，打造主街巡游、非遗展示、文创集市等一批“拳头产品”和一流品牌 IP。加快华贸中心、观前主街改造、仁恒仓街等项目建成投用，提升传统商圈的人气和活力。

再次，突出文化赋能，激发古城发展新动力。大力推进“文化 +”工程，推动文化要素与创新、创意、创业的更深程度、更高层次融合。(1）打造“最江南”的文旅品牌。以古城为主体做强城市人文休闲旅游之核，激活整合文化基因，开发一批具有较强交互性、体验性的特色文化旅游产品。(2）打造“最前沿”的文创高地。用好苏州园林、苏工苏作这一文创优质资源，促进创意设计与古城保护、文化传承、宜居城市打造等方面的深度融合，建设更多“打卡胜地”“创意硅巷”。(3）打造“最舒心”的营商环境。以打造“投资中国首选地”“劳动者就业创业首选地”为目标，吸引更多高质量项目、高层次人才落户，打造充满活力的创新创业之城。

最后，突出营销效应，助力古城价值新传播。运用市场营销方法论，用品牌化的方式全面展现古城的价值和魅力。(1）城市形象 IP 化。深度挖掘、梳理古城独特鲜明的文化符号，创造出特色鲜明、更接地气的城市 IP，通过品牌运营进一步提升古城形象认知。(2）营销路线国际化。积极寻找中外文化的交汇点和共鸣点，推行跨区域、跨门类的文化交流合作，主动参与对外文化传播行动，精心办好“苏州国际设计周”等一批具有知名度的文化交流活动。(3）参与主体大众化。借助互联网新媒体平台，策划一批具有话题度、视觉感的“热点爆点”，引导古城人民群众成为古城形象阐述、推广的主力军，唤醒年轻群体对古城的文化认同和保护热情。

（作者系姑苏区委常委、副区长，保护区党工委委员、管委会副主任）

第五编

绿色发展与生态文明建设

以资源整合推进苏州文旅产业倍增

陈来生　卜福民

2019年，苏州全市文化产业增加值1 030亿元，占地区生产总值比重为5.3%。与国内先进城市相比，苏州还存在文化产业支撑力不足、文旅产业原创力不强、文旅产业影响力不大等问题。就GDP占比而言，排在苏州之前的都是直辖市或计划单列市；就旅游而言，苏州多年来始终位居江苏省第一。但苏州文旅产业的盘子不大、牌子不响，2018年，苏州文旅集团营业收入在国内同行中仅居33位，不如南京、无锡，甚至还不如镇江、扬州和南京溧水。这不但与苏州作为经济、文化和旅游大市的地位很不相称，也不利于苏州文旅产业的发展和城市功能品质的提升。要实施好文化产业倍增计划，就必须大胆解放思想，大手笔优化文旅布局，整合文旅资源，加快“大文化”产业发展，构建并做强具有苏州文化特点和核心竞争力的现代文旅产业体系。

一、国内文旅集团排名的对比分析

（一）国内营业收入排名前十的文旅集团梳理

第一名华侨城集团有限公司，是国务院国资委直管的大型央企，1985年创始于深圳。旗下康佳、欢乐谷、锦绣中华·中国民俗文化村、世界之窗、东部华侨城、欢乐海岸、威尼斯睿途酒店等均为行业领先品牌。华侨城不断创新旅游产品，从静态微缩、互动体验、生态度假、都市娱乐，到今天的特色小镇和美丽乡村建设，实现了产品从单一到混合形式的演变，不断强化集群优势，成为“中国全域旅游示范者”。仅最核心的文化旅游产业就涵盖主题景区、各类酒店、文艺馆群、旅游演艺和各类节庆，很多景点和活动已演化为所在城市的文化地标。

第二名北京首都旅游集团，组建于1998年，旗下涵盖餐饮、酒店、交通、旅行社、商业、景区等板块，每个板块都有一家上市公司、一个品牌系列、一套连锁经营体系，首商股份、首旅股份、全聚德、如家酒店集团等品牌资源丰富、产品链条完备、产业集群发达、综合实力强大。

第三名中国旅游集团有限公司暨香港中旅（集团）有限公司，是总部在香港的三家央企之一，构建了以旅行服务、投资运营、旅游零售为核心的三大业务，以旅游金融、酒店运营为特色业务。

第四名的锦江国际集团，拥有酒店、旅游、客运三大核心主业和地产、实业、金融等相关产业及基础产业，控股或间接控股锦江酒店等四家上市公司。引入“互联网 + 共享经济”理念，跻身全球酒店集团前 3 位，居亚洲第一。

第五名复星旅游文化集团（同时也是民营文旅集团第一名），于 2016 年正式注册成立，作为复星集团“健康、快乐、富足”三大战略板块之一，定位为“产业运营 + 战略投资”双轮驱动的立足中国、全球领先的休闲旅游集团，正在不断做大做强。

第六名祥源控股集团，始创于 1992 年，该集团不断建立完善旅游产品设计研发、运营管理、智能系统、资本运营等后台支撑体系，通过景区建设和消费内容的双向升级，打造让游客“乐于逗留 24 小时以上、并向往反复到达”的旅游目的地。

第七名杭州商贸旅游集团，成立于 2002 年，集合了零售百货、宾馆酒店、旅游服务、综合物业开发等业态，不断整合和优化旅游资源，投资或控股杭州大厦、杭州西溪投资有限公司、杭州旅游集散中心、杭州招商国际旅游公司、杭州海外旅游公司、杭州外事旅游汽车公司、龙坞旅游休闲度假区等，推进杭州“旅游西进”战略，提升杭州风景旅游城市建设。

第八名众信旅游集团，其业务涵盖出境游和商务会奖，以及“旅游 +”的移民置业、游学、留学、出境金融等出境服务业务。

第九名华住酒店集团，是 2005 年创立的多品牌酒店集团，经营禧玥、桔子水晶、全季、汉庭等多个知名酒店品牌。

第十名湖北省文化旅游投资集团，其前身为湖北省鄂西生态文化旅游圈投资公司，是 2009 年成立的实施“两圈一带”的省级旅游投融资平台，发挥着龙头引领、资源整合、资本放大、品质提升四大作用，拥有文化旅游、金融服务、新型城镇建设和商贸物流四大板块的景区、酒店、旅行社、交通、演艺、文化创意、规划设计等九大业态。

成立于2002年，排名十一的天津市旅游（控股）集团，其创办的“海河夜景游”已成为天津的城市名片，养老地产板块的康宁津园养老综合体已成为全国养老服务业综合改革试点区、全国智能化养老示范基地和全国养老行业领军企业，对苏州文旅的康养旅游不无启示，所以也值得关注。

上述文旅集团中，第一类为华侨城、首旅、中国旅游集团、锦江国际等国有文旅集团，依托强大的国有资本，形成了强势的市场地位和较为成熟的行业品牌。第二类是较具潜力的民营文旅集团，拥有快速成长的增长点乃至某领域的标杆性品牌，如复星文旅集团的休闲度假、康养旅游等。第三类则是地方优质文旅资源的开发运营者，如祥源控股、湖北文旅等。这些集团无一不是或拥有规模实力，或拥有先天资源优势，或拥有特色品牌，而且业务来源丰富，除了文旅业务，房地产、商业、餐饮乃至景观绿化都是其重要收入来源。

（二）江苏省内排名前五的文旅集团分析

1. 江苏省内营业收入排名前五的文旅集团

南京旅游集团省内排名第一（国内排名第18），成立于2017年年底，是南京唯一一家市属国有旅游产业专业化运作平台，以全市“重大旅游项目开发主体、重要旅游资源运营主体、新兴旅游业态引领主体”为战略定位，聚焦旅游开发、景区运营、旅游服务、酒店餐饮、商业会展、旅游金融六大板块，注册资本17.3亿元，总资产超过400亿元，旗下有南京旅游公司、钟山风景区建设公司、秦淮河开发公司、环城游巴士、夫子庙游船、滨江游轮等传统旅游企业，也有红山森林动物园、幕燕景区、东部园林绿化等园林景观企业，有老字号博物馆、明外郭百里风光带、城建历史文化街区等文旅开发建设公司，还有国际展览中心、南京国有资产经营公司、金旅融资租赁公司等会展与金融类现代旅游服务企业，是省内规模最大和产业链最完善的文旅企业，具有对南京文旅核心资源的控制力、旅游资源的整合力和新兴业态的引领力。

镇江旅游文化产业集团省内排名第二（国内排名第19），组建于2014年，主要承担镇江文旅资源的综合开发运营、文旅产业发展、园林景区开发建设、古运河开发建设、文化创意产业发展等功能，产业涉及酒店、旅行社、景区、文化传播、创意产业、园林绿化，具有较为完善的产业链和较为强大的引领力。

扬州瘦西湖旅游发展集团省内排名第三（国内排名第29），于2004年成立，主要经营“蜀冈—瘦西湖”风景名胜区内的景观建设、旅游配套和市政基础设施建设、房屋开发与销售、置业投资、房屋和设备租赁、物业管理等。

无锡灵山文化旅游集团省内排名第四（国内排名第31），以“创新佛教文化、创意传统文化、创造中国当代文化奇观和人类未来文化遗产”为特色，涉及酒店、餐饮、工艺品、出版等多元化经营，“灵山胜境”景区是中国佛教文化旅游的标志性景区之一，近年来建成的拈花湾小镇是创新推进“禅文化”与休闲度假融合的典范。集团从“国内知名文化旅游景区”向“国内一流、国际知名的创意文化旅游产业集成服务商”转型，加速集团化、品牌化、多元化发展，在品牌、创意、管理、文化输出等“投智”领域拓展经济增长点，为诸多城市提供创意策划服务。

南京溧水商贸旅游集团省内第五（国内排名第32），2007年成立，经营范围很广，涵盖城市商贸、文化旅游、市政开发建设、物流设施投资建设和运营、文创产品、影视产品、文化艺术交流和经营，农产品开发销售、粮油食品购销收储等，因而资源掌控力很强。

2. 苏州文旅集团现状

苏州文旅集团成立于2010年10月，以文旅资源的优化整合、文旅产业的融合发展和文旅项目的拓展开发为战略定位，专业从事苏州古城保护、文旅产业开发、大型旅游综合体建设、精品酒店开发等，着力打造苏州文旅品牌形象，推进苏州旅游产业的整体发展。目前基本形成了水上旅游、古城保护、文创产业、商旅开发、精品酒店、金融股权投资等六大主业板块。该集团围绕苏州“东方水城”建设，实施了环古城河整合、盘门景区提升、环古城河健身步道建设等重点项目，与苏汽集团合作组建了水上旅游公司，进行环古城河游船整合；围绕古城保护，实施了潘世恩故居、过云楼等古建老宅的保护修缮与齐门古城墙修复等重点工程，并开设了城墙博物馆、状元博物馆；围绕文商旅产业新发展，开发建设高铁新城文旅万和广场综合体项目；围绕新兴健康产业，与复星集团合作打造平江新城健康养生城市蜂巢项目；围绕精品酒店开发，成功引进“文旅·花间堂”“文旅·隐居姑苏”等系列精品酒店，与上海携程花筑合作打造万年桥最美轻奢酒店。

因所控资源有限，2018年营业收入排名省内第六、国内第33。但需要指出的是，国内文旅集团排名的依据是营业收入，苏州文旅集团由于所控资源

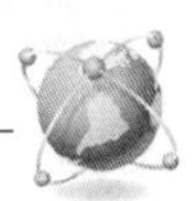

有限，所以营业收入为 49 867 万元，少于南京的 184 766 万元、镇江的 166 363 万元、扬州瘦西湖的 68 484 万元、无锡灵山的 61 650 万元、南京溧水的 59 829 万元。但苏州文旅的经营和营利能力较为突出，2019 年上半年以 12 982 万元的净利润高于瘦西湖的 4 291 万元、无锡灵山的 3 515 万元、溧水的 6 747 万元，即使与南京的 19 334 万元、镇江的 14 318 万元相比，利润率也毫不逊色。在新旅界不完全统计的 44 家大型文旅集团中，2019 年上半年净利润在 1 亿元以上的仅有 15 家，占比约 34.09%。即使在国内文旅集团前十名中，复星文旅的利润只有 4 900 万元、湖北旅投只有 6 719 万元、天津旅游只有 2 454 万元，都不如苏州文旅集团的利润。可见苏州文旅对国有资产的保值增值与相关资源的带动提升发挥了相当大的作用。

3. 苏州文旅资源布局分析

纵观省内外各家文旅集团，都有资源集聚、统筹运作的特点，除了能对所在城市或区域、条线进行文旅资源的统筹开发外，还多具有城建开发、园林绿化、环境整治等职能，所在区域的大运河开发也是其分内之事。而苏州文旅资源的归属则较为分散，除了文旅集团，其他如创元集团、风景园林集团、城投公司乃至文化广电部门都有，还包括姑苏区、新区和园区的旅游企业及其资源。

苏州创元投资发展集团脱胎于苏州 10 个工业主管局，以制造业、金融业务投资、住宿和餐饮业为主业。服务业有生产性服务业和主题文化酒店品牌两大板块，其中书香酒店集团拥有“书香府邸”“书香世家”“书香门第”等多个关联品牌，在 7 省 18 市拥有 40 余家书香文化主题酒店，荣获世界最具发展价值酒店连锁品牌、中国最具成长力服务品牌企业、苏州市知名商标、江苏省著名商标、苏州市服务业重点企业等称号。

苏州风景园林投资发展集团主要经营园林设计营造、风景区开发建设、文物古迹修复、仿古建筑及休闲度假娱乐项目开发、景观生态建设以及房地产开发建设和经营，业务范围涉及建设、旅游、房产、景观绿化、准金融等领域，承建国内外多个园林景观、苏州古城墙保护修缮、二十九号街坊改造、吉林省长白对朝边贸城等项目。

苏州城市建设投资发展有限公司所辖苏州运河文化发展有限公司，是苏州市为加快推进“一核四城”建设，做优做靓苏州古城，尽快把苏州大运河、环古城河和胥江建设成苏州的绿色项链、文化走廊和旅游胜景，于 2012 年由

城投公司与原沧浪区和金阊区共同投资成立的，其职能与文旅集团旗下东方水城公司的职能高度重合，所辖苏州城投资产开发有限公司开发运营的阊门北码头商业街、卫道观片区改造等与文旅集团的水上旅游和古城开发也有重合。

苏州广播电视总台下属的苏州演艺中心地处石路商圈、古运河旁，是苏州市古城区集演艺、餐饮、剧院于一体的大型休闲文化中心，旁边就是文旅集团的游船码头。

此外，苏州国际会展中心、旅游汽车公司等也都不在苏州文旅集团的运营范围内。由此可见，苏州的文旅资源归属较为分散，苏州文旅集团不管是与国内前十相比，还是与江苏省内前五相比，所控资源有限、文旅实力单薄，这是苏州文旅集团难以做大，更无法做强的根本原因。

二、重组文旅格局，整合文旅资源，构建苏州文旅产业倍增的基础

既然苏州是文化旅游城市，既然专门成立了统筹苏州文旅产业发展的文旅集团，就应整合文旅资源，重组文旅格局，使其担当起苏州唯一市属国有旅游产业专业化运作平台的重任，成为全市“重大旅游项目开发主体、重要旅游资源运营主体、新兴旅游业态引领主体”，从而推进苏州文旅产业的实质性提升和倍增计划。

要借鉴先进文旅集团“旅游 + 文化 + 城镇化 + 互联网 + 金融……”的成功发展模式，聚焦旅游与城市的融合，突出文旅融合并外延扩展，以旅游业为纽带对全域文旅资源进行整合提升，实施“资源整合、城旅融合、项目竞合、品牌和合、产业化合”五大发展战略，拥有对苏州文旅核心资源的控制力、旅游资源的整合力和新兴业态的引领力，在景区管理、特色精品酒店、文化创意、文化演艺、文化节庆、绿化景观等各方面全面整合，重点发力古城保护、水城建设、绿化景观、资产经营等四大产业板块，着力打造苏州文旅品牌形象，推进苏州文旅产业倍增。为此，要将现有分散的文旅资源进行归整，划归文旅集团统筹运营，形成合力。

（1）将苏州风景园林投资发展集团有限公司整体划归苏州文旅集团，强化苏州风景园林城市的形象和品牌。苏州的文旅事业少不了园林绿化景观，少不了极具苏州元素的园林、古建、城墙、香山帮传统建筑营造技艺。环古

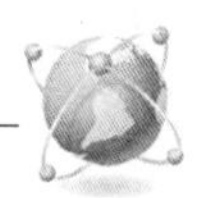

城风貌带、石湖景区、虎丘湿地公园都存在重绿化轻旅游的现象，将苏州园林绿化与旅游景观彻底融合，有利于提高人气，提升效益，也有利于打造苏州文旅品牌。将苏州东园划归苏州文旅集团运作，以便环城河的打造与提升。

（2）将苏州城市建设投资发展有限公司下辖的苏州运河文化发展有限公司及其“两河一江”建设职能整体划归文旅集团东方水城旅游公司，合力打造苏州东方水城风貌；将苏州城投资产开发有限公司运营的阊门北码头商业街、卫道观片区改造等相关资源划归文旅集团相关公司。苏州有着全国特有的水陆城门、河桥风光，有着得天独厚的历史文化资源和现实条件。苏州城河共生的特点，为古城和大运河的文旅融合发展提供了可能，可由市文旅集团牵头进行打造，开展古城慢行系统和旅游廊道景观化改造，全面提升大运河沿岸整体风貌，加快古街、古宅、博物馆、艺术馆等历史人文资源向旅游产品的转化速度，并为环古城区域整体创建5A景区奠定基础。

（3）将苏州广播电视总台所属的苏州演艺中心划归文旅集团，以便统筹环古城风貌带、水上旅游、游船码头管理，更可借助演艺中心大剧院，统筹策划与运作苏州旅游演艺，提升苏州旅游演艺建设。多年来，苏州一直致力于打造一台能反映苏州的旅游资源和文化特色、满足中外游客夜间文娱和本地市民文化需求的综艺演出，但时至今日，苏州尚无一台令人慕名而来、看了交口称赞的旅游演艺，这与苏州作为一个经济、文化和旅游大市的地位很不相称，也不利于苏州城市功能品质的提升，更不利于夜经济发展和文化产业倍增。

（4）将盘门景区周边的南门市场、吴门印象商业街等区域与盘门景区的功能提升统筹运作，打造明清运河商市文旅。借鉴杭州拱宸桥运河街区的成功经验，以盘门三景为主体，依托盘门城墙外的环古城步道和广场，联通吴门桥畔的吴门印象街区，整合打造“苏州印象·盘古街区（盘门古运河）”，再现《姑苏繁华图》中盘门当年的繁华景观，使之成为功能完善、特色鲜明的江南运河观光旅游长廊。

（5）整合环古城河相关资源，利用建设大运河文化带的契机，发挥文旅集团的开发、引领作用，打造“河城一体的遗产城市”品牌，打造大运河最精彩的滨水文化风光带。为此，要将沿河所有古城墙交由文旅集团统一管理与运作，打造真正的苏州城墙博物馆；将规划展示馆资产划归文旅集团，重新打造成具有苏州运河特色的精品酒店，可落地具有国际影响力的分散式酒店品牌；将环古城河桥梁的建设和优化职能交给文旅集团，把沿河桥梁当作文化展品、旅游名品和艺术精品，打造“水城桥都”特色。

（6）结合苏州文旅所长，打造研学目的地。中国是以家庭为中心的社会，很多出游形式都属于亲子类型，无数中国人的假期实际上是由孩子启动的，所以这是一个非常有前景的市场。苏州有中国校外研学第一方阵原创读行学堂，苏州文旅可以与之强强联合，打造贴近实际需求的休闲研学板块，在满足消费者需求的同时也可做大做强苏州文旅。

（7）如有可能，借鉴兄弟城市经验，将苏州国际会展中心、旅游汽车公司一并交由苏州文旅集团管理运营。借鉴天津旅游集团经验，可将苏州城投资产开发有限公司运营的养老产业一并划归文旅集团，与其现有的健康养生城市蜂巢项目等一起，打造健康旅游产业。

（作者陈来生系石湖智库特聘专家、苏州科技大学教授、苏州专家咨询团成员，卜福民系苏州旅游与财经高等职业技术学校教授、苏州专家咨询团成员）

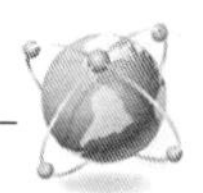

疫情之后重振苏州旅游经济的思考和建议

李世超

苏州是旅游大市，旅游经济在苏州整个经济总量中占有较大的比重。疫情的暴发使全市的餐饮、酒店、交通、娱乐、游览、会展等实体经济遭受重创，社会消费降至低点，服务经济损失严重，导致苏州旅游业整个年度计划难于实施，区域的相对优势同步丧失，与其他地区一样面临着从头恢复以及进一步的竞争，甚至面临行业的“洗牌”和重组。

目前国内的疫情防控逐步取得成效，各行各业特别是苏州等地的复工复产正在有序进行。因此，在抓好疫情防控的同时，怎样从疫情的“冰冻状态”中迅速恢复难度较大的旅游业的生机，筹划好下一步苏州旅游业的各项工作是当下的重点，本文特提出如下建议，供有关部门参考。

一、针对疫情及时调整旅游营销策略

在全国上下的共同努力下，全国疫情的防控形势持续向好，目前国内包括武汉地区的疫情都得到了有效控制。但是，最近随着全球新冠疫情的大暴发，境外疫情开始不断扩散和蔓延，许多国家和地区发布和实施了旅行禁令。而目前这种状况还正处于一种上升阶段，预计 2020 年上半年乃至全年境内外的交流和客源流动都较难推动和实行。对此，2020 年苏州市的旅游营销重点建议放在国内游特别是周边地区游上，以此吸引更多的国内游客，进一步打开我市国内旅游的市场。

二、创新各种非大量人群集聚式的旅游模式

根据这次疫情的特点及防控要求，在疫情过后可能相当长一段时间内，旅游业将会呈现不宜大规模集聚的特征。所以，在开展国内游上也不宜马上

实施过去那种以“大量人群集聚加流动”为主的团队型模式，而更多地将会趋向于推动各种个性游、家庭游、乡村游、研学游、品读游等由少量人群组成的旅行方式。对此我们应尽快地策划和布局，用好苏州资源，挖掘旅游地点，分散游览人群，如历史遗迹、特色小镇、演艺项目、非遗主题等苏州特色内容以及发展传统工艺“产旅融合”的品牌，抓住上半年还有的几次小长假机遇，利用人们居家隔离后需要身心放松的时机，弥补今年我市旅游经济的损失。

三、化危为机提升苏州旅游的品质内涵

过去团队形式的园林景点游一直主导着苏州的旅游市场，人气旺、效益好，从而导致一些主要景点常年人满为患，一直无法疏解与减轻各自的承载压力，而各种个性化的具有一定品质内涵的休闲旅游方式又难于推动及形成市场气候，因此，苏州的旅游一直处于一种粗犷型的景点观光游上。经过这次的疫情冲击，我们是否可以化危为机，借此来提升苏州旅游的品质内涵？建议有关部门组织推动，将苏州的各种文化资源尽快应用到旅游产品的各个可操作层面，使其产生应有的效益；同时针对旅游新业态实施多业联动，创新管理模式，以产品为导向整合社会资源，变企业单打独斗为全社会共建、共享等。

四、借助民资转变民风，形成苏州旅游新形象

“吃、住、行、购”是支撑整个旅游活动的重要因素。疫情之后，我们对传统旅游中的这些要素也应进行反思，促使其形成休闲旅游的新风尚、新形象。随着旅游内涵的提升、旅游内容的拓展，应发展有文化品味的高端民宿。在这方面建议制订相关政策，鼓励民资力量，盘活古城中的古建老宅，政府应在改善基础设施、提升环境质量上下功夫，从而使“苏州游”真正留住客人。在餐饮方面要宣传和倡导“分食制”“自助餐”等科学卫生的饮食习惯，改革传统“团餐”，杜绝“酗酒”恶习。出行方面要推动“绿色、健身”。购物上倡导各种“云端”服务，创新非接触式的旅游购物模式。

五、以旅游展览会为抓手重振苏州旅游经济

苏州作为江苏唯一的地级市国家全域旅游示范区，其旅游业必须抓紧加

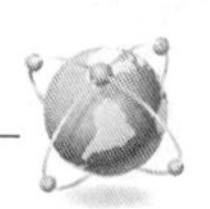

快复苏，其中每年一届的苏州旅游展览会将是一个极好的抓手，对此建议要尽快地进行筹划，根据疫情适时推出新政。以本地游、周边游、省内游以及乡村、产业等特色游为主，具体可以有以下几种方案：

（1）聚力推出“旅游 + 农业”“旅游 + 生态”“旅游 + 健康”“旅游 + 教育”“旅游 + 体育”“旅游 + 交通”“旅游 + 文化”“旅游 + 工业”等多产业融合项目，并通过展会提供旅游消费体验，最终引导人们的旅游消费。

（2）借助展会平台，对“苏州旅游总入口”以及“苏州好行”“转转卡”“园林卡”等一系列苏州特色旅游产品进行重点推广，有效推介苏州本地的旅游品牌，彰显苏州宜游的城市魅力，重振人们的旅游热情。

（3）结合旅游业“吃、住、行、游、购、娱”等要素，进行展会实际体验，如推出“姑苏八点半”等夜间经济消费活动，以城市美誉度带动关联效应，促进消费回补，拉动城市内需，推动经济复苏。

建议媒体加大对旅游展览会的宣传力度，行业协会也要精心组织实施，在贯彻落实好已出台的助力苏州文旅企业共渡难关相关扶持政策的基础上，通过购买服务继续加大对承办方专项资金的支持力度，同时展会自身也要创新相应的展会服务模式。这次疫情更促使我们深入地进行思考，加快探索和打造展会的“云端”服务，同时结合 B2B 的线下对接平台，为展商尽快地提供既正确又便捷的买家资源。

（作者系苏州专家咨询团成员、苏州市职业大学研究员级高级工程师、石湖智库特聘研究员）

提档升级民宿产业
助推吴中全域旅游发展

中共吴中区委党校课题组

近年来，吴中区紧抓苏州创建“国家全域旅游示范区”的契机，依托优美的自然山水、丰富的人文历史、便捷的交通条件，大力发展乡村旅游，致力于打造中国最美的湖滨旅游度假目的地。民宿作为其中的重要一环也得到了快速发展。目前，吴中民宿初具产业规模，已成为吴中旅游发展新亮点。

一、吴中民宿产业发展概况

（一）政府主动作为，民宿发展健康有序

近年来，吴中区认真贯彻中央、省、市关于大力发展乡村旅游的精神，着力推进美丽村庄建设，鼓励农民经营农家乐，引导社会资本投资民宿。2013 年出台《关于促进农家乐全面提升发展的若干意见》，对农家乐高质量发展给予政策支持。2014 年开展农家乐提升试点，支持农家乐转型发展；编制《吴中区农家乐发展规划》，探索农家乐风情村建设，引导民宿集聚化、特色化发展。2017 年出台《关于促进吴中区旅游民宿规范发展的实施办法》（吴政办〔2017〕143 号），对规范经营的民宿实行奖励，鼓励其提升服务质量和规范化经营水平，此举有力地推动了全区民宿产业的健康发展。

（二）数量不断攀升，产业质量加快提升

据统计，目前全区已有民宿 900 余家，客房数近万，涌现出了“玖树·水月”、粗衣食吾、筱驻山塘等多个精品民宿，民宿发展走在苏州大市前列，民宿产业初具规模。数量增加的同时产业质量也快速提升。多家农家乐主动参加提升试点，提升民宿品质，成为全区民宿标杆。聆风山居、苏世源、吾乡山舍等民宿经过整改跻身农民自营精品民宿行列。玖树、右见、半山等民宿品牌在吴中落地生根。自 2017 年民宿规范化管理试点工作开展以来，188

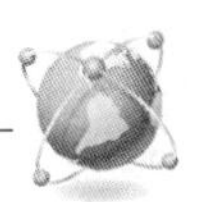

家民宿经过整改通过区镇民宿联合验收，实行备案登记，办理了相关证照。近3年来，吴中区有21家民宿获得苏州市精品民宿称号。

（三）社会效益凸显，经济带动作用明显

民宿业的兴旺成为全区尤其是环太湖地区乡村振兴的新引擎。一方面，带动了农民就业致富。2018年，全区民宿年经营收入超过5亿元，直接和间接解决本地农民就业5 000余人，民宿户均收入数十万元。100多家社会资本投资的民宿全年为农民增加房租收入1 000多万元，每年有超过百万的民宿客人涌入，带动了果蔬、农鲜等特产的销售，拓宽了农民的收入渠道。另一方面，民宿的火爆推动了产业结构调整，加快了美丽乡村建设。东山三山岛全村发展乡村旅游，半数老百姓经营民宿，民宿成为主导产业。旺山的民宿发展丰富了乡村旅游的内容，金庭明月湾沿湖民宿成为一道亮丽的风景线。近年来，成长起来的高品质民宿大多由有品位、有想法的年轻人经营，他们的流入更新了乡村造富血液，为乡村振兴的实现加油助力。

二、提档升级吴中民宿产业发展的几点建议

为进一步推动全区民宿业提档升级，助推全域旅游繁荣发展，吴中区必须紧紧依托本土资源优势，应势而谋，乘势而上，将比较优势转化为竞争优势，提升民宿品牌的吸引力和影响力。

（一）深化统筹发展，加强规划引导

首先，要注重规划引领。立足于全区“一核一轴一带”生产力发展布局，与《苏州市吴中区全域旅游总体规划（2016—2030）》相承接，编制全区民宿发展规划。以柳舍、旺山、明月湾、陆巷等基础条件较好的民宿集聚区为重点，完善道路、绿化、停车场、微型消防等配套设施规划建设；与美丽乡村、特色田园乡村、康居乡村等乡村建设项目相结合，引导以乡村旅游、运动休闲、康养旅居为主题的民宿品牌化与集群化发展，实现“捆绑发展”，提升规模效应，降低单体民宿的开发运营成本。

其次，要加强政策引导。强化政策保障，坚持引培并举。（1）在引优方面：突出“旧宅改建”重点，探索“资本新建”路子，注重出台专门的民宿招商引资细则，引导优质民宿项目签约落户。（2）在培强方面：优化、完善激励政策，引导民宿行业转型升级。目前《关于促进吴中区旅游民宿规范发展的实施办法》中针对民宿规范发展已明确了具体的奖励方式和奖励金额。

下一步应重点完善培育和扶持精品民宿的政策措施，可制定奖励细则并丰富奖励手段，最大限度调动民宿业主升级改造的积极性。此外，在政策和资金上也要注重向民宿基础设施建设方面倾斜，加强对民宿经营数量较多村落的道路整修拓宽、公共停车场规划建设、文娱设施优化完善等，改善民宿周边环境，提升行业整体竞争力。

最后，要重视行业协会。依靠行业协会进行自我管理是一个行业走向成熟的标志。吴中区 2018 年成立了吴中太湖民宿联盟，东山镇等地也已经建立了农家乐协会，在吴中区，类似的行业协会在不断建立完善，但其中大多数仍处于起步阶段，动作不多，发挥作用有限。在民宿发展过程中吴中区可借鉴其他城市或国家的成熟经验，重视行业协会作用，鼓励协会举办各类专业培训、营销推广活动，也可适当拓宽行业协会的职能范围，授权其参与民宿监督管理、投诉纠纷协调处理等工作。通过行业协会建设弥补政府在指导、评价和服务民宿发展中的不足，补齐民宿业主在设计、营销等职业能力上的短板，推动民宿行业走向规范成熟。

（二）深耕市场偏好，增强宣传效果

首先，精准分析客源市场，增加信息投放的精准度。长三角地区人口超过 1 亿，人均 GDP 全面超过 1 万美元，私家车保有量达到近 1 000 万辆，是中国最成熟的旅游市场，为吴中旅游业提供了优质的潜在客源。吴中民宿业发展应主动融入长三角一体化发展战略，重点针对上海、杭州、南京等长三角 3 小时经济圈内城市开展多样化现场推广活动，线上线下相结合，多层次、多渠道立体营销，全方位、宽领域、多形式、广角度宣传吴中民宿品牌。同时面向全国市场，增加电视、报纸广告投放的精美度和可读度。一方面，围绕本土资源做文章，突出地域特色，获取竞争优势；另一方面，还可着重考虑与《亲爱的客栈》《美丽中国乡村行》《青春旅社》《向往的生活》等品牌电视节目开展合作，扩大受众面与影响力。

其次，加大网上营销力度，为民宿集聚人气。《2018 年中国民宿客栈行业发展报告》显示：民宿消费者主要依靠互联网渠道来获取住宿信息，其中通过搜索引擎/App 方式获取住宿信息的人群有 47%。大众旅游时代，游客更偏爱通过网络获取民宿信息，偏好“边走边订”的出游方式。因此，我们应充分利用互联网平台做好宣传工作。一方面，依托“太湖旅游总入口”和“苏州旅游总入口”等官方平台，动员民宿业主积极参与，提升信息发布的权威

性和游客的认可度。另一方面，加强与知名网站的合作力度，尤其要加强与“途家”“小猪短租”“蚂蚁短租”等大众认可度高的在线平台以及榛果民宿等垂直类民宿平台的合作，扩大宣传面，吸引潜在客源。此外，也要充分利用抖音、腾讯微视频等播放平台发布网络宣传片，打造“网红民宿”“话题民宿”，吸引更多游客前来“打卡”。可以学习杭州市打造民宿真人秀体验活动《民宿的客厅》的成功经验，通过邀请游客参与体验的方式为民宿宣传造势，增加本土民宿的流量和话题度。

最后，增强体验性和主题性，做好目的地营销。中商情报网《数据解析：中国民宿市场现状及发展趋势》发布的数据显示：绝大多数的消费者认为，民宿与其他住宿产品的区别在于民宿对当地生活形态的重现以及对特色主题的植入，体验性和主题性成为游客选择民宿的主要关注点。一方面，要把东山杨梅、枇杷采摘节，洞庭山碧螺春茶叶节等农业节会活动与民宿推广相结合，在借助活动举办为民宿增加人气的同时也可以通过合作来丰富民宿的体验性活动内容。另一方面，每一个民宿都应拥有自己的灵魂，民宿灵魂也是体现民宿主题和特色的重要素材。应深入挖掘民宿故事，让民宿拥有个性化的灵魂和气质。可在今后的行业培训中适当加入能够帮助民宿业主开拓经营思路、提高经营技巧的课程，鼓励他们主动将自身经历、地方风俗习惯等特色内容融入店面装修和管理运营中，提升其挖掘身边故事、打造特色民宿的能力。

（三）深挖资源禀赋，丰富发展业态

如果民宿只专注于住宿，那么就很难区别于酒店，也难以在市场竞争中发挥优势。应积极探索“民宿 +”发展模式，在加快民宿业发展的同时充分发挥出民宿对吴中经济的带动作用。

首先，深挖文化内涵。吴中区有 3 个国家历史文化名镇、11 个历史文化名村、31 项非物质文化遗产，拥有丰厚的历史文化底蕴。应充分利用吴中古镇古村、水乡民俗文化、洞庭商帮文化等文化资源，以人文历史故事、特色民间传说为主题，融入古村落、水乡民俗服饰、苏州评弹、核雕等地域文化要素，丰富民宿文化内涵、打造吴中文旅名片。此外，也要鼓励和引导经营者挖掘流行文化元素，提升民宿的文化质感和对游客的吸引力。如可鼓励民宿业主探索开发“民宿 + 书店”“民宿 + 文创”等新模式；也可学习英国民宿的发展经验，将流行的酒吧文化融入民宿经营之中，发展“酒吧 + 民宿”

经营模式，打造出兼营酒吧的“日出民宿”，乘着当下“夜间经济”火爆的东风，实现吴中民宿口碑与商机的双赢。

其次，深挖农业资源。一方面，以民宿产业为联结，整合上下游产业链资源。引导民宿根据游客需要，开发特色农产品、伴手礼，延伸上游经济。如浙江省宁波市象山县将民宿发展与“电商助农”相结合，以民宿经济催热休闲农业，带动枇杷、杨梅等当地特色农产品的销售，充分发挥出民宿在推动产业兴旺、助力乡村振兴中的重要作用。另一方面，以农业延伸推动民宿业转型升级。引进配套农产品深加工基地和体验区，以西山、澄湖、太湖等农业示范园区为载体，开发集生产、销售、教育、旅游为一体的农业特色庄园，将民宿发展融入庄园规划建设之中，以特色农庄建设补足民宿配套设施不完善短板，为民宿集聚发展提供硬件保障。

最后，深挖山水田园的旅游资源禀赋。吴中之美尤其是太湖之美，美在山水湖光，美在田园。吴中区环太湖地区有 7 个最美岛屿、9 个最美景点、3 个湖面、7 段湖岸线，构成了湖岸、湖岛、湖中、山岛、湖面等不同类型和特征的旅游资源集聚。此外，还有 4 片最美大面积连片田园，这些资源在日益城市化的长三角弥足珍贵。应顺应人们对绿色、健康生活的向往，突出民宿生态的休闲属性，增加民宿对目标游客的吸引力。如可以围绕康养、休闲主题，完善东山雨花莫厘道、环湖田园景观道等项目建设，推动以运动、康养为特色的民宿业发展；也可以鼓励经营者将绿色、环保理念融入民宿运营中来，把垃圾分类、义务植树、上山捡垃圾等活动列入体验项目菜单，丰富衍生产品和衍生服务，破解同质化发展难题。

（课题组成员：盛国健、刘铁斌、修婷婷；执笔：修婷婷）

苏州生态涵养发展实验区建设面临的问题及优化建议

中共吴中区委党校课题组

自苏州启动建设生态涵养发展实验区以来，实验区的保护与发展工作已全面展开。当前，实验区建设呈现出三大特点：（1）以项目建设带动构筑发展支点。排定近、中、远期生态保育、生态治理、民生保障、产业发展四大类项目，初步确定2019—2023年总投资110亿元的项目库。2020年排定的23个工程79个项目正在有序实施，预计年度投资17.55亿元。（2）以传统优势带动推进转型升级。利用实验区“月月有花、季季有果、天天有鱼虾”的资源特色和发展基础，推动传统农业向绿色生态农业转型，碧螺春茶、白沙枇杷、太湖湖羊等优质地方特色农产品品牌逐步彰显。(3）以产业融合带动发展特色经济。坚持农、文、旅等多业态融合，大力发展特色文化、休闲度假等产业。东山“纪录片小镇”、金庭“健康生态湖岛小镇”建设初见成效，东山杨湾西巷“青蛙村”、金庭秉常“电子商务村”等一批特色乡村脱颖而出。

一、苏州生态涵养发展实验区建设面临的问题

根据《苏州生态涵养发展实验区规划（2018—2035)》，生态涵养实验区2020年要初步建立，但上半年受疫情影响，实验区发展建设整体推进比较缓慢，还面临着一些亟须解决的问题。

（一）生态补偿问题

（1）补偿主体和补偿方式单一，主要依靠市区两级政府资金投入，缺乏市场化、多元化的补偿机制。（2）补偿标准相对偏低，生态补偿金额与实际投入不匹配的问题比较突出，补偿和保护成本相差较多。（3）补偿效果缺乏评估，目前还以集水面积为主要补偿标准，尚未延伸到对水质达标和改善的

补偿奖励，地方主动保护的积极性不高。

（二）产业发展问题

实验区内生态保护与产业发展的阶段性矛盾依然突出。一方面，项目的推进受到实验区内各类生态规划的严格控制；另一方面，实验区内农田、鱼塘、茶园、果林、河道水岸承包到户，农户土地意识强烈，碎片化的要素资源整合存在困难。文旅创新产业、文化创意项目、旅游新型项目的引进、落地及发展受到限制，立足于资源保护和可持续发展的生态友好型产业体系在短时间内还难以形成。

（三）基础设施问题

实验区内人口密度较高，学校、医院等设施扩建受限，基本处于过度饱和状态，难以满足发展需求。同时，支撑产业发展的基础设施条件明显弱于其他板块，如进出实验区的通道方式单一、公交出行不便、高峰时段拥堵严重、旅游交通组织不力等问题成为乡村旅游业发展的制约因素。

（四）管理体制问题

实验区内的山、水、林、田、湖、草等自然资源的管理机构比较多，存在责权不清、协调不够、效率不高的问题。各部门往往根据自身职能，只对某一项或某一类生态系统实施保护和修复工程，导致保护的整体性、系统性不强，难以达到预想的保护和涵养效果。例如，实验区内的一些湿地带建设项目大多为水利工程或景观工程，对生态系统的综合考量不足，对工程的实际生态效果也缺乏评估。

二、优化苏州生态涵养发展实验区建设的对策建议

（一）完善生态补偿机制，守好绿水青山

实施生态补偿是调动各方积极性、保护好生态环境的重要举措。2019 年 8 月，习近平总书记在中央财经委员会第五次会议上特别强调：全面建立生态补偿制度，健全区际利益补偿机制和纵向生态补偿机制。面对实验区的生态补偿问题，作为率先在全国提出生态补偿，并出台全国首部关于生态补偿地方性法规的苏州，应当积极探索，继续推进和完善生态补偿实践中的苏州经验。

首先，探索建立跨区域生态补偿机制。跨区域生态补偿是近年来国内外

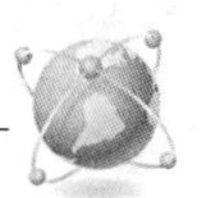

用以保护生态环境的重要手段和理论研究热点。《苏州市生态补偿条例》第六条规定：市、县级市（区）应当逐步建立区域、流域等生态补偿制度。这对跨区域生态补偿的实施提供了依据，但仅仅是原则性、指导性的规定，缺少具体操作性文件和实践。市级层面可以探索协调建立横向补偿机制，对实验区每年财政资金投入的项目，由工业园区、相城区、虎丘区、吴江区按照受益情况与吴中区分担。

其次，积极寻求生态补偿市场化道路。市场补偿是政府补偿的有益补充，是促进生态补偿机制实现有效运转的关键。可以按照“谁受益、谁补偿，谁保护、谁受偿”的原则，构建生态产品价值评估体系，推进生态资源价值化，建立和完善水权交易、排污权交易等市场化运作机制。同时，鼓励民间组织和个人参与生态补偿，实现生态补偿主体和方式的多元化。

最后，健全生态补偿效果评估体系。尝试“以奖代补”的方式，探索建立面积补偿与水质考核相结合的奖补体系，在根据集水面积进行补偿的基础上设立水质改善奖，根据指标改善情况给予奖励，提高水源地所在镇、村主动作为与保护生态的意识。

（二）坚持绿色发展，拓宽“两山”转换通道

“两山”理论的核心是实现有效转换。由于受各类生态空间保护政策的限制，沿太湖地区经济发展速度明显慢于吴中其他地区，特别是生态涵养发展实验区已经成为吴中区甚至苏州市经济发展的洼地。加快实验区发展步伐是推进苏州生态文明建设的必然要求。

首先，要盘活要素资源，实现“化零为整”。借鉴浙江安吉“两山银行”的做法，成立专门的生态资源涵养池，对需要集中保护开发的耕地、园地、林地、湿地以及可供集中经营的村落、集镇、闲置农村宅基地、闲置农房、集体资产等碎片化资源与资产，经摸底、确权、评估后，选择合适标的推向市场，实现生态资源向资产、资本的高水平转化，达到“盘活一区资源、激活一池春水、造福一方百姓”的目标。

其次，推进三产融合，转化“生态红利”。利用生态优势、地域优势，以产业融合发展为支撑，是实验区产业发展的必由之路。要加大对实验区内旅游资源的整合，加强古镇、古村开发与保护，实现农、文、旅一体化发展，打造长三角最美太湖生态旅游目的地。对于实验区内的高端产业项目，在资源消耗、环境保护等方面以外的指标适度放宽准入条件。积极发展信息技术、

会展、文创、康养、科研、教育等服务性产业，打造产业特色鲜明、人才资源集聚的生态服务业高地，实现有风景的地方就有新经济，拓宽绿水青山向金山银山的转换通道。

最后，探索结对协作，打造“生态飞地”。结对协作有利于推动实验区与其他区域优势互补，合作共赢。北京为培育壮大生态实验区各区主导功能和产业，建立了“东城区—怀柔区、西城区—门头沟区、朝阳区—密云区”等结对关系。可以学习借鉴北京的结对帮扶模式，探索建立实验区与工业园区、相城区、虎丘区、吴江区的结对协作发展机制，将实验区打造成为这些区域的“生态飞地”。加大市级层面的统筹力度，推动结对区制定结对协作框架，细化与实化生态建设、产业发展、公共服务、干部人才交流等领域的具体工作方案。

（三）坚持问题导向，完善基础设施建设

要加大支持力度，尽快补齐实验区基础设施建设短板。

首先，分类推进实施。要整合利用已有的设施，加强运营维修管理；要优先配置不足的设施，高质量规划、设计和建设。积极推进市政设施、商业服务设施等的提档升级，加快推进绿色交通设施建设，加强实验区内的空间联系，提高实验区与苏州中心城区之间的通达效率。

其次，强化资金保障。将实验区内的生态环境、基础设施和民生改善项目纳入支持政策范围，项目资金缺口建议由市、区两级财政兜底，并进一步明确支持比例。推进财权和事权相统一，市、区两级对实验区两镇范围内产生的税收不予集中，让渡部分全额返还东山镇、金庭镇。

（四）强化组织保障，完善体制机制

坚强有力的组织领导，是各项工作落到实处，取得实效的关键和保证。实验区的发展也不例外。

首先，逐步扩大实验区范围。当前，实验区规划范围为吴中区东山镇、金庭镇及周边区域，具体包括两镇陆域、两镇之间的太湖水域和环两镇陆域500米范围内的太湖水域，总面积约285平方千米。无论是从先进地区的经验来看，还是从“新经济集聚的国家湾区”的目标定位来看，目前的区域面积都整体偏小。以北京为例，北京市生态涵养区范围涉及7个区，土地面积11 259.3平方千米，占全市面积的比重达68%。下一步应把吴中环太湖地区和虎丘区环太湖地区逐步划入实验区范围，方便从市级层面协调统筹。

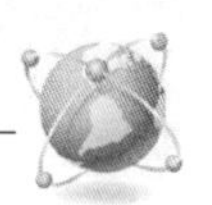

其次，探索建立太湖流域全区域管理机构。可以借鉴新安江流域生态补偿机制的组织体系，高位推动，从市级层面，甚至省级层面，建立完善的区域协调机制和执行架构，统筹实验区建设相关问题。建立信息共享公开平台，加强部门之间的互联、互通，着力破解实验区多头管理的问题，增强实验区建设的统一性、协调性，提高生态涵养的效果和效率。

（课题组成员：盛国健、何聪、吴照龚；执笔：何聪）

关于制定《苏州市生态文明建设促进条例》的建议

张仁泉

近几年来，苏州市积极贯彻落实党中央、国务院关于生态文明建设的重大决策部署，敢为人先，勇于创新，在生态文明建设方面取得了显著成就，获得了“国家生态文明建设示范市”“国家生态市”“国家生态园林城市”等荣誉称号。但是，从依法治国的视角来看，苏州市生态文明建设的法制建设相对滞后，建议尽快制定《苏州市生态文明建设促进条例》。

一、制定《苏州市生态文明建设促进条例》的必要性

苏州市在生态文明建设方面虽然取得了一系列成就，但仍然存在许多突出的环境问题。2018 年苏州市环境空气质量达标率仅为 73.7%，空气异味污染投诉较多；地表水省考断面水质达到或优于Ⅲ类的比例仅为 76%，太湖蓝藻形势依然严峻，特征污染因子时有异常；土壤环境安全风险较高，污染地块治理进展缓慢。这些问题实质上是苏州市社会经济发展中不平衡与不充分的问题在生态环境方面的具体表现，也是苏州市生态文明建设的突出短板。苏州市人口和经济密度大、发展速度快、产业结构偏重、国土空间布局不够合理，导致自然资源约束严重、煤炭消费总量居高不下、污染物排放总量过大、生态环境脆弱和区域环境风险高等生态环境问题。这些环境问题新老叠加、成因复杂，各种因素密切关联，牵一发而动全身，用传统的思维方式和治理模式难以破解。同时，苏州市生态文明建设在确定目标任务、职责分工、内容要求、措施方案等方面缺少法定依据，不利于系统、协调、科学地推进。

基于上述原因，在当前严峻的环境形势下，苏州市生态文明建设必须依法推进，统筹各方，开拓创新，破解难题，因此，制定《苏州市生态文明建设促进条例》非常必要，而且十分迫切。

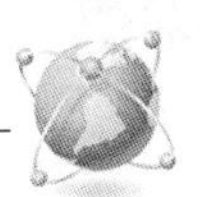

二、制定《苏州市生态文明建设促进条例》的可行性

党的十八大把生态文明建设提升到“五位一体”总体布局的战略高度，有关内容和要求已经写入了党章。党的十九大报告指出，建设生态文明是中华民族永续发展的千年大计，必须树立和践行“绿水青山就是金山银山”的理念，像对待生命一样对待生态环境。十三届全国人大一次会议通过的《中华人民共和国宪法修正案》增加了生态文明内容。生态文明的有关内容在环境保护相关专门法律中也有不同程度的体现。党中央、国务院制定了《生态文明体制改革总体方案》，明确了生态文明体制的“四梁八柱”，设计了“八项制度”。近年来，各地在生态文明建设立法方面进行了积极探索和实践。《贵州省生态文明建设促进条例》是全国首部省级生态文明建设条例。浙江省湖州市在2015年7月施行《湖州市生态文明先行示范区建设条例》，这是全国首部关于生态文明先行示范区建设的地方性法规。此外，福建、浙江、新疆、青海以及杭州、厦门、珠海等地的人大常委会也制定了生态文明建设相关条例。这些立法和实践为制定《苏州市生态文明建设促进条例》提供了立法依据、重要参考和借鉴。

苏州市在生态文明建设方面已经积累了一定的成功经验。近几年来，苏州市坚持以习近平生态文明思想为引领，牢固树立“绿水青山就是金山银山”的强烈意识，按照“五位一体”总体布局和“四个全面”战略布局的要求，自觉践行新发展理念，大力推进生态文明建设。早在2010年，苏州市就编制了全国首部生态文明建设规划——《苏州市生态文明建设规划（2010—2020年)》，这一规划在“十二五”期间对苏州市的生态文明建设工作发挥了重要引领作用；印发实施了《苏州市生态文明建设三年行动计划（2014—2016年)》，制定出台了《苏州市生态文明建设考核办法》。2013年以来，苏州市持续推进生态文明建设“十大工程”，取得了良好的生态效益与社会效益，形成苏州市生态文明建设乃至城市品牌形象的一张靓丽名片。这些探索和实践为制定《苏州市生态文明建设促进条例》奠定了良好的工作基础。

三、制定《苏州市生态文明建设促进条例》的内容要点

苏州市应以习近平生态文明思想为指导，以党中央、国务院生态文明建设相关制度和改革文件为依据，以“五位一体”总体布局为立足点，以完善

生态文明体系和生态环境治理体系为手段，以改善生态环境质量为目标，以系统性、针对性、可操作性为导向，充分借鉴其他地区生态文明的立法经验，紧密结合苏州市生态文明建设工作基础，制定一项符合苏州市生态文明建设工作需要的地方性法规。

建议《苏州市生态文明建设促进条例》的内容要点如下：

（一）明确苏州市生态文明建设的指导思想和基本原则

全国生态环境保护大会确立了习近平生态文明思想，这是标志性、创新性、战略性的重大理论成果。以习近平生态文明思想为指导思想，以其“八个坚持”为基本原则，确立苏州市生态文明建设的根本遵循、思想指引和实践指南。

（二）明确苏州市生态文明体系的总体框架和目标

围绕习近平总书记在全国生态环境保护大会提出的生态文明五大体系，即生态文化体系、生态经济体系、目标责任体系、生态文明制度体系、生态安全体系，系统设计苏州市生态文明体系的总体框架，加强对生态文明建设的总体设计和组织领导。基于苏州市生态文明建设现状、“两个一百年”奋斗目标以及“强富美高”新江苏、苏州当好“迈上新台阶、建设新江苏”排头兵和先行军的定位，明确苏州市生态文明体系的近期、中期和远期目标。

（三）明确环境污染防治和生态保护的重点任务和职责分工

苏州市生态文明建设的核心内容是坚决打赢蓝天保卫战、着力打好碧水保卫战、扎实推进净土保卫战和加快生态保护与修复。要针对苏州市生态环境突出问题的本质特征、机理成因和污染来源，实施精准施策、科学治污、系统保护、全面修复。要明确各地区、各部门、各领域和各阶层的重点任务与职责分工，完善管理体制和运行机制，全面提高生态环境治理的现代化水平。

（四）明确苏州市生态文明制度体系建设要求

苏州市生态文明建设需要积极探索实践，大力推进制度创新，加快建立系统完整的生态文明制度体系，引导、规范和约束各类开发、利用、保护自然资源的行为，用制度保护生态环境。在法律法规、相关制度基础上，结合苏州市生态文明建设实际，坚持问题导向，体现地方特色，围绕目标定位，明确苏州市生态文明制度体系建设要求，为科学设计苏州市自然资源资产产

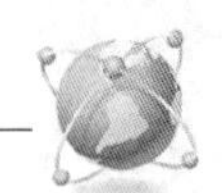

权制度、国土空间开发保护制度、资源总量管理制度、污染物总量控制制度、生态环境监管制度、生态红线监管制度、生态保护补偿制度、生态文明绩效评价考核制度和责任追究制度提供法规依据。

（作者系苏州专家咨询团成员、苏州市环境监测中心研究员级高级工程师）

关于澄湖湿地生态修复的建议

冯育青　谢　冬　李　欣

澄湖位于苏州市东南，由吴中区（角直镇）、吴江区（同里镇）、昆山市（周庄镇、锦溪镇）共辖，湖面积39.9平方千米。出入澄湖共有大小河港31条，其中，西北方向的入湖河港有16条，来水为吴淞江及太湖；东南方向的出湖河港有15条，经明镜荡、长白荡及急水港汇入淀山湖。澄湖沿线5千米土地利用情况主要有以下特点：沿湖西北片区（角直镇）是全市最大的水八仙种植基地；沿湖西部片区（角直镇）以水产养殖、蔬菜种植为主；北部片区（锦溪镇）主要是高档住宅区；南部片区（同里镇、周庄镇）保留村庄与农田。为达成澄湖水质提升和恢复湿地生态的目标，我们于2019年7月对沿线水环境质量进行了现场调查与监测。

一、沿湖水环境调查结果

（一）吴淞江输入无机颗粒物（泥沙）导致入湖区透明度低

吴淞江从北部和西部直接入湖，无机颗粒物含量最高，分别为9.17mg/L、5.17mg/L，透明度最低，分别为20cm、30cm。吴淞江从西北部流经水八仙种植基地，无机颗粒物下降为1.5mg/L，透明度提升至70cm。大量的泥沙输入明显降低了水体透明度，光线无法穿透湖体，导致湖内沉水植被退化，进入澄湖的营养物质不能有效降解。

（二）农业生产营养物质输入导致澄湖呈富营养状态

入湖营养物质（总氮、总磷）含量较高，西北部水八仙种植、西部蔬菜种植和渔业养殖输入营养物质，造成了有机颗粒物（主要是藻类）占比较高，溶氧低，消耗水中氧气，水中厌氧细菌活跃，含氮、磷的有机颗粒物降解缓慢。

（三）住宅区的有机污染物输入导致澄湖出水耗氧指标高

对比澄湖出水指标，经过东片住宅区后，化学需氧量（COD）、生化需氧量（BOD）、总有机碳（TOC）、可溶性有机物（DOC）等指标明显偏高，说明有机污染物排放较多。

（四）沿湖沉水植被缺乏，水体抗扰动能力差

澄湖出水区域缺少沉水植被，风浪较大，底泥悬浮，造成底泥中有机污染物释放，总磷、总有机碳（TOC）、化学需氧量（COD）偏高。

（五）全湖沉水植被缺乏，水体自净能力有限

入湖水经澄湖生态系统循环，总氮含量降低 26.7%，总磷含量降低 21.4%，水质从劣Ⅴ类降低为Ⅴ类，说明澄湖对入湖营养物质有一定限度的自净效果，但效果有限。由于全湖缺乏沉水植被，自净能力不足。

二、关于澄湖湿地生态修复的几点建议

总体来说，澄湖沿线 5 千米的利用情况与澄湖各片区水质状况密切相关。做好水文章，关键在岸上，重点要做好以下几项工作。

（一）科学控制营养物质来源

在澄湖水八仙种植区、养殖鱼塘区、蔬菜种植区深挖沟渠，让农业排水循环利用。将农业退水导入沟渠缓冲存储，农业用水时，再由沟渠引入生产区，此举既可避免携带氮、磷营养物质的农业生产用水排入澄湖，又可达到氮、磷营养物质重复使用的目的。同时，科学规范澄湖内养殖方式，逐渐向自然生态放流养殖方式转变，实现湖泊休养生息。完善相关行业技术标准，减少入湖排放。

（二）合理布局生态复层围堰

借鉴太湖三山岛、太湖湖滨、阳澄湖的生态修复技术，在澄湖北岸沿线建立生态复层围堰，发挥其拦截无机颗粒物（泥沙）的功能；在澄湖西北沿线建立生态复层围堰，发挥其拦截营养物质的功能；在东南沿线建立生态复层围堰，减少底泥再悬浮，促进沉水植被生长，为湖泊中的鸟类、鱼类提供适宜的栖息场所，提升生物多样性。

（三）规范管理居民点、别墅区的用水排放

建议定期对污水排放进行检查，确保排放达标。澄湖生活区闸站较多，

应对附近闸站进行疏导，确保水系畅通，防止营养物质聚集。

（四）打造澄湖沿线鸟类栖息地

在东部沿线鱼塘高标准改造过程中，集中规划一个区域，通过水位调控、水生植被管理、控制人为干扰等措施，营造鸟类栖息地，进一步提升澄湖的生物多样性。

（五）慎重对待澄湖湖底清淤工作

澄湖水体透明度低，导致沉水植被较少，底栖生物少，大面积的清淤会造成沉水植被难以恢复，生物多样性进一步降低，形成恶性循环。通过控制泥沙输入，提升水体透明度，可以恢复沉水植被群落；通过沉水植被恢复，吸收入湖营养物质，可以控制藻类等有机颗粒物的生长，进一步提升水体透明度，形成良性循环，再现水草丰茂、鱼翔浅底的情景。

（作者冯育青系苏州市湿地保护管理站站长、研究员级高工、苏州专家咨询团成员，谢冬系江苏太湖湿地生态系统国家定位观测研究站副站长、副教授，李欣系苏州市湿地保护管理站副研究员）

关于率先在苏州将“生态技术列入高新技术或战略新兴技术”的建议

安树青

党的十八大以来，党中央将生态文明建设提高到极为重要的战略地位，成为国家“五位一体”战略的重要构成；习近平总书记先后提出了“绿水青山就是金山银山”“山水林田湖草”生命共同体等战略论断与设想。与之对应，国家生态文明建设试点、国家公园建设试点、国家重要生态功能区划界与分类建设、雄安新区千年大计等一系列国家重大战略试点建设不断应时而出。然而，作为这些国家重大战略之必要的支撑技术——生态技术，却被世人认为是极为普通的“种草、养鱼”。这种认识既误解了生态技术的先进性，阻碍了生态技术的创新研发，又使得当前的生态技术被看作“务虚”的技术，完全不能支撑我国的重大战略计划与千年大计。

苏州具有社会经济发达、科学技术先进等明显优势，但也存在人多地少、生态环境容量有限等现实问题，是我国经济社会发达地区的典型缩影。因此，在苏州大力创新研发生态技术，树立起践行生态文明建设、实行“五位一体”整体发展战略的标杆，实现社会经济发展与生态文明建设“双赢”，对展示新时代中国特色社会主义伟大建设具有重要意义。

鉴于以下几点原因，建议率先在苏州将“生态技术列入高新技术或战略新兴技术”范畴。

（一）生态技术不仅仅是修复技术

生态修复技术是第一层次的生态技术，它是面向遭受破坏的生态系统开展不同程度修复时所需要的一系列技术，如湿地修复、草地修复、湖泊修复等国土空间修复技术，也是大家通常认为的生态技术；保护地设计建设与管理维护技术则是第二层次的生态技术，比如国家公园、自然保护区、湿地公园等的建设管理，它是在保护生物多样性及其栖息地的基础上，保护生态系统结构、过程与功能，是当前迫切需要而又缺乏的技术。生态产业技术则是最高一级的生态技术，它是实现我国重大战略构想与千年大计的主要支撑技术。生态产业在欧美是资源全生命周期利用过程中保护生态环境并发展高效节约经济的产业，在日本是资源循环利用形成的经济产业。我国的生态产业不同于其他国家，因为我国的资源、地貌、气候、文化的复杂性需要因地制宜研发新生态技术、新生态工艺、新生态产业。因此，各地的生态园区、生态产业园区、生态经济区将必然不同。若仅仅因为环境好而被命名为“生态园区”则显然是一种误解。生态技术中，生态修复/恢复技术以恢复生物多样性、修复健康生态系统为主要目标；保护地设计建设与管理维护技术以通过生态设计来保护与管理一系列不同层次的保护地为主要目标；生态产业技术的主要目标则是资源多级循环利用，在最大化保护生态环境的条件下发展社会经济产业，以便达成生态环境保护与社会经济发展的“双赢”。

（二）环保技术不能替代生态技术

环境是最稀缺的资源，生态是最宝贵的财富；环境支撑当代，生态成就未来。环保技术立足解决当前的污染及环境破坏等问题，采用环境工程技术，其主要工具是化工技术，以及附加的物理手段或生物辅助措施；而生态技术立足长远地解决生态系统破坏、服务功能受损以及保护地建设管理与资源高效循环利用不足等问题，其主要工具是生物物种，或辅以物理、化学、水利等手段。相比而言，环保技术简单快速但短效，生态技术复杂慢速而长效；环保技术为百年大计，生态技术则是千年大计，两者各有所长。

（三）生态技术应用应主流化

所谓主流化就是在空间、土地、社会经济总体规划中将生态保护恢复、资源高效循环利用作为其最基本要素加以要求、约束与体现。比如，将自然生态系统作为城市或乡村绿色基础设施纳入社会经济建设规划，将资源全生命周期的节约利用与生态保护作为区域经济社会发展的重要构成等。生态技术的创新研发与实际应用需要高水平经济的支持，苏州具备先行先试的基础优势，在新的发展起点上，要做到社会经济发展与生态保护“双赢”，尤其需要将生态产业作为一个独立的新兴行业主流化，通过生态主流化，改变世人“生态保护阻碍经济发展”“生态保护与经济发展对立”的误解。

鉴于苏州当前的迫切需要，建议尽快将“生态技术列入高新技术或战略新兴技术”范畴，加强生态技术的创新研发，并采取积极政策扶持生态

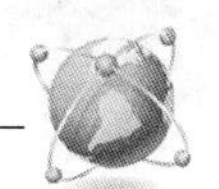

双创企业，为在苏州率先落实一系列国家重大战略提供牢固可靠的技术支撑。

（作者系苏州市专家咨询团成员、苏州市水生态学会理事长、南京大学常熟生态研究院院长、南京大学自然资源研究院湿地与滩涂研究中心首席科学家）

第六编

党建引领与基层治理创新

从党史中吸取发展的智慧和力量

朱　江

历史是最好的教科书，也是最好的清醒剂。习近平总书记多次强调，学习党史是把党和国家各项事业继续推向前进的必修课。透过历史回望走过的路、从历史中汲取智慧和力量，历来是我们党的优良传统。

一、苏州的发展史首先是一部苏州党组织不断发展壮大的历史

欲知大道，先知党史。诞生于风雨如晦、灾难深重的旧中国的中国共产党，用不到百年的时光，带领着近代以来久经磨难的中华民族实现了从站起来、富起来到强起来的历史性飞跃。中国共产党为什么能？答案就蕴藏在波澜壮阔的党史之中。从井冈山的探索到长征奇迹，从小岗村的“18 个红手印”到深圳的“拓荒牛”，党史中有“大道理”“大智慧”。纵观一部中共党史，就是一部中国共产党人为人民谋幸福、为民族谋复兴的奋斗史。党员干部要深入学习党史，开阔视野，增长学识，通过对党史的了解，进一步增强对中国共产党的初心与使命的认识，提高自己的政治觉悟。

与党的诞生之地上海近在咫尺的苏州，在中国共产党成立之初，就得到上海创党先驱的格外关注。1925 年，中共苏州独立支部成立，翻开了苏州人民革命斗争的新篇章。五卅运动的号角、北伐革命的风云、农民暴动的枪声、抗日救亡的烽火、人民解放的战旗在苏州这方热土上激荡着铿锵的音符，汇入新民主主义革命恢宏壮丽的乐章。中华人民共和国成立后，从乡镇企业异军突起到外资外企最佳投资高地，从改革开放总设计师邓小平在此“勾勒小康图景”到习近平总书记寄语苏州“勾画现代化目标”，苏州党史中蕴含着“小康建设的缩影”和“中国道路的经验”。苏州的党员干部要深入学习苏州地方党史，并把学习成果转化为干事创业的激情，持续推动苏州高质量发展走在前列。

二、苏州的发展道路是党的路线方针政策与苏州实际相结合的产物

读史明智，传承精神。修好党史这门“必修课”，我们要读懂什么、读出什么？习近平总书记深刻指出：“我们回顾历史，是为了总结历史经验、把握历史规律。”广大党员干部要通过学习党史，深刻认识我们党近百年来带领人民在应对各种困难和风险的考验中披荆斩棘，不断开辟胜利道路所展示出来的巨大勇气、巨大智慧和巨大力量，深入学习党在复杂环境下克服各种艰难险阻的宝贵经验，自觉按照历史规律和历史发展的辩证法办事。

90 多年来，苏州的地方实践也一再证明，一部苏州地方党史就是把党正确的路线方针政策与苏州革命、建设和改革开放的具体实际相结合的不断创新的历史。革命年代，创建抗日根据地的决策部署与苏州抗战实际相结合，全国第一个平原水乡抗日根据地应运而生；建设年代，创办社队工业的号召与苏州经济发展实际相结合，享誉全国、奠定苏州工业强市地位的乡镇工业破茧而出；改革开放新时期，开发、开放浦东的战略机遇与苏州紧邻上海得天独厚的区位优势相结合，苏州开放型经济迅速进入高位运行模式。历史事件是停滞定格的，但其映射的精神则是永恒发展的。不论是军民鱼水之情的“沙家浜精神”、开拓创业的“四千四万精神”，还是敢于争先的“张家港精神”、不断创新的“昆山之路”、开放融合的“园区经验”，这些都是苏州人民的精神财富、苏州党史的深刻揭示、苏州发展的不竭动力。

三、在党史之光的照耀下砥砺奋进，阔步前行

鉴往知来，砥砺前行。历史与现实内在的规律性联系决定了时代需要党史，也决定了党史需要回应时代提出的问题。当今世界正经历百年未有之大变局，新冠肺炎疫情的全球流行使这个大变局加速演进，经济全球化遭遇逆流，国际贸易和投资大幅萎缩，世界进入动荡变革期。我国正处于实现中华民族伟大复兴的关键时期，正在形成以国内大循环为主体、国内国际双循环相互促进的新发展格局。面对国内外风险挑战明显上升的复杂局面，面对转变发展方式、转换增长动力的迫切要求，抗疫常态化下的苏州如何在危机中育新机，于变局中开新局？如何在疫情防控和经济社会发展两个战场夺取“双胜利”的伟大斗争中继续走在前列，加快实现向高质量发展标杆的华丽转

身？不忘本来才能开辟未来，善于继承才能更好创新，鉴往知来才能更好地砥砺前行。

首先，要准确把握所处历史方位。苏州肩负着习近平总书记“勾画现代化目标、为中国特色社会主义道路创造一些经验”的谆谆嘱托，肩负着江苏省委“成为高水平全面建成小康社会的标杆，勇当探索具有时代特征、江苏特点的现代化道路的标杆”的光荣使命。“勾画现代化目标”“两个标杆”的战略方位，就是契合“两个百年”“两个大局”的时空维度标配苏州的定位、责任和使命。

其次，要善于抢抓重大关键机遇。历史和现实反复证明，苏州在发展的关键节点善于捕捉和抢抓机遇，频频按下“快捷键”。当前正是谋划“十四五”的重要当口，苏州要牢牢把握未来发展的主动权，深入思考未来发展的重大命题，科学谋划“十四五”战略布局，把握长三角一体化发展重大国家战略机遇，更好依托长三角一体化发展和上海大都市圈的整体优势，扎实做好对接上海大文章，进一步拓展对接上海、融入上海的广度和深度，更好地服务国家战略，彰显地方担当，增创发展优势。

再次，要始终坚持科学发展路径。当前的苏州发展要从我国进入新发展阶段大局出发，以历史思维、辩证思维看待新机遇与新挑战，进一步提高贯彻落实新发展理念的能力和水平，探索形成新发展格局的有效路径。为此，要与时俱进，在更深层次上全面深化改革，以深化改革激发活力；锐意开拓，在更高起点上全面扩大开放，以高水平对外开放打造国际合作和竞争新优势；大力推进以科技创新为核心的全面创新，以科技创新催生新发展动能；真抓实干，践行以人民为中心的发展思想，把事关人民群众获得感、幸福感、安全感的问题一个一个解决好。

最后，要不断提振干事创业精神。一代人有一代人的长征路。处于全面小康向基本现代化迈进的苏州，想要更好地走好社会主义现代化建设之路，更需要借助前人的智慧力量、精神力量。苏州党员干部学习恢宏党史，就是要让历史之光照进现实，启迪心灵，把理想信念内化于心，外化于行，转化为干事创业、勇担使命的精神力量，知行合一，推动苏州不断跨越发展道路上新的困难和挑战，为社会主义现代化建设探路，为中国特色社会主义道路创造经验。

峥嵘岁月，如歌情怀。在近百年的奋斗历程中，我们党领导人民取得了伟大胜利和辉煌成就，书写了壮丽多彩的历史画卷。知秋一叶，苏州近百年革命、建设和改革开放的历程就是党的伟大事业的一个缩影。动人心魄的历史事件、襟怀磊落的历史人物、艰苦卓绝的斗争历程、熠熠生辉的历史精神，值得我们深入研究，科学记述，全面宣传。当下，苏州党史部门充分发挥职能作用，记好苏州党史，讲好苏州故事，传好苏州精神，真正做到用历史成就来鼓舞人、用历史经验来启迪人、用历史教训来警示人，激励广大党员干部在新的起点上，以一往无前的奋斗姿态、风雨无阻的精神状态，努力让志在逆风飞扬的苏州创造出新的更大奇迹！

（作者系中共苏州市委党史工作办公室主任）

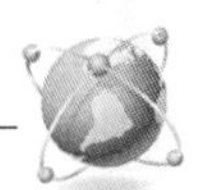

筑就双高地　走在最前列

——苏州工业园区党建引领走在全国开发区发展最前列的生动实践及启迪

中共苏州市委党校课题组

苏州工业园区是中国与新加坡两国政府间的重要合作项目。自1994年启动开发建设以来，在党中央的坚强领导下，勇立时代潮头，始终坚定中国特色社会主义方向，坚持伟大工程与伟大改革、伟大事业一同推进，改革不断深化，开放不断扩大，创新不断推进，创优不断突破，发展不断跃升，开发区建设取得了非凡的成就，成为我国改革开放创新发展的高地，成为创新加强党的领导和党的建设的高地，走在了全国开发区的最前列，经典演绎了中国特色社会主义的伟大实践，生动诠释了改革开放的蓬勃生机和活力，有力体现了中国特色社会主义的最本质特征和制度的最大优势。

一、创造非凡：筑就双高地　走在最前列

25年来，工业园区以非凡的精神、非凡的干劲取得了非凡的成就。

筑就了改革开放创新发展的高地。2018年，工业园区实现地区生产总值2 550亿元，主要经济指标达到或接近发达国家水平，综合发展指数、集约发展水平、质量效益指标均居全国开发区前列，在全国国家级经济技术开发区综合考评中连续三年蝉联第一，并跻身科技部建设世界一流高科技园区行列，成为江苏省乃至全国最具影响力的对外开放窗口，成为中外互利合作的成功典范，成为中国改革开放创新发展的高地，走在了全国经济技术开发区发展最前列。

筑就了创新加强党的领导和党的建设的高地。从外企党建的“零突破”到“两个全覆盖”，从“两个覆盖”到党建品牌选树，从品牌选树到品牌群创建，从先锋集群创建到创建全国党建示范园区，园区党建不断创新创优登

高，一步一步筑就了全国开发区党建高地：外企党建代表三星半导体党委被国家商务部评为全国开发区党建工作典型，社区党建代表湖西社区党委被中共中央组织部评为全国先进基层党组织，楼宇党建代表国际大厦党委被中共中央组织部评为楼宇党建先进典型，机关党建代表园区法院被评为全国法院系统先进基层党组织，行业党建代表园区华星会计师事务所被评为全国会计师协会系统先进基层党组织，入选江苏改革开放40周年先进集体……外企党建、楼宇党建、社区党建、行业党建、机关党建群星闪耀，推动工业园区走在全国开发区党建的最前列，也为工业园区的开发建设走在全国最前列提供了源源不断的红色动能。

短短25年，苏州园区何以成就双“高地”，走在全国最前列？回望其波澜壮阔的发展历程，不难看出，伟大工程、伟大改革、伟大事业始终联袂推进，其中党的领导与党的建设犹如一根红线，贯穿始终，引领着园区人以一流的追求打造一流的党建，以一流的党建引领一流的发展，走出了一条具有时代特征、苏州园区特色的开发区党建之路，有力引领和保证了苏州工业园区始终走在全国经开区发展的最前列。

二、解码非凡：从1.0到4.0，在不断创新创优中筑就开发区党建高地

审视苏州工业园区开发建设与创业奋进历程，历经了奠定基础、加速发展、转型提升、高质量发展四个阶段，与之相伴随的是，工业园区的党建也历经了四个阶段，从1.0版走向4.0版，不断创新创优登高。

园区党建1.0时代，即从1994年至2000年园区的党建起步阶段。这一阶段是园区建设的初创时期，以基础设施建设为特征的城市化快速启动，工业化同步推进，外企不断云集。至2000年年底，园区累计投入基础设施建设资金78.3亿元，累计进区企业4 791家，累计合同利用和实际到账外资分别达76亿美元和39.7亿美元，均列全市开发区之首，当年完成工业总产值316.1亿元，实现6年翻三番。以经济工作为中心的开发区党建怎么搞？许多挑战接踵而至，首当其冲的就是如何让不同文化背景的外企认同与接受党建。作为先行先试的排头兵，园区人紧紧依靠党的领导，坚持中新合作中的主体地位，坚持园区党建与园区招商同时开始，坚持园区党建与园区建设同步推进。首先从世界500强外企入手开展工作，经过不懈努力，1998年，在园区第一

家外商投资企业三星半导体公司成立了园区外企第一个党支部，随后，在日本的日立、美国的旭电、欧洲的诺基亚等成立了党组织。园区人硬是靠着卓越的努力获取外资方的由衷认同，不仅实现了外企党建从无到有的突破，而且一起步就在世界500强外企中高水准地组建党组织，高水平地开展工作，为园区党建“创建高地走在前列”植入了强大的先进先锋基因。此后，党员队伍在各行各业尤其是非公企业中不断壮大，党组织也跟着不断壮大。这一时期，党的组织体系建设主要解决组织有没有的问题，虽未健全，党组织建设也未全覆盖，但这一时期党建最突出的风貌就是党员干部干在前列的精神状态好、示范引领强，他们以奋不顾身的劲头投入园区开发建设的各项事业中，从第一份合作协议的签订到第一笔外资的引进，从第一家企业的开工到第一个社区的建成，广大党员干部的矫健身影无处不在，由此而形成的“园区经验”成为苏州改革开放精神大旗的重要组成和标志，即便这一时期园区党建还处于起步阶段，但创业者们还是鲜明地为园区发展和园区党建烙上了先锋禀赋和创优本色。

园区党建2.0时代，即从2001年至2004年的园区党建全面推进阶段。这一阶段是园区进入大动迁、大开发、大建设、大招商、大发展的阶段，以产城互动并进为特征的先进制造业加速集聚，现代化城市形态初步展现。园区的产业竞争力加快形成，国家电子信息产业基地、国家集成电路产业园、国家动画产业基地、国家级创业服务中心以及科技园、物流园、出口加工区、高教区、环金鸡湖商圈和CBD建设取得重大进展，成为全国发展水平最高、综合竞争力最强的开发区之一。2003年，园区的主要经济指标达到苏州市1993年的水平，相当于十年再造了一个新苏州。伴随着大量的外资涌进、人口的迅速聚集、城市化建设的全面推进，园区党组织建设也全面铺开，全面跟进和全面覆盖，党的建设与城市发展同步推进，同频共振，真正做到了城市开发建设推进到哪，党的组织设置就跟进到哪，并且创造了许多成功的经验（如：大力推动组织创新，根据不同的组织性质、行业特点、居民分布、身份构成、区划调整和区域特征灵活设置党的组织形式，使党组织的设置和活动开展全覆盖）。这一时期的党组织建设主要解决党组织能不能的问题（能不能胜任国家合作开发区繁重的建设任务？能不能领导开发区一路前行，走在全省乃至全国的前列？能不能在园区愈加国际化、现代化的复杂多变的环境和多元思想文化并存的条件下始终坚持改革开放的大方向，始终沿着中国特色社会主义道路前进不动摇、不偏离?)，即便此时党组织设置主要以属地、条块为主，党的建设和党建引领还偏于传统，但这一时期党建最突出的风貌就是党的组织体系建设由点到面得到迅速发展、迅速覆盖，党的领导得到有效加强，党建文化已经成为园区企业文化、社会文化不可或缺的重要部分，成为推动园区创新发展的重要力量。

园区党建3.0时代，即从2005年至2012年的园区党建创新创优阶段。这一阶段是园区以实现内涵增长为特征的产业转型升级、东部综合商务新城加快建设的二次创业阶段，着力实施了制造业升级、服务业倍增、科技创新跨越、生态文明优化等九大行动计划，集聚化、特色化、高端化的现代产业体系加快形成，金鸡湖金融商贸区、国际商务区、独墅湖科教创新区等城市功能板块建设进展顺利，大市域东部综合商务城加速形成。科研载体、行业协会、商务楼宇、商圈经济等城市新载体、新业态纷至沓来，成为党建新领域。党建领域的进一步拓展催生了园区党建的新一轮创新：一是在以属地、条块为主设置党组织的基础上，更加灵活地按照谁建设谁负责、谁管理谁负责的原则，全面推行在各类载体、商务楼宇、行业协会中建立党组织，出现了楼宇党组织和跨地域、跨行业、跨业态党组织；二是抓典型、创品牌，以十大党建创新品牌、十大党员服务中心示范点、十大党员先锋岗、十大党建工作之星、十大党员创业之星、十大海外归国创新创业人才、十大高技能人才、十大工会工作之星、十大工人先锋号、十大红旗团组织为内容的“十大党建系列品牌”创建选树为抓手，引领全区基层党建创先争优；三是加大对基层党组织书记的培训和激励力度，实行党务人才薪酬补贴制度，加快提升园区党务队伍的工作能力和水平。这一时期，园区党建主要解决的是党组织建设优不优的问题，最突出的风貌就是创新创优，正因为全域推进创先争优，所以成功为园区二次创业和发展的转型提供了强大的组织支持和精神支撑，推动园区实现大踏步跨越式发展，领跑全省乃至全国开发区发展，并跻身科技部建设世界一流高科技园区行列，党建亮点频现，品牌迭出，涌现了一批典型，成为全国党建工作的高地，党的建设也随之跨入3.0时代。

园区党建4.0时代，即从2013年至今的园区党建高质量发展阶段。这一阶段，中国特色社会主义进入新时代，园区进入了全面深化改革、深度对外开放、全面转型提升、打造国家开发区升级版的高质量发展新阶段。社会建设蓬勃发展，社会管理全面创新，创新驱动全面加速，各项事业系统推进，

区域一体协调发展。与此相适应，园区党建也进入了城市基层党建的新阶段。党建内涵的新拓展，再次催生了园区党建的新一轮创新，园区党建正式迈入4.0时代。一是全面实施“一号工程”“党建引领工程”，旗帜鲜明地把党建这根红线贯穿到基层治理、经济发展、改革创新、民主法治、民生服务、文化繁荣、生态文明和社会和谐八大领域，汇聚成党建引领的强大合力。二是出台了党建规范化建设、分类晋级管理系列配套文件，形成了衔接有序、完备配套的制度闭环，体现了制度建党、规范建党、科学建党，推动全区党的建设全面进步、全面过硬。三是把十大党建系列品牌进一步整合升级为八大党建品牌群创建，全力提升园区优质党建品牌的聚集度，以先锋集群带动全域党建创先争优，创建全国党建示范园区，使园区基层党建始终走在全国开发区的最前列。四是构建主体明确、职责清晰、上下衔接、齐抓共管的党建工作组织体系、责任体系、制度体系，推进城市基层党建的组织重塑、力量重组、资源重整，引导各类党组织打破体制、隶属、级别、行业壁垒和束缚，有效推动城市区域党建、社区党建、单位党建、行业党建互联互动、共驻共建、资源共享，在更大范围、更宽领域、更深层次上发挥各方作用，形成整体规划、区域统筹、多方联动、领域融合的现代城市基层党建新格局，推动全区党的建设全面提升。这一时期，园区党建由传统党建向城市党建转型，主要解决的是党建强不强的问题，最突出的风貌就是强调党建的顶层设计和高位谋划，强调党建的系统性、整体性、科学性，强调党建工作的开放式、区域化、一体化和社会化；更加注重全面统筹，更加注重系统推进，更加注重开放融合，更加注重整体效应，更加注重改革创新，充分释放和放大各领域、各单位党建“外溢”效应，形成“聚合”态势，不仅推动城市基层党建内涵式发展、系统性增效，而且同时科学有效地把党建的“政治导向”与治理的“问题导向”有机结合起来，有机实现了城市基层党建对城市基层治理的全方位引领。

三、非凡启迪：矢志不渝坚持党建引领成就非凡

工业园区的实践表明，园区之所以能够用短短25年筑就全国发展和党建的双高地，走在全国开发区最前列，关键在于始终坚持伟大工程与伟大改革、伟大事业一同推进，核心在于矢志不渝坚持党建引领，根本在于始终坚持党的领导，以一流的党建引领和保障园区一流的发展。在工业园区，党建工作

是攻坚克难的“爆破筒”，基层党组织始终站在改革开放创新发展的最前沿，站在城市治理的最前沿。经济发展到哪里，党的建设就开展到哪里；哪里有群众，哪里就有党组织；哪里有党组织，哪里就有党组织的战斗堡垒作用和党员先锋模范作用的发挥；党员工作与生活在哪里，党的组织和工作就覆盖到哪里，党的宗旨和作用就体现到哪里。园区走在全国经济技术开发区发展最前列的生动实践启迪我们：（1）必须坚持站高看远，始终把党的建设作为城市发展的核心优势；（2）必须坚持与时俱进，始终坚持党建与园区创新发展同频共振，不断拓宽党建新领域，丰富党建新内涵，创新党建新机制，做到不断扩大和厚植党在新兴领域的号召力和凝聚力；（3）必须坚持改革创新，始终以更加开阔、更富时代的视野谋划党建，创新党建，坚持标准化引领、系统性建设、集成式发展，推动开放融合，强化互联互动，破除体制与隶属关系、级别的束缚，使党建发展更具时代性、科学性、系统性，合乎规律性；（4）必须坚持高标准引领，始终秉持先进先锋精神，走在前列，创造非凡；（5）必须坚持人才优先，建设一支高素质、专业化，适应党建引领城市基层治理的党建工作队伍，夯实党建引领工程的干部基础、智力支持和人才保障，让党务人才和科技人才一样享受补贴。

（课题组成员：方伟、刘小红、孙志明、姜春磊）

新时代推进苏州基层党组织政治功能建设研究

中共苏州市委党校课题组

政治属性是党组织的根本属性，政治功能是党组织的基本功能。党的十九大报告明确指出，要把“基层党组织建设成为宣传党的主张、贯彻党的决定、领导基层治理、团结动员群众、推动改革发展的坚强战斗堡垒。”为研究分析新时代苏州基层党组织政治功能建设的有益经验、重点难点问题，提升基层党组织建设质量，引导广大党员积极投身苏州高质量发展的具体实践，2019 年上半年，中共苏州市委党校课题组深入全市范围内的农村、社区、机关、企业、事业单位等基层党组织进行专题调研，发放问卷 2 800 份，收回有效问卷 2 553 份，其中有 273 份党支部书记问卷，开展 6 次专、兼职党支部书记座谈会，比较真实客观地掌握了基层党组织政治功能建设的基本情况，为进一步研究相关问题奠定了坚实基础。

一、基层党组织政治功能建设取得的成效

党的十九大以来，全市基层党组织在上级党委（党组）的领导下，紧紧围绕习近平总书记关于加强基层党组织建设的指示，扎实推进党组织政治功能建设，各类党组织在政治领导力、内部组织力、社会治理力和群众影响力等方面均取得一定成效。主要表现在以下几个方面：

（一）街道社区、农村党组织的政治引领更加有力

构建“一核两化、三方共建、四级联动”的基层党建工作体系，发挥街道社区党组织的政治引领力。调查发现：当前我市的街道社区、农村党组织书记工作的积极性和主动性很强，能够始终坚持以“党建引领”推动基层社会治理，围绕解决拆迁、养老、安居、环境、社区治理等问题发挥党组织的政治功能。问卷数据显示，在问及“您所在的党组织的凝聚力、领导力、影

响力如何”时，有 83.4% 的受访者选择“强”。表明党组织在政治引导作用上坚强有力。

（二）各类党组织的政治性更加突出

通过对各类基层党组织建设进行政治体检，基层党组织更加重视从政治高度推动党的建设各项工作，党内政治生活更具政治性。调查发现，绝大多数党员认为基层党组织能够有效落实“三会一课”制度，80.5% 的受访者认为党支部能够很好地落实党的“三会一课”制度，91.8% 的党员“在党内主动地进行过批评或自我批评”，针对“党组织开展政治生活的基本状态”问题，86.3% 的党员选择“主题明确，针对性强”，仅 1.1% 的人选择了“比较随意，缺乏针对性”。以上表明，基层党组织的民主生活更具政治性、针对性。

（三）党组织对党员的教育管理与监督更加严格

通过深化“海棠花红”阵地建设，开发“苏州智慧党建”信息平台，加大经费保障力度，建立健全党务工作者培养选拔、教育培训、管理监督和激励保障机制，不断提升党组织教育管理与监督党员的水平。从党支部书记的视角来看，在回答“您所在的党组织对党员的管理情况”问题时，有 233 人选择“十分严格”、36 人选择“一般严格”，二者共计 269 人，占比 98.53%。另外，在问及“您愿意对其他党员进行党内监督吗”，有 1 872 人选择“愿意”，601 人选择“比较愿意”，占比达 96.8%。以上表明党组织较好地发挥了教育管理与监督党员的政治功能。

（四）党员凝聚服务群众的政治意识更加增强

通过坚持“党员亮牌”，深化“组织结对”，实施“行动支部”工作方法，推动党员志愿者“进”网格、机关事业党员“驻”网格，使党员担负起进行社会治理、化解社会矛盾的政治责任，增强党员凝聚服务群众的政治意识，加强基层治理的组织力量。调查发现，在被问及“您是否愿意主动化解干群矛盾，解决群众相关利益诉求？”时，91.11% 的党支部书记和 80.43% 的党员受访者选择了“十分愿意”。走访发现，当前绝大多数党支部书记十分重视群众的生活需求、政治诉求，能够积极主动为民谋福、为民解忧。以上表明广大党员干部凝聚与服务群众的主动性较好、政治责任意识强。

二、当前苏州基层党组织政治功能建设中的重点与难点

通过本次调研，我们发现全市各类基层党组织在发挥政治功能上具有一定成效，但对照《中共中央关于加强党的政治建设的意见》《中国共产党党员教育管理工作条例》等要求还存在一些差距、面临一些重点与难点，突出体现在四个方面：

（一）如何提高党员政治学习的质量和效果，更好发挥党员宣传党的主张的政治功能？

宣传党的主张、贯彻党的决定，一个重要前提是党员学懂与弄通党的基本理论、基本路线、基本方略，关键在于党组织教育党员的质量和效果。调查发现，在问及“您对党的基本理论、方针政策的理解程度如何”时，仅有43.2%受访者表示“理解”，而选择“基本理解、有一点理解”的占比达54.1%，选择“不太了解”的共有66人，占比2.58%。针对“您知道多少《中国共产党支部工作条例（试行）》内容”的问题，仅有38.2%的受访者选择“十分了解”，而59.3%的人选择“了解一点”，还有2.4%的人“不了解”。以上两组数据表明，有超过一半的党员干部对党的基本理论、党内法规知识的学习还不够深入，这与习近平总书记提出的“理论强党”的政治要求还存在差距，成为基层党组织发挥“宣传党的主张、贯彻执行党的决定”政治功能的重点问题。

（二）如何激发与调动党员政治参与的主动性，更好发挥他们领导基层治理的政治功能？

领导基层治理关键是要激发各领域党员的积极性、主动性，重点保障党员进行有序政治参与的权利，然而党组织在这方面做得还不够。调查发现，在问及“您所在的党组织在遇到重大问题和群众利益问题时，是否征求党员的意见？”时，有534人选择“偶尔会征求”，有90人选择“基本不征求”，两者共计624人，占比24.44%。针对“党组织在讨论和决策问题时，您的参与程度如何”问题，有17.04%和1.1%的受访者选择“简单参与”“无所谓”。座谈还发现，许多党员提出自己参与党内事务工作，大多数情况是被动接受党组织的安排。这表明党员参与讨论和决策党内事务、表达自身政治诉求还不够，基层党组织的民主生活水平还有待提升。

（三）如何站稳以人民为中心的政治立场，更好发挥党员团结动员群众的政治功能？

团结动员群众，关键在于坚持党性和人民性的统一，重点是心系群众、了解民意、把握民情，始终站稳以人民为中心的政治立场。调查发现，在被问及“您了解所在部门非党员同事的需求吗”时，有 1 149 名同志选择了“了解一点”，占比 45. 01%，选择“不清楚”的同志有 147 人，占比 5. 76%。座谈也发现，个别党员更关注自己分内的事务性工作，对身边群众的现实问题关注不够深入，站在群众角度思考问题的能力还有欠缺，需要进一步提高。

（四）如何创新党组织的管理模式和活动方式，更好发挥教育管理与监督党员的功能？

教育管理与监督党员是党组织政治功能建设的基础性任务，关键在于党组织要与时俱进地创新方式方法。座谈发现，当前基层党组织普遍存在党员的代际化问题，青年党员与老年党员在政治诉求、活动方式、学习模式等方面存在较大差异，党内政治生活多数以学习党的知识为主，教育党员存在照本宣科的倾向，管理党员的方式比较传统僵化。这成为基层党组织发挥政治功能的又一个难点。

三、加强新时代苏州基层党组织政治功能建设的对策建议

针对上述问题与分析，我们认为必须将党的政治建设贯穿于解决问题的全过程，在推动高质量基层党建实践中，重点抓好五个方面的工作。

（一）突出“高”的标准，压实管党治党政治责任

严格落实苏州市委《关于健全完善党组（党委）书记抓党建工作责任制的若干规定》。在此基础上，建议一：根据习近平总书记关于加强党的政治建设的指示批示精神，及时颁布实施《中共苏州市委关于加强党的政治建设的工作方案》，明确各市、区党委的主体责任，严格落实部门（单位）党委（党组）书记抓党建专项述职工作，严格执行党建工作责任制。建议二：强化政治巡察，市纪委制定出台《政治巡察监督清单》，按照分类统筹轮动原则，以“一托 N”形式推进对基层党组织的常规巡察，探索巡察“回头看”、专项巡察、提级巡察，推进交叉巡察试点，实现对各级党组织政治巡察全覆盖。建议三：制定出台《被巡察党组织配合市委巡察工作实施办法》，实施政治巡

察情况通报，强化权力主导式政治巡查，倒逼各级党组织加强政治功能建设。

（二）强化“能”的担当，提高党务干部政治能力

严格按照《中国共产党党内教育管理工作条例》要求，加强对党务干部的政治教育和政治训练工作。建议一：各级党委组织部门要定期对基层党组织书记进行任职培训，确保他们每年至少参加1次县级以上党组织举办的集中轮训，不断提高党支部书记从政治高度和角度认识、分析、处理问题的能力。建议二：将党支部委员、党小组长纳入党员教育培训规划，定期开展分类别、分岗位的党务干部专题教育培训，不断提升专、兼职党务干部与履职尽责相匹配的政治能力。建议三：各级党委（党组）要定期对所属党支部（总支）的政治功能建设情况进行分析研判，加大分类指导和督促检查工作力度，为社区、农村、企业等类别的党支部配备专、兼职组织员，帮助他们有效开展党组织内部的教育、管理、监督、服务等工作。

（三）把握“新”的要求，创新组织设置和活动方式

严格按照《中国共产党支部工作条例（试行）》要求，推进党支部标准化与规范化建设。建议一：基层党组织开展党内组织生活，要以党支部为基本单元，充分发挥其“细胞”作用，确保党员之间实现有效沟通、交流、监督、提醒。建议二：深化“行动支部”工作法，党支部要推动党建与中心工作的有机融合，开展基层党建项目化工作，在攻关专题项目中更好地发挥党员的先锋示范作用，达到组织群众、宣传群众、凝聚群众、服务群众的政治功能建设目的。建议三：基层党组织要根据经济社会发展的新变化，依托党建工作站实体，探索区域性党组织建设，尝试差异化活动方式，创新组织设置和活动方式方法，不断提升“两个覆盖”质量。

（四）执行“严”的纪律，强化党内政治规矩约束

严格执行党的纪律要求，加强对党员的管理和监督。建议一：各级党组织要严格执行《中国共产党纪律处分条例》《中国共产党重大事项请示报告条例》等，对违反党纪的党员，加大处置力度，及时进行组织处分，不断强化党员的规矩意识。建议二：各级党组织要严把党员“入口关”和“出口关”，根据党内法规探索制定《不合格党员量化评判标准细则》，按照法定程序疏通组织出口，建立健全不合格党员退出机制，倒逼党员发挥作用。建议三：各级党组织制定出台《党员百分制量化考评实施方案》，探索党员的自我管理、

自我监督、自我教育、主动服务，辐射党组织内部整体的良性教育管理效果。

（五）营造“活”的氛围，调动党员政治参与积极性

严格贯彻党的民主集中制，不断增强党员队伍的活力。建议一：各市、区党委组织部门对所属基层党组织的阵地资源进行有效整合，指导下级党组织实施结对共建，探索创建党建联席会议机制，支持各类社会组织为基层党组织提供项目化服务，更好助力基层党组织政治功能建设。建议二：各级党组织应制定出台《党内定期谈心谈话制度实施办法》，规范党支部书记、委员定期开展谈心谈话内容，确保他们切实掌握党员的思想状况、心理动态、政治诉求，由此增强党员的组织归属感，激发他们参与组织生活的积极性、主动性和创造性。建议三：各级党组织应制定出台《党员密切联系群众工作细则》，按照“党员联户、小组联人、岗位联事”方式，引导党员密切联系群众，强化基层党组织“团结动员群众、领导基层治理”的政治功能。

（课题组成员：王海鹏、于长水、周昕艳；执笔：王海鹏）

城市基层党建高质量发展的姑苏样本

中共苏州市委党校课题组

近年来，姑苏区全面落实党中央新时代城市基层党建新要求、新部署，紧扣做实、做亮历史文化名城之核的历史使命，强化党建引领和服务，聚焦党建改革与创新，统筹组织力量和组织资源，通过抓街道、强社区，聚力推行“行动支部”，创新网格化党建等举措，不断完善城市治理体系，增强城市治理能力，提高人民生活质量，做实、做活、做强“全域党建”，有效发挥了街道与社区党组织的核心作用，推动了各领域党组织互联互融、协同共进，加强了城市基层党建系统建设和整体建设，有力推动了苏州古城的高质量发展，受到了基层群众的欢迎和拥护。其做法在全市全面推广，试点之一的道前社区被列为江苏全省城市基层党建座谈会示范点。实践表明，姑苏区的探索实践具有较强的系统性和科学性，较好地体现了新形势下城市基层党建的时代特征，把握了城市基层党建的内在规律，探索了加强城市基层党建的有效路径，形成了富有时代气息又有苏州特色的姑苏样本，为我市进一步拓展和深化城市基层党建提供了有益借鉴，对全面加强城市基层党建工作具有一定示范意义。

一、姑苏区的探索实践生动体现了新形势下城市基层党建的时代要求

党的十八大以来，以习近平同志为核心的党中央大抓基层、大强基础，特别是中央城市工作会议、党的十九大报告、全国城市基层党建工作经验交流座谈会、全国组工会议等相继对新形势下城市工作和城市基层党建提出了一系列新要求、新部署，为做好城市工作和加强城市基层党建指明了方向。如：做好城市工作，必须加强和改善党的领导，建立健全党委统一领导、党政齐抓共管的城市工作格局；牢固树立大抓基层的鲜明导向；把抓基层、打

基础作为长远之计和固本之举；必须从最基本的东西抓起，从基本组织、基本队伍、基本制度严起，在打牢基础、补齐短板上下功夫；必须更加注重党的组织体系建设，不断增强党的政治领导力、思想引领力、群众组织力、社会号召力；让支部在基层工作中唱主角；使每个基层党组织都成为坚强的战斗堡垒；使广大党员平常时候看得出来、关键时刻站得出来、危急关头豁得出来，充分发挥他们的先锋模范作用；推动基层建设全面进步、全面过硬；以党组织功能是否增强、党员干部素质是否提高、党的建设各项部署是否落实、党的建设对经济社会发展的保证作用是否明显、人民是否满意为尺度，全面检验党的建设各项工作……如何全面贯彻落实好习近平总书记和党中央的这些新要求、新部署？姑苏区的探索实践做出了较好回答：以党建引领服务中心为主线，围绕古城复兴、改革创新、民生服务、社区治理、“331”专项行动整治、“两扫”攻坚战、从严治党等重点中心任务加强城市基层党建；坚持以人民为中心，通过“先锋社区”“初心驿站”“益泉古井”“老管家”“五色太阳花”“苏香历史”“律政先锋”“书记项目”等阵地、品牌、项目载体，拓宽党组织、党员联系与服务群众的途径；通过系统谋划顶层设计、改革搭好街区组织架构和“两新”党建管理机制，推动区委、街道党工委、社区大党委、各领域基层支部一体联动……这些举措保证了全区内党的组织和党的工作有形覆盖、有效覆盖，有力推动了姑苏基层党组织建设全面进步、全面过硬。

二、姑苏区的探索实践深刻把握了城市基层党建的内在规律

2017 年在上海举行的全国城市基层党建工作经验交流座谈会首次提出了“城市基层党建”的概念，并对加强和推进城市基层党建做出了一系列重要工作部署。会议指出，城市基层党建就是以街道社区党组织为核心，有机联结单位、行业及各领域党组织，实现组织共建、资源共享、机制衔接、功能优化的系统建设和整体建设；它是一个完整的系统，市委、区委、街道党工委、社区党组织这四级党组织是贯穿和主导这一系统的主体架构；与传统街道社区党建相比，城市基层党建更加注重全面统筹，更加注重系统推进，更加注重开放融合，更加注重整体效应。如何体现新时代城市基层党建的这些新定位、新内涵、新要求？姑苏区的探索实践做出了较好回答：按照市委统一部署，强化区委坚强领导，强化街道和社区“轴心”地位，突出发挥街道“大

工委”、社区“大党委”的核心作用；优化全区402个“两新”党组织隶属关系，实施“两新”网格化管理；以规范化建设和目标化管理“双轮驱动”推进“一切工作到支部”，已建成各领域“行动支部”441个，占全区支部总数近1/4；破除领域区域壁垒，健全共建机制，通过党组织把各类资源、各类组织有效串联在一起，把资源统起来，构建了上下贯通、左右互动、内外交融的“大党建”工作格局……这些举措，深刻反映了新时代城市基层党建的本质要求，体现了城市基层党建的政治逻辑、组织逻辑和实践逻辑，也体现了姑苏区对城市基层党建内在规律的科学把握。

三、姑苏区的实践有效探索了加强城市基层党建的科学路径

党的工作最坚实的力量支撑在基层，最突出的矛盾和问题也在基层。作为典型的老城区，姑苏区存在着人口密度高、困难群体多、管理难度大与创建要求高等现实矛盾，深度影响了城市基层治理成效和城市发展水平提升。同时，不可否认，实践中仍有不少基层党组织存在着一些认识不高、建设水平不均、功能不强、创新不活，不适应、不符合、跟不上城市发展需要等问题，集中反映为：党组织设置不合理、各领域党建存在壁垒，支部活动难以有效地开展、党组织和党员作用发挥不力、党建资源利用不足、党建实效欠佳、党建工作还存在着“水流不到头”、落实不到底的困境……如何做实、做好基层基础工作，服务城市基层治理，改善民生，不断满足人民群众日益增长的美好生活需要？如何提升基层党组织的政治属性，增强基层党组织的组织力，让党员跟着党组织走，让居民跟着党组织走？如何凝聚各类党组织的力量资源，形成服务城市发展的合力？姑苏区的探索实践做出了较好回答：加大顶层设计和改革创新力度，建设强有力的组织体系；着力推动支部建强，头羊配强，抓实行动支部，凸显党组织的政治功能、组织功能和服务功能；突出规范性、示范性和全域性，以项目、阵地、品牌和质量考评为牵引，全面推行“一线争先，一体行动”，全面、系统、整体推进全区城市基层党建的力量整合、服务融合，探索出一条行之有效的城市基层治理与城市基层党建有机一体、联动发展的路径，成为城市基层党建高质量发展的鲜活样本。

四、姑苏区的探索实践为拓展和深化城市基层党建提供了有益借鉴

城市党建是一个系统、复杂的巨大工程，推进过程必须坚持政治性、人

民性、创新性、系统性、开放性和主体性的有机统一。对此，姑苏区做出了一系列卓有成效的实践探索，形成了一大批特色鲜明的亮点经验。总结好这些经验，形成规律性认识，对下一步做好城市基层党建工作具有重要意义。

综合起来，姑苏的以下做法值得借鉴：（1）在组织领导上，坚持党委的强有力领导，强化街道、社区党组织的核心、轴心作用，让支部在基层工作中唱主角；（2）在路径举措上，坚持把创新领导体制、完善组织架构、建立共建机制、示范引领、完善考核评价体系等作为推进城市基层党建高质量发展的有效手段，把服务人民群众作为强化城市基层党建高质量发展的核心目标，把培育服务意识自觉、服务能力突出的基层党员与干部队伍作为做好城市基层党建高质量发展的关键支撑，构建了主体明确、职责清晰、上下衔接、齐抓共管的党建工作组织体系、责任体系、制度体系，推进城市基层党建的组织重塑、力量重组、资源重整，引导各类党组织打破体制、隶属、级别、行业壁垒和束缚，有效推动城市区域党建、社区党建、单位党建、行业党建互联互动、共驻共建、资源共享，在更大范围、更宽领域、更深层次上发挥各方作用，形成整体规划、区域统筹、多方联动、领域融合的现代城市基层党建新格局，推动全区党的建设全面提升和高质量发展，实现了由传统社区党建向城市基层党建转型；（3）在特色成效上，鲜明地强调顶层设计和高位谋划，强调党建的系统性、整体性、科学性，强调党建工作的开放式、区域化、一体化和社会化；更加注重全面统筹，更加注重系统推进，更加注重开放融合，更加注重整体效应，更加注重改革创新，充分释放和放大各领域、各单位党建的“外溢”效应，形成“聚合”态势，不仅推动城市基层党建的内涵式发展与系统性增效，而且科学有效地把党建的“政治导向”与治理的“问题导向”有机结合起来，有机实现了城市基层党建对城市基层治理的全方位引领。

姑苏区的探索实践也启迪我们：做好城市基层党建，必须坚持站高看远，始终把党的建设作为城市发展的核心优势；必须坚持与时俱进，始终坚持党建与城市发展同频共振，不断拓宽党建新领域，丰富党建新内涵，创新党建新机制，做到不断扩大和厚植党在城市各领域的号召力和凝聚力；必须坚持改革创新，始终以更加开阔、更富时代的视野谋划党建，创新党建，坚持标准化引领、系统性建设、集成式发展，推动开放融合，强化互联互动，破除体制、隶属关系与级别的束缚，使党建发展更具时代性、科学性、系统性，

合乎规律性；必须坚持人才优先，建设一支高素质专业化、适应党建引领城市基层治理的党建工作队伍，夯实党建引领工程的干部基础和人才保障；必须坚持高标准引领，始终秉持先进先锋精神，以高质量党建引领城市高质量发展。

（课题组成员：方伟、刘小红、杨征征；执笔：杨征征）

着力打造共建、共治、共享的小区治理新格局

——枫桥街道基层小区治理“三三制”模式的探索与启示

苏州高新区党工委组织部　枫桥街道党工委

近年来，苏州高新区枫桥街道始终坚持以党建为引领，直面基层小区治理中存在的基层党建薄弱、管理幅度过大、基层民主“空转”等问题，以西津桥社区所属富康新村小区为试点，探索实施党建引领基层小区治理的“三三制”模式，充分发挥党组织的领导核心作用和党员的先锋模范作用，进一步延伸党建触角，紧贴群众需求，有力促进和带动了社区治理的深入推进。富康新村小区作为一个 1993 年建成的老小区，近年来在高新区各项专项行动、试点任务中连获“四个率先”，即：率先完成车库住人清理、率先完成违规群租清理、率先完成动迁小区车位收费改革、率先完成小区垃圾分类试点，社区美誉度和党群满意度持续提升。2020 年 3 月 28 日，江苏省委常委、苏州市委书记蓝绍敏一行到富康新村小区开展专题调研，对小区垃圾分类工作模式给予了充分肯定。

一、枫桥街道“三三制”基层小区治理模式的形成背景

自 2006 年启动撤村建居工作以来，枫桥街道党工委相继推进“中心 + 社区”、“一核多元”网格化治理、“N + X”社区治理机制等创新实践，有力推动基层社区治理水平不断提升。但随着城市建设不断深入、经济快速转型发展，街道下辖的基层小区面临着巨大的治理挑战。

第一，小区党建基础相对薄弱，引领社会治理的功能不足。一直以来，枫桥街道党工委高度重视基层党建工作，辖区内 7 个社区党委在基层社区治理中较好地发挥了引领作用。但在基层小区治理一线，受制于小区党员构成、支部书记个人能力、小区党建资源等各种因素，或多或少存在着“有组织无

建设”“有党员无活动”“有党性无引领”等问题，基层党支部对小区社会治理和民主建设的引领作用仍显不足。

第二，社区治理幅度过大，治理效能难以凸显。2006 年，枫桥街道将原先的 24 个行政村合并建制为 7 个城市社区居委会。街道辖区内的 56 个居住小区（含 26 个动迁小区、30 个商住小区）划归 7 个社区管理。每个社区平均下辖 8 个小区，西津桥社区管辖的小区达到 11 个，社区治理的幅度很大。加之各社区下辖小区在发展历史、住宅性质、人口结构等方面存在多样性，基层小区管理体制复杂、矛盾交织，社区治理面临较大挑战。

第三，小区民主制度“空转”，居民参与治理的积极性不高。2004 年以来，枫桥街道按照《城市居民委员会组织法》严格落实基层社区民主选举制度，以社区网格为载体推进社区民主治理。但随着街道行政权力的下沉，街道下辖的大多数社区自治功能相对减弱，基层小区居民参与治理相对不足，基层小区协商民主和协同治理机制未能有效确立，小区民主政治制度存在“空转”现象。

二、枫桥街道“三三制”基层小区治理的经验做法

近年来，枫桥街道立足于基层党组织的主体功能强化和基层小区民主治理的推进，以富康新村为试点，从组织制度、机制运行、监督考核等方面进行创新重塑，探索形成了党建引领基层小区治理的“三三制”模式，主要包括：党支部、业委会、物业“三元共建”，社区、小区、居民“三层共治”，党建、民本、服务“三心共享”。

（一）党支部、业委会、物业“三元共建”

作为枫桥街道最早的动迁安置和商住混合型小区，富康新村小区目前总户数为 660 户，总人口 2 853 人，其中户籍人口 1 280 人，外来人口 1 573 人。小区党支部下设 4 个党小组，共 29 名党员。近两年，在街道党工委和社区党委的领导和指导下，富康小区以“党社之家”为阵地，在小区层面建立了党支部、业委会、物业公司三元融合共建的体制机制。

第一，突出支部引领，推进三元融合共建。富康新村的“三元共建”模式并非是党支部、业委会、物业之间的分离式治理，而是相互嵌入式的融合共建。在小区党支部的引领下，富康新村党支部的 7 名支部成员通过业主委员会换届选举进入小区业委会，占业委会总人数的 77.8%。业委会负责人兼

任党支部副书记，党支部书记当选业委会副主任，从而形成党支部、业委会、物业公司的组织互嵌；29 名党员按照楼道细分党员服务网格，分网格联合物业和业委会为小区居民提供服务，建立以党员为核心的小区治理集体行动机制。此外，每个月的第二个星期一，小区党支部、业委会、物业共同对小区进行安全巡查，建立常态化的三元融合共建机制，巡查过程中一旦发现问题即现场落实责任并解决问题。

第二，强化阵地建设，打造共建服务平台。按照苏州市“海棠花红”先锋阵地建设要求，富康新村建立“党社之家”平台，作为小区党支部、业委会、物业议事服务的主要阵地。“党社之家”平台通过党员议事会与居民议事会相结合、党员教育与传统家训家风相结合、党建文化与校园企业文化相结合，促进小区党员、群众之间的良性互动，形成党支部、物业、业委会等多方融合共建集体行动的机制。同时，在西津桥社区党委的领导下，“党社之家”平台充分发挥区域大党建作用，整合排定资源、需求、项目“三张清单”，有效形成了疫情防控以及各类专项整治工作合力，定期开展免费理发、电信诈骗宣传等系列惠民活动，得到了居民群众的一致好评。

第三，注重作用发挥，引领群众参与共建。基层治理现代化的核心在于基层党组织引领功能的发挥。富康新村的 29 名党员在支部书记夏云男的带领下，充分发挥党员的先锋模范作用，积极带动小区居民参与环境改造、车位收费管理、车库整治、疫情防控、垃圾分类等工作，并广泛收集意见，凝聚居民共识，帮助解决小区治理中的各类问题，

（二）社区、小区、居民“三层共治”

富康新村“三三制”治理模式的贡献在于形成了社区、小区、居民三个层面的协同共治，实现了政府治理和社会调解、居民自治的良性互动，夯实了基层社会治理基础。

第一，强化社区组织领导，推动治理权力下沉基层一线。西津桥社区下辖 11 个小区，包括动迁安置小区、商业住宅小区、动迁安置与商住混合型小区等多种类型。各个小区内的居民构成复杂，动迁农民、购房业主、租房业主等多种群体生活于同一空间，多元主体的多样化利益相互交织叠加。面对治理幅度过大、小区类型多样、群体结构复杂的情况，西津桥社区党委不断加强对小区党支部建设的领导和对业委会建设的指导，并根据物业管理条例相关规定加强对物业公司的考核、监督、协调、引导和指导，以此为核心在

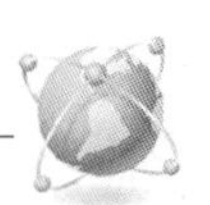

小区层面形成公共权力和社会权利协同共建的格局，有效解决了基层小区治理层面长期存在的公共权力真空和民主治理“空转”问题。

第二，强化小区主体责任，破解基层小区治理无序的难题。基层治理现代化的关键在社区治理的现代化，而社区治理的现代化要靠一个个基层小区治理机制的创新和效能提升。富康新村在“三元融合共建”的主体格局下实施“一网一屋一品”工作机制，分网格落实党支部、业委会、物业三类主体服务的责任，以“党社之家”为阵地，实施居务服务供给改革，以五类文明楼道建设为载体，提高居民小区治理的参与度和参与能力，从主体、机制、评估全方面破解小区治理无序的问题。

第三，强化居民自治功能，着力打造基层治理共同体。在社区党委、居委会的指导下，富康新村按照“N＋X”模式重新选举组建业主委员会。N是固定分配的业主代表名额，X是吸纳居住在小区内的党支部支委、街道工作干部、人大代表或政协委员作为当然业主代表加入业委会。“N＋X”模式加强了基层小区的民主建设，整合了小区治理的各类资源，提高了业委会民主治理的效能。

（三）党建、民本、服务“三心共享”

枫桥街道富康小区治理模式的创新以党建为核心、以人民为中心、以服务为重心，将党建、民本、服务三大基层治理价值深入贯彻到街道党政干部、社区群众和社会公众的心灵深处。

第一，以党建为核心，把党的全面领导贯穿小区治理全过程。基层治理的现代化核心是党的领导。富康新村的小区治理模式创新，始终以加强基层党建为核心，在社区党委的领导下，优化和强化小区党支部的建设，形成以党组织为领导核心，以党员干部为基本力量，由业委会、物业公司、专业社会组织、“两代表一委员”、小区居民多元主体参与的“一核多元”治理格局，并以小区“党社之家”为平台，充分发挥“楼道党小组”的功能作用，以支部带动党员，借助“党员户”挂牌等形式以党员带动家庭成员、邻居，以点带面强化小区的良善治理。

第二，以人民为中心，把人人参与作为小区治理的重要抓手。富康新村的小区治理改革，通过加强业主委员会的建设，完善了基层社区的民主政治组织机制，提高了居民参与小区治理的能力；通过网格化治理、“一楼一品”“党社之家”等机制和载体，建立了党组织、社区组织、小区居民协同共治，人人有责、人人负责、人人享有的利益共同体。

第三，以服务为重心，把提升小区居民的获得感作为小区治理的根本目标。优质居务服务的供给是基层小区治理现代化的核心指标。富康新村通过党支部、业委会、物业共同参与的常态值班、联合巡查、惠民小屋等小区服务供给改革，解决了长期困扰居民的小区环境脏乱差、停车难、车库住人等问题和风险，以务实的治理创新增强了小区居民的获得感。

三、枫桥街道“三三制”基层小区治理的深层思考

枫桥街道的“三三制”基层小区治理创新是以党建引领城市社区治理、坚持人民至上执政理念的具体实践，对于构建党建引领、多元共治的社区治理格局，推动城市社区治理体系和治理能力现代化，有着极其宝贵的借鉴意义。

第一，“三三制”基层小区治理是全面加强基层党建的生动实践。“三三制”基层小区治理的核心内容是加强基层小区党支部的组织建设、思想建设、制度建设和作风建设，在小区多元治理格局中确立了党组织的领导和引领地位，以党支部为战斗堡垒，以党员为先锋模范，整合小区治理多元力量，凝聚共识，建立小区治理的集体行动机制。从富康新村的实践探索来看，党支部的建设离不开具有较高党性、较强组织协调能力的支部书记的有效领导，离不开社区党员对小区事务的关心、参与和示范作用，离不开基层党组织对小区治理全过程、全方面的领导和引领。“三三制”基层小区治理以思路创新、机制优化、服务供给强化了基层小区的党组织建设，同时也提高了小区居民对党员同志的认同、肯定和信任。

第二，“三三制”基层小区治理是加强基层民主政治的生动实践。“三三制”基层小区治理破解了治理幅度过大和公共权力下沉造成的基层民主自治“空转”的现实性问题。富康新村进一步优化了枫桥街道“N + X”的业委会组织机制，在小区层面建立了民主选举、民主监督、民主参与的组织机制。同时，“三三制”基层小区治理机制建立了纵向上社区、小区、居民上下权力和权利的良好互动关系，横向上党支部、业委会、物业多主体共同参与、协同共治的治理格局，从而形成了民主协商、民主治理的共同体。

第三，“三三制”基层小区治理是满足人民美好生活向往的生动实践。“三三制”基层小区治理的价值导向是以人民为中心，创新社区居务服务供给

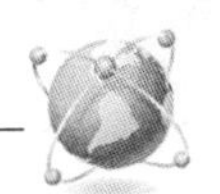

机制，不断满足人民日益增长的美好生活需要。“三三制”实现了居民在小区服务供给过程中的参与、监督、检查、共享，降低了横向剥夺感，保障了安全感，提升了获得感，增强了幸福感，小区居民的美好生活需要得到了均衡而充分的满足。

第七编

他山之石与借鉴启迪

北京、深圳、杭州等地市域一体化的特色做法及启示

中共苏州市委党校课题组

近年来，北京、深圳、杭州、佛山等城市高度重视市域一体化在高质量发展中所发挥的作用，特别是从本地实际出发，在创新市域统筹体制机制上取得了明显成效。当前苏州发展尚未真正形成“一盘棋”，“散装苏州”的境况阻碍着苏州融入长三角一体化国家战略的力度和质量，也阻碍了苏州自身的高质量发展和高水平现代化建设。为借鉴先进，我们梳理了部分城市的特色做法和成功经验，综述如下：

一、北京、深圳、杭州等城市推进市域一体化的特色做法

北京市近年来在规划、产业、招商方面的市域统筹尤为突出。规划统筹方面，市级层面多规合一，统筹全类型空间。同时，由市级层面统筹，各区委、区政府和经开区工委、管委会作为主体，组织编制了各区分区规划，将总体规划确定的各区功能定位、发展目标、空间布局等战略引领要求，用地减量、规模管控等全域管控底线约束要求，统筹“三生空间”、城市公共服务设施等资源配置和基础支撑保障要求，文化传承、城市特色等城市设计要求等内容分解到各区，以确保总体规划的严格落实。在园区共建、产业统筹方面，在市级层面成立中关村发展集团，打破行政区域界限，以股权为纽带，与各区县共建中关村分园，形成“一区十六园”的发展格局。近两年来，北京先后出台《关于推动中关村国家自主创新示范区一区多园统筹协同发展的指导意见》《中关村国家自主创新示范区一区多园协同发展支持资金管理办法》《中关村国家自主创新示范区一区多园协同发展支持资金管理办法实施细则（试行）》，编制《中关村国家自主创新示范区及各分园统筹发展规划》和“三城一区”（中关村科学城、怀柔科学城、未来科学城和北京经济技术开发

区）发展规划，相继建立产业对接服务机制、重大项目综合评价和统筹落地机制、规划调控引导机制、存量空间盘活利用激励机制、利益协调机制、智慧生态园区建设标准控制机制和园区建设市区共同责任机制等七项工作机制，从生态、空间、园区、项目、配套五个方面整体把握和系统推进，引导项目落地从各自管理向市区统筹转变、空间格局从增量供应向存量利用转变、园区形态从产业功能向创新功能转变、生态建设从单个项目向整体实施转变。在招商统筹方面，在 1988 年成立的北京市外商投资服务中心基础上，设置了北京市投资促进局，后改为投资促进服务中心，作为市政府直属的负责招商引资、投资促进专业化服务的机构。最近，北京市政府又推进经济技术开发区招商引资项目审批重大改革，明确规定将一律取消政府审批，改为企业承诺，这对于全市营商环境优化具有深远意义。

深圳市先后实施两轮特区一体化建设三年实施计划，尤其是 2018 年撤销深圳经济特区管理线后，提出在新时代区域协调发展中走在前列，勇当尖兵，聚焦全力，提高发展的平衡性和协调性，原特区内外法规政策、规划布局、基础设施、城市管理、环境保护、基本公共服务等“六个一体化”全面跃上新台阶。当前，深圳依据基础条件、资源禀赋和发展阶段，尤其强调突破行政区域局限，强化组团发展理念，实施“内优外联”的“东进、西协、南联、北拓、中优”战略，全面加强交通、产业、平台、民生等各方面的联动合作；狠抓重大平台共建，携手建设国际科技创新中心，加快建设深港科技创新合作区、光明科学城、西丽湖国际科教城等平台载体，一体创建综合性国家科学中心，积极推动广东自贸试验区前海蛇口片区和前海深港现代服务业合作区实现双扩区，提升优势区域综合竞争力，释放后发区域发展潜力，有力提升城市综合发展竞争力。

杭州市将统筹之治作为城市治理现代化善治中的“首治”，以区域、动能、空间、财权、城乡五大市域统筹打造高能级的城市。区域统筹方面，在全球竞争和全国、长三角、浙江发展大局中找准定位，持续深化区域合作交流，加快形成高效连接的城市群网络、呈梯度有序分布的产业链分工合作机制和联防联治的环境保护体制，在长三角更高质量一体化发展中不断提升城市综合能级。动能统筹方面，统筹推进传统产业改造升级和未来产业谋划布局、统筹建好产业平台和创新重器、统筹抓好“双招双引”（即招商与招才、引资和引智）。出台“一盘棋”产业链精准招商制度，从全局上、整体上对招

商引资、招才引智进行规划统筹[①]、政策统筹[②]、项目统筹[③]和要素统筹[④]，健全区域协同、利益共享等机制，形成全市重大产业项目招商引资内部竞争有序和外部竞争有力的良好局面。空间统筹方面，以新一轮国土空间总规编制为契机，把全市域作为一个整体，打破原有行政区的封闭运行，用市域统筹的办法集中力量办大事，整合优势资源和力量建设若干个高品质的城市单元，分类精准施策，使经济发展条件好的地方承载更多产业和人口，更好地发挥价值创造作用，让生态功能强的地方得到更加有效的保护，创造更多的生态产品，推动全市域形成主体功能约束有效、国土开发有序的空间发展格局，优化了空间布局。财权统筹方面，探索完善与大城市治理能力相适应的大财政政策体系，探索完善财政资金管理机制，建立重大项目资金统筹、专项资金动态整合、专项资金全生命周期绩效管理等机制，推动工作协同、政策协同、资金协同，真正做到“集中财力办大事”“有限资金效用最大化”。城乡统筹方面，精准实施乡村振兴战略，持续深化交通、教育、卫生、文化、旅游、人才“六大西进”和区县（市）协作、联乡结村等机制，推动资金、信息、技术和人才等要素资源全方位对接，加快跨区域重大基础设施建设，优化教育、医疗、文化、养老等公共服务布局。

成都市近年来以专业化的经济组织方式和现代化的城市工作方式，规划建设66个产业功能区和14个产业生态圈，统筹推动人口规模、公共服务、主导产业协调布局。推动成都平原经济区一体化，形成跨区域的产业生态圈。以开放大通道建设、优势资源互补开发、公共服务共建共享为重点，推动四川五大经济区协同发展，探索建立跨区域“投入共担、利益共享”的合作机制，构建产业协同、市场共兴、功能共享、交通互联的“水涨船高”发展共同体。推动成德眉资一体化发展，做大做强成都都市圈。以产业功能区建设重塑城市经济地理，加快建设国家级新区天府新区，加强重大功能平台跨区

---

① 建立产业空间规划联动机制，从源头上防止产业空间布局碎片化；编制重点产业（链）投资布局导引；建立产业平台评价体系，推动产业集聚集群发展。

② 聚焦重点打造的产业链和产业集群，制定精准化、个性化的市级重点产业“一链一策”，形成市级招商引资基本政策，并以《杭州市重点产业（链）投资布局导引》为依据，向重点产业平台倾斜。

③ 建立项目首报首谈制度、项目市级主谈制度，强化存量项目流转监督，防止区、县（市）和产业平台通过“政策比拼”对存量项目开展恶性竞争。

④ 既要保障重大产业项目用地需求，又要探索能耗资源要素化利用方式，还要强化各类产业投资促进基金统筹，支持和引导产业项目集聚发展。

域统筹，努力打造公园城市示范区和赋能西部的科技中心，形成带动区域发展的创新极核和新经济成长高地。

佛山市将加强市级统筹排在改革任务的第一位。围绕规划编制、政策指导、监督协调等方面强化市级统筹，加强重大政策的统筹设计、重大项目的布局和重点资源的配置能力。调整市、区财政管理体制，增强市级宏观调控能力，统筹解决全市发展不平衡、不充分等问题。佛山市人大出台建立落实加强市级财政统筹机制工作方案，建立全市性重大项目建设市级财政统筹制度，增强市级对重要战略资源、重大项目、重点工作的统筹力和执行力。科学划分市、区、镇（街）管理职能，全面理顺市、区、镇（街）权责体系，实施“强市、活区、实镇”改革措施。“强市”主要指强化市一级在战略统筹、规划统筹①、重大平台统筹②、基础设施统筹③ 4 个方面的统筹能力。“活区”，主要指进一步激发各区发展的动力和活力，增强各区贯彻落实市委、市政府决策部署的执行力。“实镇”则是做实镇（街）公共服务和社会职能，摒弃传统“一镇一品”的思维，以开放的视野加强与五区镇（街）的互动共建、与市级对接统一，在保持特色发展优势的同时，主动将镇（街）纳入佛山“一盘棋”中，力求强化市级统筹和激发基层活力齐头并进。先行尝试招商市级统筹。佛山的招商领域早在 2017 年就开始加强市级统筹工作。以“一盘棋”、上下贯通的机制革新，组建了负责招商引资的“佛山市投资促进中心”，负责全市招商引资信息统筹、产业研判、对外整体推介，以及加强与区、镇（街）联动，共同抓好重大项目的沟通谈判和签约落户，逐渐形成市、区信息互通、上下贯通、左右联结的大招商格局。出台招商引资市级配套专项资金实施办法以及重大项目专项资金的设立方案和申请指南等配套措施，鼓励符合条件的项目落地建设。建立市级统筹示范区提速“市级统筹”。采取“市统筹、区建设、共分享”④ 机制，搭建专门架构，打造专业队伍，专注建

---

① 主要是加强规划编制、土地统筹管理、生态环保、产业布局、信息化和大数据发展等方面的决策部署、政策制定、监督指导。

② 主要是提高市级对全市重大平台、重大项目、重大资源的统筹规划和配置能力。

③ 主要是加强对跨区域道路、公共交通、客运站场、港口码头等交通基础设施的规划布局与建设管理。

④ 市一级成立三龙湾建设工作领导小组，统筹与协调三龙湾高端创新集聚区的政策制定、产业协调、规划建设等有关工作，市财政每年投入不少于 5 亿元建设引导资金。佛山高新区管委会负责落实确定产业规划、确定重大项目布局、确定市对重大项目的资金扶持，统筹各类数据指标，统筹提升佛山高新区的总体形象。

设发展，保持行政区划、财政管理体制、建设发展主体责任不变，把“三龙湾高端创新集聚区”打造为全市深化改革开放、强化市级统筹的试验田和示范区。全面落实以功能区为引领的区域发展新战略，推动区域协调、城乡融合发展向更高水平和更高质量迈进。

嘉兴市将市域一体化列为首位战略，全面落实浙江省委“开展嘉兴强化市域统筹、推进市域一体化改革试点”的部署，重点在规划体系、重大基础设施建设、资源要素配置、产业布局等方面积极探索。健全和优化城市土地资源的统筹和运营机制，推动建立“政府主导、规划引领、资金保障和有序开发建设”的运作体系。深化差别化、市场化用能机制，推进用能总量指标有偿使用和交易，在重点行业领域试点先行电力现货市场交易机制，建立实施天然气价格联动机制。健全先进制造业高质量发展的平台统筹规划、职能配置、管理体制和退出机制，形成全市高能级平台体系。完善投资促进机构建设，配强投资促进工作力量，建立以统筹规划、政策、项目、要素为主要内容的全市“一盘棋”大招商格局。建立重大项目首报首谈机制、项目落地利益分享机制。

二、北京、深圳、杭州等市做法对苏州市域一体化的借鉴与启示

北京、深圳、杭州等市的实践表明，加强市域统筹，实现市域一体化是破解城市资源要素配置能力低、对周边辐射虹吸效果弱等发展难题，构建发展新动力源，促进高质量发展的重要途径和关键手段，其做法和经验值得苏州借鉴。

首先，在理念站位上，上述城市都非常重视、高度自觉，强化市域统筹的共识和组织领导，创造性贯彻实施中央提出的区域协调发展战略，把推进市域一体化作为贯彻新发展理念、再造城市新优势和发展新地缘、推进治理体系和治理能力现代化的重要战略举措，并将之摆上了全局工作的重要地位。

其次，在方向目标上，上述城市市域一体化的一个共同特点就是通过区域协同来赋能放缓的内生动力，用市级资源配置能力的增强来消除弥增的外部消耗。尽管他们一体化的方式、方法、手段各异，但都是基于自身市情实际，突破行政区域局限，从本市资源禀赋、环境承载能力、比较优势等方面出发，找准自身战略定位，更加强调区域之间按比较优势形成分工协作格局，

强调生产要素跨区域高效集聚、跨区域民生福祉共建共享、生态环境联防联控，围绕发展的协同性、联动性、整体性建立相关政策协调机制，实现市域统筹或市域一体化，实现“各美其美、美美与共”目的。

再次，在统筹内容上，上述城市的市域一体化均是从顶层设计、基础设施、产业布局、公共服务、生态环境等主要方面入手，在涉及重大事项和产业空间布局的规划权、市域政策调控权、基本政策统一制定权、重大平台建设权等方面加强市级统筹力度，通过战略性推进大型交通枢纽、重大平台项目建设、产业集聚区建设从而引导空间布局调整。具体而言，就是市一级要强化在战略制定、规划编制、基本政策制定和指导、监督协调、产业布局、要素资源配置、基础设施建设等方面的统筹能力。

最后，在路径举措上，上述城市市域一体化均是靠强有力的顶层设计和改革创新、建立更加有效的体制机制和制度体系来推进的，既强化市一级战略统筹能力，又充分调动县（区）发展活力。通过深化行政管理体制机制改革，强化市级资源配置统筹能力；加强市级财政统筹机制配套保障；加强党对市域统筹各领域、各方面、各环节的全面领导；加强重大功能平台跨区域统筹，积极推进空间重构、生态重组、优势重塑，以产业功能区建设重塑城市经济地理；树立招商“一盘棋”理念，完善投资促进机构建设等，形成市、县区域协同、上下贯通、利益共享、有序竞争的良好局面。

对于苏州而言，从 20 多年前“苏州跃起六只虎”的县域经济发展至今，均衡发展模式愈加不适应当下区域发展和城市经济竞争态势。如何更好地融入长三角一体化发展国家战略，增强苏州整体的标识性、唯一性？如何在资源要素日益短缺、加工型贸易转型日渐迫切的背景下，再造新时代苏州新优势？如何使地处上海边上的苏州也能具有强大的虹吸能力，再造区域新地缘？借鉴北京、深圳、杭州、佛山等城市的特色做法，我们建议：

苏州要以习近平总书记关于区域协调发展的重要论述为基本遵循，加快实施中央区域协调发展战略的重大部署，强力推进市域一体化。将苏州市域一体化作为贯彻落实习近平总书记视察江苏时提出的“江苏要做好区域互补、跨江融合、南北联动大文章”重要指示和江苏省委在十三届六、七次全会提出的“省内全域一体化”发展战略的切实行动，作为新时代苏州优势再造、动能再塑和构筑发展新地缘的必然选择和重要举措，作为新时代苏州开放再出发的又一次赛道再造和制度创新。苏州各板块、各部门要凝聚思想共识和

强化组织领导，高度重视市域一体化推进的紧迫性、必要性，以高度的自觉性执行好、落实好市域一体化推进目标和工作任务，拧成一股绳地推动苏州市域协同发展走向新水平、城市能级迈上新台阶、高质量发展进入新阶段。

苏州市域一体化要坚持问题导向、目标导向，以“协同优化”“聚力增效”为主攻方向，以构建更高水平的开放型经济体系、提升城市能级、实现高质量发展为主要目标，以“开放改革创新”为主要动力，以重点领域（规划、交通、产业、民生、公共服务、生态环境等）、重点平台和重大项目等市级统筹为基本抓手，以体制创新和政策突破为关键环节，以市委、市政府的坚强领导为根本保障，进一步梳理整合相关领域的重点任务和激励约束政策举措，及早制定加快推进市域一体化的政策意见、规划纲要和专项行动计划，加大政策支持和落实力度，加快推动苏州从县域个体竞争走向区域群体竞合，从“散装苏州”向市域一体化转变，最终形成统筹有力、竞争有序、绿色协调、共享共赢的市域发展新格局。

（课题组成员：方伟、刘铭、刘小红）

临港新片区核心政策解读及苏州的应对思考

王 俊

2020 年 8 月，临港新片区揭牌满一年。一年来，临港新片区在制度创新、产业发展、经济功能、城市建设方面跑出了加速度。完成国务院《中国（上海）自由贸易试验区临港新片区总体方案》（以下简称《方案》）的 78 项分解任务中的 45 项，新增开工面积同比增长 433%，完成跨境人民币结算 3 233 亿元，形成制度创新案例 32 个。

为什么临港新片区一年内能在白纸一片上绘就辉煌？除了中央政府支持和从上到下各级政府的努力之外，临港新片区的功能定位是其成功的关键。相比于其他自贸试验区，临港新片区实质上是自由贸易港。自由贸易港与自贸试验区最大的不同在于，自由贸易港所进行的探索创新是对标国际最前沿的，一般而言是不能复制推广到其他地区的；而自贸试验区制度创新的要求是形成可复制、可推广的经验。

临港新片区作为自贸港的定位，首次出现在 2017 年 3 月《全面深化中国（上海）自由贸易试验区改革开放方案》中。方案明确指出，“在洋山保税港区和上海浦东机场综合保税区等海关特殊监管区域内，设立自由贸易港区。”此后，在十九大报告、汪洋副总理在《人民日报》的署名文章、上海市政府向中央各部门提交的方案中都提到了自由贸易港建设。尽管自由贸易港这一桂冠最终落在了海南岛头上，但是，貌似与自由贸易港擦肩而过的临港新片区却被党中央和国务院赋予了实质上建设自由贸易港的任务。

第一，临港新片区的总体要求突破既有改革框架。根据《方案》，临港新片区要“打造更具国际市场影响力和竞争力的特殊经济功能区”。因此，它“对标国际上公认的竞争力最强的自由贸易园区，选择国家战略需要、国际市场需求大、对开放度要求高但其他地区尚不具备实施条件的重点领域，实施

具有较强国际市场竞争力的开放政策和制度”，同时要“加大开放型经济的风险压力测试”。这样全方位、深层次、根本性的制度创新变革已经不再是简单的自贸试验区扩容，是质的突破。

第二，临港新片区的制度创新锚住“六大自由”。临港新片区以投资自由、贸易自由、资金自由、运输自由、人员从业自由、信息快捷联通为重点建设贸易投资管理新体制。把自贸试验区着重强调的“放管服”升级为自贸港所追求的生产要素全面自由的流动。这意味着构建资金、技术、人员、信息自由流动的全新管理机制，是中国改革开放的重大突破。

第三，临港新片区的海关特殊监管区全国独有。临港新片区对标美国、中国香港等国际公认竞争力最强的自由贸易园区，设立洋山特殊综合保税区，成为全国151个海关特殊监管区域中唯一一个特殊综合保税区。作为海关特殊监管区域一种新的类型，对不涉检的货物，取消不必要的贸易监管、许可和程序要求，实行一线径予以放行，取消区内账册和常规监管，改二线双侧申报为单侧申报，实现区内业务更加便利，同时依托一体化信息管理服务平台，逐步形成精准、智能、无感的“电子围网”监管，实现区内最大限度经营自由。

第四，临港新片区的税收政策具有国际竞争力。对新片区内符合条件的从事集成电路、人工智能、生物医药、民用航空等关键领域的核心环节生产与研发的企业，自设立之日起5年内减按15%的税率征收企业所得税。对境外进入物理围网区域内的货物、物理围网区域内企业之间的货物交易和服务实行特殊的税收政策。扩大新片区服务出口增值税政策适用范围，研究适应境外投资和离岸业务发展的新片区税收政策。

第五，临港新片区的金融先行先试力度空前。“金融30条”和“金融50条”支持各类金融创新试验。临港新片区推出跨境人民币结算优质企业白名单制度，实现凭收付款指令直接办理；实行一次性外债登记，提升了企业跨境融资的便利性；探索本外币合一跨境资金池实验，实现了宏观审慎原则下资本项目可兑换的重大突破；境内贸易融资资产跨境转让业务、离岸支付等先后实施并卓有成效。加快持牌类金融机构、新型金融机构、投资类企业、金融功能性机构等各类金融机构集聚，给予这些机构规模不等的奖励和购房补贴。

此外，临港新片区通过全力推进审批流程再造，率先启动商业主体登记确认制，加大外资开放力度，探索在电信、科技、教育、卫生等领域放宽外资比例，协同各方优化法治营商环境等方法，加快形成接轨国际通行规则的投资自由便利化制度；围绕运输自由便利，重点突破航空中转集拼、多式联运等堵点痛点；在人员从业自由的制度体系构建中，既极大提高海外人才政策的开放度，也不断增强国内人才引进政策的吸引力；采取措施，布局国际通信基础设施，升级跨境数据联通能力。

综上所述，临港新片区虽然名称仍是上海自贸试验区的一个片区，但其制度创新的深度、广度和高度已经超越了其他自贸试验区，其实质是自贸港。这样一个有自贸港之实而无自贸港之名的临港新片区恰恰为苏州提供了一定的机遇。一方面，临港新片区没有使用自贸港的名义，就为苏州自贸片区复制、推广其创新经验提供了可能；另一方面，《方案》只是说它的任务是“选择国家战略需要、国际市场需求大、对开放度要求高但其他地区尚不具备实施条件的重点领域”进行探索，那就意味着，只要苏州自贸片区能用事实证明自己不仅开放度高，而且已经具备相应的条件，苏州自贸片区也能实施临港新片区所做的制度创新。因此，苏州自贸片区至少可以从以下几个方面借鉴临港，寻求自我的突破：

第一，争取海关支持，在苏州自贸片区的综合保税区内设立特殊综合保税区。工业园区综合保税区作为全国第一个综合保税区，天生具有创新的特质，各方面工作基础和管理体制机制都处于全国前列，有能力先行先试。同时，综合保税区又是苏州自贸片核心区域所在，其以高端制造和国际贸易为主要业态，在全球经贸形势日趋严峻的时候，特殊综合保税区制度将为苏州自贸片区内构建新的竞争力提供可能。

第二，争取国税总局支持，对苏州自贸片区内特定产业实施有国际竞争力的税收政策。临港新片区和海南自贸港的税收政策改革并不是滥用 15% 的优惠税率，而是根据本地产业特点和发展目标，针对特定产业而制定的具有竞争力的税收政策。苏州自贸片区也应坚持从本地主导产业出发，申请对生物医药、人工智能、纳米与材料等主要产业实施 15% 的优惠税率，以支持地方特色的产业体系。

第三，争取国税总局支持，对苏州自贸片区内外资企业以利润再投资不征税。苏州自贸片区是外资企业密集区，在苏外企大多利润积累丰硕，但却停留在账面上。尽管国家已经有关于外商再投资递延纳税优惠政策，但是政

策效果并不明显，外企反应也较强烈。苏州自贸片区可以先行探索对外商用于再投资的利润不征税，这既便捷了外企财务管理，又能起到“留资”的效果。

第四，争取人民银行和外管局支持，设立苏州自贸片区企业自由贸易（FT）账户。尽管大家普遍认为FT账户除了上海和海南之外不会获批，但是2019年广州和天津分别获批FT账户，当然是针对特定领域的。这表明，只要我们有足够的产业和金融实践支撑，苏州也可以争取FT账户获批。苏州自贸片区已经获得3亿美元对外直接投资的审批权，同时苏州自贸片区所在的苏州工业园区也早就有与新加坡合作的跨境人民币业务试点。建议允许苏州自贸片区参照临港新片区做法：一是设立FT账户，二是设立跨境人民币资金池。

第五，借鉴上海、杭州经验，全方位引进各级各类人才。一方面，要对国际、国内两个来源的人才都要重视；另一方面，要创新人才引进思路，构思新业态、新经济人才政策。例如，杭州把网络直销主播最高定为国家级人才，上海也为李佳琦破格落户提供政策依据。杭州直接选拔一位民营企业外贸经理担任副处级领导。苏州也可以根据自己的产业特色，引进一些获得职业技能竞赛一定级别奖项的人。

第六，借鉴“特斯拉模式”，进一步完善政府服务体系。临港提出了招商项目要做到1个月洽谈签约，3个月启动供地，6个月实现开工。苏州自贸片区可以借鉴临港做法，健全一体化服务体系。（1）建立功能政策联动创新机制，对于符合区域实际、企业需要的市场创新业务，经集体研究、综合评估后，在风险可控的前提下率先探索功能政策创新。（2）搭建政企沟通服务平台。设立企业服务专员，协同其他已有沟通渠道密切与企业的高效互动。（3）建立企业分类分级服务机制。动态调整区内重点企业名单，设立首席联络官，会同驻区职能部门提供绿色直通、精准快捷服务。（4）完善招商引资激励机制，参照临港做法对2020年1月1日以后注册在特殊综合保区内的企业，最高可给予管委会财力贡献80%的支持；企业经营地在区内的企业，可在上述范围内适当从优适用。以2019年为基准，区内存量企业扩大经营规模，增加实缴注册资本1 000万元以上的，按其当年实缴注册资本的2%给予奖励（次年兑现），每次奖励不超过该企业对管委会的综合贡献。

（作者系苏州大学自贸区综合研究中心主任，东吴商学院教授、博导，东吴智库专家）

借鉴学习上海　优化营商环境

杨征征

优化营商环境是全面提升区域核心竞争力的重要内容，是实现高质量发展的根本举措。世界银行发布的《2019 全球营商环境报告》显示，中国营商环境国际排名大幅提升，由 78 名上升至 46 名；中国在过去一年里为中小企业改善营商环境所实施的改革数量创下纪录，被评为改善最为显著的十个经济体之一。上海作为世界银行评估中国营商环境的样本城市，在优化营商环境方面进行了许多有效探索并取得积极成效。全面总结分析上海优化营商环境的主要经验和做法，对苏州优化营商环境再出发具有重要借鉴和启示意义。

一、上海市优化营商环境的主要做法

上海市高度重视世界银行营商环境评价对标改革工作，推出一系列改革措施；持续对标世界一流，以投资者办事全生命周期、全流程便利为原则，制订针对性计划，出台有针对性的改革举措和建议，自 2018 年以来已全面推进落实了 66 项地方事权改革事项，并于 2019 年 6 月 5 号公布了基于上海的全球城市营商环境评价体系，以全球城市核心功能载体对营商环境的主要诉求为评估标准，从企业“准入前”“准入中”“准入后”三个维度出发，构建了包括 12 个一级指标、36 个二级指标的全球城市营商环境评价体系。一年多来，上海在优化营商环境上的具体举措如下：

（一）运行“一网通办”，推进开办企业“一窗通”，降低开办企业的成本

组建了上海市大数据中心，开通运行“一网通办”总门户，形成公共数据的汇聚、互联、共享机制，推进审批服务事项的全程通办、全网通办、全市通办。在推进企业事务上，上海市工商局、公安局、国税局、地税局四部门联合印发《关于加快企业登记流程再造，推行开办企业“一窗通”服务平台的意见》，开通运行“一窗通”服务平台，形成多部门涉企数据交互机制，

为各业务部门内部简化审查、提速审批提供有力支撑。开办企业通过“一窗通”服务平台一次提交数据，营业执照、公安公章备案、税务涉税等事项一次受理，同步办理；通过系统提升和流程优化，实现法人一证通数字证书、营业执照、税控盘、发票等“一窗”发放。同时将精简环节与压缩时间并举，并免费发放公章，进一步降低开办企业的成本。

（二）实行投资项目分类标准、联合审批，降低项目施工许可成本

聚焦本市社会投资项目审批改革，成立社会投资项目工作改革小组，全面负责社会投资项目的改革。相继出台《进一步深化本市社会投资项目审批改革实施办法》和《进一步深化本市社会投资项目竣工验收改革实施办法》两个政策性文件和九个改革配套文件，依靠制度创新提高施工许可审批效率。出台《上海市工程建设项目审批制度改革试点实施方案》，统领全市改革有序推进。适时调整前期社会投资改革的实施办法，形成“1+4”（即1个总体实施方案、4种不同类型项目的具体实施细则）的顶层框架体系。通过流程再造、分类审批、多规合一、多图联审、多测合一、多验合一、限时办结等举措，优化项目办理程序和时间；进一步优化整合小型项目质量监督检查、验收发证等环节，重点压缩供排水等办理时间，强化质量公知，同时免除小型项目供排水接入相关费用，项目成本大幅下降。

（三）实行电网企业“一口受理、一站服务”，降低获得电力的成本

上海市通过系统改革，在用户申请材料中加入合同内容，申请即签合同，企业用电简化为申请和接电两个环节；压缩接入工程外线设计及施工成本，推动外线审批改告知承诺管理等改革措施，将办电时间大幅缩减至15天。响应《上海市进一步优化电力接入营商环境实施办法（试行）》，发布《国网上海市电力公司关于进一步降低接电成本、优化办电服务流程的通知》，重点面向小微企业开展“FREE”（即free免费、rapid快捷、efficient高效、excellent卓越）供电服务。下放低压客户报装环节审批权限和相关系统操作权限至供电公司，实现项目审批、计划下达和工程实施一个供电单位内流转。将与电网接入工程有关的规划许可、绿化许可、掘路许可等审批环节从串联前置审批改为并联同步操作。精简各类高低压用户接电环节，减少办理手续，优化工程方案，减少接电成本。进一步明确和细化相关费用标准，小微用户获得电力接入成本直接降为零。

（四）依托建设国际一流口岸，提高跨境贸易通关和物流作业效率

在国家口岸办支持下，多单位联合制定《上海口岸优化跨境贸易营商环境若干措施》，大力提升投资贸易便利化水平，简化单证办理流程，切实提高通关效率，进一步完善跨境贸易通关服务机制。全面实现单一窗口申报，改善边境合规时间与费用，优化“通关＋物流”跟踪查询应用系统；通过推进“两个提前”（进口货物“提前申报”和进口集装箱货物“提前换单”）、建立提前申报容错机制、精简单证种类和简化办理手续、降低口岸费用、推行提货单无纸化等，实现跨境贸易流程更优、效率更高。

（五）细化完善行政处罚裁量权，提升执法温度

多部门联合发布《上海市市场轻微违法违规经营行为免罚清单》，根据不予行政处罚的依据对 34 项轻微违法违规经营行为免于处罚，这 34 项轻微违法违规经营行为涉及工商、质监、食品安全、消防等多个行政执法领域。通过进一步细化完善行政处罚裁量权，激发市场主体的活力，努力为企业营造更优营商环境，为各类企业特别是中小企业，新业态、创新型企业在发展初期提供更加宽容的制度环境。

此外，在登记财产上取消非住宅网签环节、对非住宅转移登记实施绿色通道、建立独立的投诉机制等改革举措，实现工业厂房类转移登记专窗受理、当场办结。在纳税上进一步优化纳税服务，推进公积金降率（将公积金缴存比例由 2017 年固定的 7% 变为 5%～7%）和降低社保费率。在全市推广诉讼档案电子化，继续完善随机自动分案、电子送达等工作机制。设立破产法庭，建立破产管理人协会，并向国家部委提交了符合我国国情的修法修规建议。

二、对苏州优化营商环境再出发的几点启示

上海在长三角一体化国家战略发展中具有领头羊作用，苏州要积极主动对标上海，学习上海在营商环境优化发展改革创新经验，同时坚持突出苏州营商环境特色，发挥好长三角一体化发展中的苏州优势。

（一）围绕企业和群众需求，加强政务互联互通建设，简化程序，提高效能

当前，苏州优化营商环境取得较好进展，但是不同地区、不同行业都存在多个管理平台问题，政务平台建设管理分散、办事系统繁杂、事项标准不

一、数据共享不畅、业务协同不足等问题还不同程度存在。要借鉴上海“一网通办”的经验，针对相关政务工作互联互通中的堵点和难点，围绕企业办事全流程、群众办事全过程，做好审批流程的合并与简化，推动苏州各地区、各部门网上政务服务平台为基础的全流程一体化在线服务平台的畅通互联，实现资源高度整合，简化办事流程，全面提升效率、效能，促使服务质量得到全面提高。与此同时，加快推进线上线下深度融合，让政务服务以一套服务标准实现整体联动、全过程在线留痕。

（二）把握地方特色，在创新实践中形成苏州特色营商环境评价体系

目前苏州在优化营商环境上进行了许多有效探索，特别是各级开发区、示范区更是形成了“亲”“清”特色营商经验，苏州应深化对营商环境现状的认识，以服务质量为导向，以顾客服务满意度为价值目标，做强长板，补齐短板，打造营商环境“升级版”。在全面研判苏州发展“长”“短”“特”的基础上，准确把握有关机构的评价体系、评价方法和评价结果，并以苏州工作目标和发展需要为导向，在实践中探索并科学编定苏州特色营商环境指标体系，形成苏州年度营商环境白皮书，建立动态优化评价数据库，确定各项指标完成节点，推动营商环境优化精准发力。对于特定领域营商环境优化，如加速区域战略新型产业优势培育等，除需要考虑软环境与商务成本基础领域的优化任务之外，政府政务部门以及非政务部门的社会服务和配套能力也需要相对提升，以实现创新链与产业链更好地融合发展。

（三）加强制度建设和人文优化，提升营商环境文化软实力

苏州要借鉴学习上海优化营商环境的先进理念和做法，如高层次营商环境座谈会、多领域轻微违法免罚清单等，加强制度建设与产业升级共频，强化制度监管和人性监督。苏州要抓住长三角一体化上升为国家战略的重大机遇，在全方位融入长三角一体化建设中，在不涉及顶层设计的公共政策上可以较快地跟进和更新；遵循国家大政方针政策，主动积极配合国家相关部门，适时对相关政策进行修订，依法确立苏州具体实施办法，持续优化营商环境；把握执法监管的“力度”与“温度”，在环保执法、安全生产监管等过程中避免“一刀切”，对企业既需要依法依规监管，也要重视合理诉求，加强帮扶指导，对需要达标整改的给予合理过渡期。对法规和政策知晓不足、实施不力的企业，给予加强指导，即先指导再执法再处罚，切实帮助类似中小微企业的环境整改工作顺利进行。

作为一个具有两千多年悠久历史文化的城市，苏州要准确把握自身城市定位，在营商环境塑造上更要将文化作为一张靓丽的名片，以优质的营商环境文化增强高质量发展的向心力和推动力。为此，要以上海为标杆，对标企业尤其是民企发展全生态周期需求，对标战略产业优势培育需求，突出文化、创新、产业融合，在全面加强营商环境软实力建设上精准发力，以营商环境软实力提升苏州经济社会高质量发展的核心竞争力。

（作者单位：中共苏州市委党校）

国内城市发展直播电商的经验及对苏州的启示

康　佳

2020 年，直播电商呈现爆发式增长。2 月份以来，A 股网红直播指数涨幅超过 20%，远超上证指数的上涨幅度，从网红主播到地方主政官员，从美妆产品到火箭，直播带货规模不断壮大，成为一场“全民狂欢”。据有关部门数据统计，截至 2020 年第一季度，电商直播超过 400 万场，我国网络直播用户规模达 5.60 亿，占网民整体的 62.0%。有业内人士预测，到 2021 年，直播电商交易额可望冲到 2.5 万亿元，约占互联网电商总量的 20%，预计全国将涌现 200 万到 300 万个直播间，新增就业约 2 000 万人。在这一背景下，2020 年 6 月，苏州市发布了《关于发展直播电子商务的若干意见的通知》，吹响了苏州直播电商发展的“号角”。本文梳理了部分城市发展电商直播的做法和经验，以期为苏州发展直播电商提供一定的启示和参考。

一、国内部分城市促进直播电商发展的主要做法和经验

通过互联网平台直播带动线上流量，再用线上流量反哺实体经济，成为很多城市拓展新的经济增长点的共识。

（一）北京：打造“商圈淘宝直播第一城”

据相关平台统计，北京开通直播的热门商圈数量在全国城市中排名首位。北京市商务局新公布的 30 条特色消费街和热门商圈区已全部入驻直播平台，开直播的北京商家已达上万家。目前，传统文化韵味如前门商业街、琉璃厂、潘家园，新消费网红打卡街区如合生汇、华熙 LIVE、郎园 Park 等特色街区均已入驻直播平台；东城区王府井百货大楼、北京 apm 购物中心等 10 个商场也已入驻淘宝直播等平台；北京还推出了“老字号”的直播专场，开展云逛吃、云探店等活动，扩大了老字号的品牌影响力，促进了市场销售快速回升。

2020 年 3 月，北京地区开播商家数量同比增加 315%，开播场次环比翻一番。淘宝直播平台已为首批北京 10 家商场开展培训，已有 2 000 多名北京导购员通过线上培训后走上主播岗位，类似的北京商圈直播培训还将持续开展。针对疫情期间人流量急剧下降的问题，北京将发展直播电商的着力点放在实体商圈直播，通过将商圈上线直播平台，以及将导购员培训成“带货主播”等方式，帮助商业综合体在短时间内重新构建消费发生的“场”，从而弥补损失。同时，北京利用其“老字号”众多、品牌含金量大的优势，通过直播专场宣传，将本地品牌的影响力向全国扩展，此举不仅解决了商品库存问题，还进一步提升了城市品牌的曝光度和影响力。

（二）上海：采取“政策 + 活动”双轮驱动

2020 年 4 月，上海市发布了《上海市促进在线新经济发展行动方案（2020—2022 年）》，进一步明确鼓励开展直播电商、社交电商、社群电商、“小程序”电商等智能营销新业态。随后，上海公布了《关于提振消费信心强力释放消费需求的若干措施》，其中提到未来上海将全方位通过线上直播、短视频等多种方式进行数字化营销。除政策层面的支持之外，上海还推出了贯穿第二季度劳动节、儿童节、端午节等多个重点节日的“五五购物节”活动，将直播活动覆盖了南京东路、五角场、陆家嘴、徐家汇等四大商圈。上海 16 个区也开设了直播间，区、镇领导亲自直播带货。2020 年 5 月 4 日晚间黄金时段，上海通过东方卫视、抖音、淘宝直播、快手、新浪微博等多家平台以省级全媒体融合的方式开展了“2020 五五购物节”全球大直播，开展了多领域上海品牌的带货直播。上海还举办了全国首届“工业品在线交易节”，推出大规模“工业品直播带货”，借助抖音等平台，连接工厂买家，打造“工业网红”，提升工业流量。上海目标明确，推进有力，提出了打造“消费时尚直播之城”的口号，采取了“政策 + 活动”的方式双轮推进，形成了政府、省级媒体、商圈、品牌商、MCN 机构、自媒体的联动，营造了浓厚的直播电商发展氛围。此外，还借助阿里巴巴、拼多多、腾讯、京东、抖音等优质平台，扩大了城市营销的覆盖面，提升了活动的参与度和知晓率。同时，上海打破常规将直播电商从日用消费领域扩展到其他领域，举办的“首届中国（上海）工业品在线交易节”在“闲置物资处置”“出口转内销”方面发挥了较好的效果。

（三）广州：打造全国著名的直播电商之都

2019年，广州出台了《关于推动电子商务跨越式发展的若干措施》，全力支持以直播电商为代表的电子商务新业态发展；指导市电子商务行业协会成立直播分会，形成政府引导、市场主导、行业协会“搭桥”的政企联动局面。2020年3月，广州出台了《直播电商发展行动方案（2020—2022年）》，从五个方面提出16条政策措施，大力发展直播经济，创新商业新模式。2020年4月，广州成立了全国首个直播电商智库，在全国范围内诚邀各行各业精英人士加入，为广州直播电商的发展建言献策。2020年5月，广州成立了国内第一家专注直播电商研究的“广州直播电商研究院”，为直播电商的发展建立行业标准，助力人才培养和提出政策建议。2020年6月底，淘宝直播与广州专业市场商会签署协议，宣布双方将整合优势资源，开展深度合作，目前，广州670个批发市场全部开启淘宝直播。广州率先提出了打造“直播电商之都”的口号，通过抖音、快手、新浪微博等流量平台宣传造势，并出台具体行动方案和实施路径。同时，利用其专业的批发市场优势，从小见大全面开花，全方位布局直播电商产业发展。广州关注直播电商发展的顶层设计，重视人才发展和招募，将产学研深度结合，一方面构建直播电商的行业标准，助力广州市商贸企业转型，另一方面构筑直播电商人才的整体职业体系，提供从人才培养到职业规划的路径。

（四）杭州：建立直播电商产业发展的“生态链”

杭州布局直播电商起步较早。2019年，全国10.07%的淘宝主播活跃在杭州，使杭州成了名副其实的直播之都。2019年8月，杭州在萧山区新塘街道建立了云创直播小镇，这是首家淘宝直播官方授权的孵化中心、培训中心，该中心利用自身电商运营、直播领域的经验优势，把直播产业、产品供应链、共享模式与整体形象设计产业有机结合。2020年，杭州提出打造“直播电商第一城”。4月，杭州正式宣布启动中国（杭州）直播电商产业基地建设，并发布未来三年发展计划。同月，中国直播电商联盟成立并落地杭州江干区，旨在通过行业团体的行为来制定行业的规范标准，促进直播电商健康有序发展。6月，位于杭州的浙江省网商协会发布了《直播电子商务服务规范（征求意见稿）》，或将成为全国首个直播电商行业规范标准。同月，杭州市余杭区出台了12条直播电商政策，对电商人才进行分级认定和实行高补贴。杭州较早关注到不利于直播电商发展的“行业乱象”，率先成立联盟和出台相关规范标准，从直播电商生态圈和产业链的视野出发，依据直播电商的不同参与角色，分别确立了从主体资格、亮证亮照、商家和主播入驻审核、规则建立、直播监控、违规处置、消费者权益保障等全流程的规范体系，有力促进了行业的健康发展。同时杭州余杭在全国率先开展直播人才认定，提出对具有行业引领力、影响力的直播电商人才最高可通过联席认定为“国家级领军人才”，这一措施对于吸引头部主播的作用巨大。

二、相关政策建议

苏州应紧抓直播电商在疫情期间的“爆红”机遇，力求将其转化为在苏发展的“长红”福利，使直播电商成为苏州未来新的经济增长点，打造苏州新的千亿产业。

（一）短期建议

1. 与优质平台合作，开展苏州城市品牌营销

（1）梳理电商平台上适合做直播的苏州品牌，按照美食类、生活类、美妆类、服饰类、旅游类等分类做出目录，建立相关数据库。（2）出台具体的相关激励和奖励措施，鼓励苏州企业在淘宝直播、抖音、京东、拼多多等平台开展直播带货活动。（3）参考“小康南京”直播活动，开展苏州专场营销，联合新浪微博、抖音、快手等平台，通过热搜引导流量，加大苏州品牌的曝光度和影响力。（4）积极帮助困境中的苏州外贸企业出口转内销，在电商平台设立苏州外销产品直播专区、专场，集中推荐如服装、丝绸、玩具、小家电、医疗器械等产品，助力外贸企业拓宽线上销售渠道。

2. 带动商圈联动直播，形成集聚效应

（1）借鉴上海模式，将苏州的百货商场按照地理辐射范围划分为具体商圈联动开展营销，如观前商圈、石路商圈、苏州中心商圈、时代广场商圈等，每个商圈由规模不同的数个商场构成，共同举办活动，形成大小商场联动。（2）出台相关激励举措，鼓励商圈共同开展直播活动，直播中发放该商圈通用消费券，消费券可在商圈内的所有商场使用，如时代广场商圈的消费券可在久光百货、诚品书店、新光百货、圆融星座等商场使用，带动商圈共同发展。

3. 积极争取建立苏州的“菜鸟仓直播”

淘宝直播与菜鸟供应链合作建立了“菜鸟仓直播”模式，该模式是在菜

鸟仓内设置直播间，将仓库内的商品与主播、消费者精准匹配，实现“货找人”。目前，“菜鸟仓直播”已落地广州、成都，商品侧重点分别是广州美妆和成都美食，通过仓内直发的形式，消费者平均收货时间缩短24至48小时。“菜鸟仓直播”模式联动了商家供应链侧和营销侧，有助于本地厂商将优质产品精准触达全国消费者。针对苏州已经出现的库存积压率上升的趋势，苏州可以积极争取“菜鸟仓直播”在苏落地，帮助苏州中小厂商开展营销，打开销路。

（二）长期建议

1. 打造苏州直播电商产业链

（1）出台苏州本地的直播电商发展规范，建立主播负面清单，营造良好的行业发展环境。（2）建立政府专项引导资金，向苏州的优质直播机构、MCN机构、直播电商经纪公司、直播电商服务机构适当倾斜。（3）与大型电商集团如阿里、京东、拼多多等签署长期合作协议，在其平台组织专场活动，并在苏建立优质电商集团的“孵化中心”、培训中心和品牌营销基地，推出苏州定向的扶持流量包和“企业矩阵”等。（4）适时开展苏州建设“直播小镇”的可行性研究。（5）搭建一个直播电商的供应链平台，让主播和品牌商双向选择，解决信息不对称问题，构建苏州电商直播中的“人、货、场”。

2. 开发苏州独有的直播电商模式

（1）利用苏州特有的场景，如苏式园林、江南水乡、特色商业区、古镇古街、旗袍小镇等，开展苏式风格特定地点直播，并将直播电商和“姑苏八点半”深度融合，提升夜间线上消费体验，进一步开发夜间直播消费的新模式。（2）借助苏州惠农直播电商基地，邀请头部“网红”主播直播采制碧螺春、采摘枇杷和杨梅、制作茉莉花茶等，固化苏州农产品的属地属性，培育“网红土特产”。（3）借鉴上海建立工业品直播平台以及打造“工业带货网红”的经验，梳理苏州优势产业名录，打造出全国独有的专业性细分领域垂直化直播平台，例如建立纺织品、医药器械等品类的专业直播平台，为苏州优势产业赋能。（4）加大苏州“非遗”特色直播力度，如缂丝、核雕、苏绣等，推广苏式文化，凸显苏州城市特色。

3. 紧抓“国货崛起”机遇，孵化苏州“网红”品牌

（1）借鉴沈大成、拉面说、知味观等品牌的食品加工经验，吸纳柳州螺蛳粉、重庆小面等地方美食的营销经验，开展苏州美食的工业化生产和营销

研究，尝试将苏式糕点、苏式浇头面等本土美食进行工业化、规模化生产，向全国推广。(2) 借鉴故宫口红、大白兔香水、六神鸡尾酒等“老字号”转型的营销经验，为苏州“老字号”品牌 IP 注入新的创意，抓住消费热点，讲好品牌故事，为品牌赋能。(3) 深入推广“苏式生活”，如邀请“网红”主播、借力微博热搜、借助抖音平台等方式宣传苏州特产和苏州品牌，带动线上流量，扩大苏州品牌的知名度和曝光度。

4. 培育、吸纳直播相关人才

(1) 在苏州职业院校设立直播相关专业，如开设主播专业，提供传播学、形象设计、播音主持等相关课程培训，开设直播供应链类专业，提供选品、议价、网上营销、粉丝维护、需求反馈等相关课程培训。(2) 建立苏州主播人才库，从苏州现有“大 V”中挖掘“网红”主播，孵化一些“中腰部”和垂直类主播，选拔一批美食、穿搭、养生、运动等的专项细分领域主播，培育一批轻工制造、生物医药类专业垂直主播。(3)“广撒英雄帖”，出台人才认定政策以及相关奖励、补贴政策，吸纳优秀主播和 MCN 机构来苏发展。

(作者单位：苏州市发展规划研究院)